To

_____

From

_____

《進昇版》

標竿人生

我究竟 為何而活

40天+2天
六周改變你的一生

華里克 Rick Warren 著 · 楊高俐理 譯
紐約時報暢銷書排行榜第一名作者

這本書要獻給你。

在你出生前，神已將這一刻計劃在你生命裏。

此刻你手持本書不是出於偶然。

神渴望你找到祂造你、要你去過的人生——

在此時此地，也直到永永遠遠。

在基督裏我們找到我們是誰、為什麼而活。

早在我們聽聞基督以先，……祂的眼目

已經看顧我們，已經定意要我們過榮耀的生活，

乃是按照祂對每一件事物、每一個人的計劃。

（以弗所書一章11節，Msg）

我感謝數百位古典派與現代派的作者與教師，

他們塑造了我的人生，並且幫助我學習這些真理。

我感謝神，也謝謝你，讓我有這份榮幸與你分享這一切。

現在有了QR Codes 連結到四十二個大約三分鐘的影片，由華理克牧師主講。這次包含QR Code及影片的版本涵括了之前版本所有的智慧，再增加了華理克牧師自從寫了第一版《標竿人生》之後全新的洞見。你在世界上的目的是什麼？你可以從華理克牧師的分享中閱讀、見證和聽聞這些答案。

　　只要使用你智慧型手機上的相機，拍下書中的QR Code，那麼與該段內容有關的影片就會自動出現在手機上的瀏覽器。除此之外，你也可以從手機的應用程式商店中下載讀取QR Code的應用程式。對於如何使用QR Codes 或者與QR Codes 相關的資訊以及其他讀取QR Code的應用程式，請上www.qrcode.zondervan.com網站。

目　錄

序　言　*11*

一份誠摯的邀請〈譯序〉　*15*

一個有目的的人生旅程〈前言〉　*19*

獻給新世代的全新版本　*23*

我的誓約　*25*

我究竟為何而活？

第 1 天　萬物皆由神開始　*29*

第 2 天　你的存在絕非偶然　*34*

第 3 天　什麼在主導你的人生？　*39*

第 4 天　為永恆而被造　*48*

第 5 天　從神的觀點看人生　*53*

第 6 天　人生是一項暫時性的任務　*59*

第 7 天　所有一切的緣由　*64*

人生目的 #1　神已計劃，要你為討祂喜悅而活

第 8 天　被造是為討神喜悅　*73*

第 9 天　什麼事令神歡喜？　*78*

第 10 天　敬拜的中心　*86*

第 11 天　成為神的摯友　*94*

第 12 天　與神建立深厚的友誼　*101*

第 13 天　討神喜悅的敬拜　*109*

第 14 天　當神似乎遠離　*116*

人生目的 #2　神模造你，要你為神家而活

第 15 天　我是為神的家而造　*125*

第 16 天　最重要的事　*131*

第 17 天　有所歸屬　*137*

第 18 天　一起經歷生命　*145*

第 19 天　耕耘群體生活　*151*

第 20 天　重建破裂的團契生活　*158*

第 21 天　維護你的教會　*166*

人生目的 #3　你被造是為了像基督

第 22 天　被造是為了像基督　*177*

第 23 天　如何成長　*184*

第 24 天　真理使我們蛻變　*189*

第 25 天　苦難使我們蛻變　*196*

第 26 天　在試探中成長　*204*

第 27 天　戰勝試探　*212*

第 28 天　成長需要時間　*219*

人生目的 #4　你被塑造是為服事神

第 29 天　接受你的任命　*229*

第 30 天　被塑造是為服事神　*236*

第 31 天　了解你的特色　*242*

第 32 天 使用神給你的一切 *250*

第 33 天 真僕人的行為 *257*

第 34 天 僕人的思維 *265*

第 35 天 神的大能彰顯在你的軟弱上 *271*

人生目的 #5 你被造是為一個使命

第 36 天 為使命而被造 *281*

第 37 天 分享你的人生信息 *289*

第 38 天 作個世界級的基督徒 *296*

第 39 天 平衡你的生命 *304*

第 40 天 目的導向的人生 *311*

第 41 天 嫉妒的陷阱 *320*

第 42 天 討好人的陷阱 *329*

附 錄 1 問題討論 *341*

附 錄 2 輔助資源 *344*

附 錄 3 為何使用許多聖經譯本？ *346*

註 釋 *349*

序　言

世界的根基未立之先，

神已揀選我們，成為祂愛的焦點。

（以弗所書一章4節上，Msg）

　　你可能與許多人一樣，長期被灌輸著生命漫無目的的想法；你也可能已開始默認，自己的存在真是沒什麼意義。

　　然而聖經說，世上萬物都是造物主獨具匠心的創造：「無論是天上、地下一切所有的；能看見、不能看見的，都是從神開始，也從神那裏找到其最終目的。」（歌羅西書一：16，Msg）

　　事實上，神創造你，有祂特別的心意和目的。在你尚未成形出生前，祂早已像藝術大師般，用心陶造你成為祂手中的傑作。這位造物主對你瞭若指掌，連你的每根骨頭祂都一清二楚。祂一點一點地雕琢你，從無到有，成為具永恆價值的人。（參詩篇一三九：15）

　　你的存在並非偶然。造物主特意挑選了你的膚色、髮質、眼睛的顏色，並賦予你特有的性情與才華。你可以十足地確信，你

的一生無論是國籍、種族，沒有一樣不是神精心的設計。祂創造你，有特別的心意和目的。

沒有任何事比認識神對你一生的心意更為重要，無論是成功、財富、名聲、或享樂，都不能取代。我家離好萊塢影城只有一個鐘頭的車程，那裏不知製作了多少著名的影片。假如成功、財富、名聲、或享樂能為生命帶來意義，這些影城紅星早就成為世上最幸福快樂的人了。但是，事實不然。

如果金錢或物質主義能帶來有意義的人生，那麼好萊塢的人過得便是世上最有意義的生活。然而，他們的生命卻是破碎空虛。因為，他們輕忽神對他們一生的心意。

我衷心祈盼你能明白上帝對你一生的心意。你是祂的寶貝，祂甚至把愛你的心，放在我的心上。這就是為何我對《標竿人生》的中文版感到特別興奮。

在這本書裏，我會詳述神創造你，為的是讓你永遠成為祂的家人。一旦體會到這個奧妙的真理，你就再也不會感到人生無意義了。你在神心中的地位，重要到讓祂巧思設計整個宇宙，使你能成為祂家中的一份子。你是為永恆而造的。

聖經告訴我們，神賜下機會，使我們能重獲新生，成為祂天上的家人。在地上，神的家就是教會。所有接受耶穌基督為救主的人，都是這個家的成員。教會這個觀念是神巧妙的創作，雖然遭受持續的迫害、恐怖的壓制與普遍的忽略，迄今依然屹立。儘管教會因人的罪而有缺失，兩千年來，神仍然使用它成為祝福世人的渠道。

聖經稱教會是永不動搖的國度。馬太福音十六章裏，耶穌說：「我要建立我的教會，所有陰間的權柄都不能勝過它。」不管陰間勢力的組合有多大，哪怕是颶風、地震、海嘯、山崩、饑荒、瘟疫，都不能摧毀耶穌基督所建立的教會。

　　《標竿人生》的中文譯本是為了讓你明白，神對你深厚的大愛，以及你在神家中（教會）的重要性。因著愛神及愛你的心，才有這本書的存在。不管多少困難當前，都無法隔絕神對我們的愛。祂的愛使不可能變為可能；祂的愛永不止息。

　　神創造你時，已賦予你人生偉大的目的。聖經告訴我們，神會賜你力量，幫助你實現祂賦予你的大使命。這就是神行奇事的一貫作為──以祂的靈幫助平凡的人完成使命。在神，凡事都能。

　　我確信，在你出生前，神早已預知你正要做的事。你現在捧讀這本書，也絕非偶然。我們已經為這一刻祈禱多時了。願你跟隨神的慈聲，一步步發現祂當初創造你時，所為你精心設計的人生藍圖，也願祂引導你活出祂的心意。

　　　　願恩惠平安歸與你

　　　　　　　　　　　　　　　　　　　　　　華理克

<譯 序>

一份誠摯的邀請

幾年前看過一部影片Contact（中譯片名「接觸未來」），敘述一位極具天分的女科學家艾莉，如何解讀出來自外太空的訊號，並實現她一生的夢想——代表地球與外太空文化進行接觸。片中當女科學家的朋友問她，為什麼如此執著、不畏生死地決心從事這程可能回不來的太空之旅。她回答說：「我一直都在尋找我為什麼在這裏、我是什麼、我們是誰這些問題的答案，這些答案值得我付上生命的代價去尋得。」

的確，這些問題的答案是我們所有人都想尋得的，也值得我們付上生命的代價去尋得。許多人用各種方法去尋找。有人以猜想、臆測、假設來替自己解答；有人作各種瘋狂的試驗來尋找；有人跟著潮流與世俗走，以為人多的方向就是對的；有人以追逐世名財富為目的來填充生命。

英國十八世紀文豪Joseph Addison說：「當我看到偉人的墓誌銘時，我所有內心的嫉妒都消失無蹤。當我看到世上那些以美麗著稱的人的墓碑時，我心裏的慾念全無。當我看到聰明的人與和

他自己聰明才智相當的對手並肩躺在墓地時，或是那些雄據天下一方的英雄躺在那裏時，我為他們曾經經過那些微不足道的爭競感覺悲傷與震驚。當我看到那些數百年前的名人的墓碑時，我想到我們都如此短暫。」

人生實在短促，無論如何瀟灑，生命不是我們揮霍得起的。我們無法親自經歷一切去尋找意義。

這本書就是為了這個目的而寫的。作者華理克誠摯地邀請您，參與這趟四十二天之旅來發現你的人生目的。你來到這個世上有重要的目的與使命。神用盡心思，創造出獨特的你，世上不再有第二個人與你完全一樣。因為你是極其寶貴、為要完成你被造的目的。

翻譯本書時，我屢次感動流淚，為神偉大的愛，也為祂賦予我們的那份神聖重大的目的與使命。我可以感受到作者的用心與愛心。還記得2000年，在華理克的父親過世之後不久，他曾在講台上提到他父親過世前的一個晚上（本書裏亦提到），屢次從彌留狀態當中醒來，便急著想下床，一再重複地說著要「為耶穌多得一個靈魂」。當時，所有的人都哭了。我更是無法自己。老吉米（他父親名叫Jim Warren）牧師我是認識的，即使在身罹極嚴重的癌症時，還緊緊地握住我的手，熱情地鼓勵我，告訴我我所做的工作是極重要的。每一次見到他都活力十足、滿心歡喜、滿口讚美。好一個活在神目的當中的人！

常常，我有機會接觸各種年齡的人，無論是在學年輕人、事業有成的中年人，或是頤養天年的老年人，也不在乎從事的行業或成就與學歷的高低。我發現，一個活在神的目的當中的人，生命就是亮麗、豐富、踏實有把握。年輕人除了學業愛情，往往有更高的呼召與充滿能力的生活；中年人除了事業與家庭，往往有更廣闊的世界與貢獻；老年人不再只活在旅遊與享樂，而是充滿

計劃與目的的明天。這些不同都因為他們知道，造他們的神給他們的人生目的是什麼。

　　我自己呢？在我年幼時，特別幸運地，這個人生目的與使命便臨到我。當我回顧人生路徑，我不禁要驚嘆，無論是順境、逆境，是苦是樂，每個人生階段都看到神有目的。縱使在人生最黯淡、孤單時，仍然滿有盼望與同在。從年少到中年，即使偶爾經歷灰心失望，卻從未絕望，因為有祂的「敕令」在身，無法為各種人生無可避免的大小挫折而受阻。

　　陶恕（W. Tozer）這樣說：「神造我們的目的，是叫我們與祂、祂與我們，能在屬天的交通裏，享受親屬般、神祕的甜蜜。神的意思是要我們在靈裏得以見祂，和祂同住，並從祂的笑臉中得到生命。……這是實際的經驗，不只是一種應當遵守的道理，乃是每一天、每時刻可以享受到的一種生活。」在這一點上，我親身經歷，可以為之作證。神的本意是要我們每一個人都享受這般的生活與生命。

　　我最深的切盼，就是您能透過這本書，找到神給您的人生目的，去成就這些目的。並且，有一天，讓我們在永遠的家鄉，一起領受祂的獎賞。

　　最後，要謝謝加拿大多倫多城北華人基督教會幫忙做了些初稿翻譯的工作，也要謝謝使者協會的同工不斷地代禱與加油，與道聲出版社同工們的耐心配合，以及蔣海瓊女士與蘇文安先生在文字上的諸多幫忙。願神親自報償。

楊高俐理
於美國賓州亞蘭城

<前 言>

一個有目的的
人生旅程

如何善用此書

　　這不單是一本書，而是一本四十日（進昇版增加二日）的屬靈旅程指南。它可以幫助你找到人生最重要課題：「我究竟為何而活？」的解答。當你完成這個旅程時，你會明白神對你的人生的目的，並且了解整個大局，也就是你人生的各個片段是如何拼在一起的。有了這份遠眺的透視會減少你的壓力、簡化你的抉擇，加添滿足感。最重要的，幫助你為永恆作好準備。

未來的四十加二天

　　現代人的平均壽命是二萬五千五百五十天。若你在這平均值裏，這就是大約你活著的時日。在這些日子中，分別出四十加二天去思考神要你在餘下的光陰中做些什麼事，豈非明智之舉？

　　聖經清楚顯示，神認為四十日是具有特別屬靈意義的時段。每

當神要預備人去成就祂的目的時，祂往往使用四十天的時間：

- 挪亞的生命被四十天的雨所改變。
- 摩西在西乃山上四十天的經歷改變了他的一生。
- 以色列探子四十天在應許之地，生命被改變。
- 大衛因著歌利亞四十日的挑戰生命被改變。
- 以利亞仗著神的一頓飯走了四十天，生命更新而改變。
- 尼尼微城的人因著神給予的四十天機會而悔改，生命得改變。
- 主耶穌在曠野經歷四十天的考驗，得著力量。
- 使徒因著復活的主與他們同在四十天，生命被改變。

在未來的四十二天，你的生命也會被改變。

本書共分四十二章，我極力敦促你每天只讀一章，這樣你便有足夠的時間去思想你自己的人生意義。聖經說：「**讓神改變你的思想方式，使你蛻變成為一個新造的人，你就能明白祂要你做的事。**」[1]

很多書都不能改變我們的一個原因是，我們往往操之過急，趕著追看下一章，沒有停下來花時間認真思想所讀的。我們匆促追到下個真理，而沒有回想我們所學到的。

不要單單閱讀此書，要與它互動，在重要字句下劃線，在頁旁寫下心得，將這本書變成你自己的。最能幫助我的書，是那些我不僅僅讀過、更能使我有所回應的書。

五個幫助你的特點

本書每章的最後一段，有一個方塊，叫做「我的人生目的省思」，在此你會找到：

- **一個思想要點**：這短句濃縮了一項目的導向人生的原則，可

供你在當日的生活中反覆思想。保羅對提摩太說：「**我所說的話，你要思想，因為凡事主必給你聰明。**」[2]

• **一節可供背記的經文**：這句經文反映此章的教導。假若想改進你的靈命，背記經文可能是你一開始最需要養成的習慣。你可以將經文寫在小卡片上，以便隨身攜帶。或者購買一份「*Purpose-Driven Life Scripture Keeper Plus*」。

• **一個思考問題**：這些問題會幫助你思想本章的含意，以及將其應用於個人生活的方法。我鼓勵你在空白處寫下答案，你也可以寫在一本筆記本上，或是買一本《標竿人生靈修日誌》（*The Purpose-Driven Life Journal*），這是一本專為此設計的筆記本。寫下你的思緒是釐清你思想的最佳辦法。

• **務必要聆聽的信息**：書中附上四十二個語音信息，當中包含與每一章內容有關的教導，每一則語音信息的長度約是四十至五十分鐘。

此外在附錄 **1**，你可以找到：

• **問題討論**：在未來的四十二天，我熱切敦促你能與一位或多位朋友，一同研讀此書。有伴同行的旅程總是比較美好。你們可以討論書中的內容，互相切磋；這樣會幫助你們的靈命成長得更強壯更深刻。真正的屬靈成長從來不是孤立、個別的追求。成熟需要通過關係的建立與群體的互動來產生。

要闡明神對你人生的目的，最好的方法是讓經文自己說話。因此，本書廣泛地引用聖經經文，有上千節的經文取自十五種英文譯本與意譯。之所以採用不同譯本乃有其特殊理由，我會在附錄 **3** 加以解釋。

我一直在為你禱告

寫此書的時候，我常祈求：你能從發現神要你在世上所做的工當中，經歷那難以置信的盼望、能力和喜樂。這體驗是無可比擬的。我為著將要發生在你身上的一切感到興奮。我也曾有此經歷；自從發現我的人生目的以後，我便永遠不再一樣了。

因為深知這些益處，我要向你挑戰謹守未來四十二天的靈修旅程，不要錯過任何一天的閱讀。你的人生值得你花這段時間去好好思考。將這件事列入行事曆，當作你每日的約會。假若你承諾這樣做，讓我們一起來立約。簽名委身的行動有重要的意義。如果你有閱讀夥伴，可與他／她一同簽名立約。讓我們一起開始吧！

獻給新世代的全新版本：

華理克牧師的說明：

「我們不能把這本書的內容只留在這個世代，我們要傳遞到下個世代。」詩篇七十八篇第四節（MSG）。

最近有一位廿二的青年麥可透過社群媒體聯繫我，他問道：「我要如何知道我生命的目的？」當我們接著聊下去時，我發現他的父母讀過《標竿人生》，但是他卻沒有機會讀過，畢竟當這本書出版時，他還是個十二歲的孩童。

每一個世代都需要重新探究神給他們的生命目的。但是神同時也命令這個世代有責任要將所知曉的一切傳遞給下個世代，使得**新世代在神的計畫中有全新的盼望**。（詩篇七十八篇7節）

自從《標竿人生》出版之後，我們的世界已經有了巨大的轉變，但是神永恆的計畫從未改變，而我們有許多新的工具和頻道來幫助人們了解生命的目的。

我在新版的內容加入四個新的元素：四十二個單元都有一個介紹影片（參閱連結），在每一章的最後，有閱讀聖經的語音檔案

（參閱連結）。這使得我能夠給予讀者三十個小時額外的教導。兩個新增的章節，則是關於「活出生命的目的」時最常見的阻礙。線上社群的連結，你可以在當中分享你自己的生命旅程、給予回饋並且得到支持。我把這個全新的版本獻給像麥可一樣的新世代，而他們所關注的問題其實每一個世代都曾經問過：「我在世界上的目的是什麼？」我很榮幸可以服事你。「因為耶和華本為善⋯⋯他的信實直到萬代。」（詩篇一百篇5節）

我的誓約

靠著神的幫助，我承諾在未來四十日內，
要尋求神在我人生中的目的。

_____

你的名字

_____

閱讀夥伴

_____

華理克

「兩個人總比一個人好，因為兩個人合作效果更好。
一個人跌倒，另一個人可以扶他起來。……兩個人
合力可抵抗一人的襲擊，單獨抵抗就無把握。
三股合成的繩子是不容易拉斷的。」
（傳道書四章9-12節，現代中文譯本）

我究竟為何而活？

倚靠財富，像秋天落葉；
義人繁茂，如夏季綠葉。

（箴言十一章28節，現代中文譯本）

但倚靠耶和華，以耶和華為他所信賴的，
這人是有福的。他必像一棵樹，栽種在水邊，
樹根伸進河裏；炎熱來到，並不害怕，
樹葉仍然繁茂；在荒旱之年，
它不掛慮，並且不斷結果子。

（耶利米書十七章7-8節，聖經新譯本）

1

萬物皆由神開始

無論是天上、地下一切所有的；

能看見、不能看見的，……都是從祂開始，

也從祂那裏找到其最終目的。

（歌羅西書一章16節，Msg）

除非你假定有一位神，

否則探討人生目的這問題是毫無意義的。

——羅素（Bertrand Russell），無神論者

purposedriven.com/day1

生命的重心不是在你。

人生的目的不單是追求個人的滿足和喜樂，它遠比你的家庭、事業、甚至比你最瘋狂的夢想與抱負意義更重大深遠。若要知道你活在這世上的原因，你必須從神開始，因為你是**因**祂的目的而生，也是**為**祂的目的而活。

數千年來，找尋人生目的一直是個困擾人的問題。因為我們往往錯誤地以自己為起點來開始。我們問一些自我為中心的問題，比如：我要做什麼樣的人？我該如何運用我的人生？我的人生目標、我的雄心大志、我的夢想、我的將來是什麼？專注於我們自己，永

遠無法發現人生目的。聖經說：「**神指引祂所造萬物的生命，每一個生命都在祂的權柄下。**」[1]

　　與一般暢銷書籍、電影、講座所標榜的正好相反，你不可能從自己的內在去尋求生命的意義；或許你已經嘗試過了。你不是自己的創造者，怎能知道自己被造的目的？假若我交給你一件你從未見過的新發明，你不會知道它的作用；那物件也不能告訴你。你只有從其創造者或它的使用說明書，才能知道這物件的功用。

> 專注於我們自己，永遠無法發現人生目的。

　　有一次，我在山裏迷了路。當我停下來詢問前往露營區的方向時，人家告訴我說：「你不能從這裏到那裏，你必須從山的另一面開始！」同樣地，你不能以自我為出發點去尋找生命的目的。你必須從神，你的創造者開始。你的存在是神的旨意，你是**被**神所造，也是**為**神而被造。除非你明白這一點，否則生命便毫無道理。只有在神裏面，我們才能明白自己的根源、身分、人生意義、目的、重要性，以及命運。採取其他途徑只會徒勞無功。

　　很多人嘗試利用神以遂一己私慾，這種反其道而行的作法是注定失敗的。你是為神而被造，神卻不是因為你而存在。神使用你去成就祂的目的，不是你用神去達到你的目的。聖經說：「**沉迷於自己是一條絕路；只有仰望神，我們才可以走出死胡同，進入遼闊、自由的天地。**」[2]

　　我讀過很多教導如何發現人生目的的書，這些都可歸類為「自我提升」的書籍，因為它們都是以自我為中心的觀點來探討。這類參考書，甚至有些基督教書籍，通常會提供一些可預期的步驟來發現你的人生目的，比如：追求你的夢想、釐清你的價值觀、設定目

標、找出你的優點、向高處瞄準、放膽去做、要自律、有信心、讓別人與你一起來、永不放棄。

　　當然，這些建議通常可以令人成功。一般來說，只要你全心投入，往往就能成功地達成目標。但「成功」與「實現人生的目的」是兩回事！從世界的標準來看，可能你達到了個人的目標，並且非常成功，卻仍然錯過了神創造你的目的。自我提升的辦法是不夠的。聖經說：「**單靠自己是徒然的，自我奉獻和犧牲才是覓得真正自己的良方，亦是我（耶穌）的方法。**」[3]

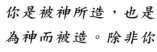

> 你是被神所造，也是為神而被造。除非你明白這一點，否則生命便毫無道理。

　　這不是一本教你自我提升的書，它沒有教你如何找到合適的職業、成全你的夢想，或計劃你的人生；更沒有教你將更多的活動擠進你的行事曆內。事實上，它教你專注於更重要的事，從而**減少**你每天要做的事。這本書是關乎你怎樣成就神創造你的目的。

　　我們怎能明白神創造我們的目的呢？你只有兩個選擇。首先，你可以**推測**，大部分的人都是這麼做。他們推想、估計或空論。當人們說：「我一向以為生命是……」，意思是說：「這是我所能猜想到的最好的了。」

　　數千年來，很多傑出的哲學家不斷討論及推斷生命的意義。哲學是一門重要而有用的學問；然而，在決定人生的目的時，最聰明的哲學家也不過是在猜測而已。

　　美國伊利諾東北大學的哲學教授摩修博士（Dr. Hugh Moorhead）曾寫信給二百五十位著名哲學家、科學家、作家及學者，問他們人生的意義是什麼。然後，他將這些回答編輯出版了一本書。有些學者提出他們的猜想，有些則承認自己只是為人生虛擬

出一套目的，還有些人誠實地說全無線索。事實上，好幾位學者反問摩修博士，人生的意義到底是什麼？[4]

除了憑空想像，幸好還有一個方法可以探索人生的目的和意義，那就是**啟示**。我們可以轉向神，從祂的話語中去尋索；其實最容易的方法是問我們的創造者——神，祂創造我們的目的為何？

神沒有讓我們在黑暗中摸索、猜想，祂藉著聖經明確地啟示五個人生目的。這是人類的「使用說明書」，清楚地解釋我們為何而活、怎樣生活、當遠避何事、將來有何盼望。它為我們說明那些自我提升或哲學書籍所無法得知的事。聖經說：

> 「神的智慧……深藏在祂的旨意中……這不是最後的訊息，而是神預定的計劃——神決意要以此方法，將祂賜給我們的福分顯露出來。」[5]

神不單是我們生命的起點，祂是我們生命的源頭。若要找尋人生目的，你先要轉向神的話語，而不是倚靠世上的才智，你必須將生命建造在永恆的真理上，而不是建立在通俗心理學、追求成功或勵志故事上。聖經說：「**我們在基督耶穌裏知道自己是誰，為何而活。遠在我們首次聽聞基督，寄予厚望，祂已看顧我們，為我們榮美的生命作好預備，因為我們都是祂古往今來、包羅萬事和萬物大計劃的一部分。**」[6] 這段經文對我們有三個啟示：

1. 藉著你與主耶穌的關係，你會明白你的身分和人生目的。假若你還沒有這種關係，我會在其他章節解釋如何去建立它。

2. 在你未認識神的時候，祂已惦念你。在你未成為胎兒之前，神已為你訂下人生目標。祂在你還未存在之前便已為你作了計劃，無須你的幫助！你可以選擇你的事業、配偶、嗜好或

作其他抉擇，但你的人生目的卻由不得你作主！

3. 在神為宇宙訂下的永恆計劃裏，你的人生目的正好成為神的偉大旨意的一部分。這就是本書的要旨。

　　畢安德烈（Andrei Bitov）是在無神論的共產政權下長大的俄國小說家；在一個陰沉的日子裏，他留意到神的存在。回顧那次經歷時，他說：「當我廿七歲那年，在列寧格勒（今改稱聖彼得堡）乘坐地下鐵時，突然被巨大的失落感所淹沒，生命似乎停頓下來，明天彷彿完全消失。忽然間，一句話浮現在我腦海中：『**如果沒有神，生命便全無意義。**』我在驚詫中不斷地重複這句話，彷彿乘坐著它上升、離開地鐵站，走進神的榮光裏。」[7]

　　你可能感受自己一直在黑暗中摸索你的人生目的。恭喜你！你就快要進入神的榮光中了。

第 1 天
我的人生目的省思

思想要點：生命的重心不是在你。

背記經文：「……一概都是藉著祂造的，又是為祂造的。」
　　　　　　（歌羅西書一章16節下）

思考問題：怎樣才能不被傳媒所蒙蔽，能提醒自己：我是為神而活，不是為自己而活？

網上信息：www.purposedriven.com/day1（英文）

你的存在絕非偶然

我是你的創造者。在你未出生之先，我已經看顧你。

（以賽亞書四十四章2節上，CEV）

神不玩擲骰子遊戲。

——愛因斯坦（Albert Einstein）

purposedriven.com/
day2

你的存在絕非偶然。

你的出生不是一個錯誤或不幸，更不是自然界胡亂拼湊而成。你的父母未必有計劃地將你生下，但神卻是。事實上，你的出生在祂意料之中，是祂所期待的事。

在你父母還未孕育你的時候，你的生命早已在神的意念中成形。此刻你有生命氣息並不是命運注定、也不是時機，不是僥倖、更不是偶然。你活著是因為神定意要創造你！聖經說：「**耶和華必成就祂在我身上的目的。**」[1]

你身體的每一個細節都是神精心策劃的。祂處心積慮地選擇你的種族、膚色、頭髮、以及每一個特徵。祂特意量身訂造你這個

人。祂也選定了你的天分和你獨特的個性。聖經說：「**祢完全知道我，祢知道我的每塊骨骼，祢準確地知道我是如何被造，祢從虛無中把我塑造出來。**」[2]

神創造你是有原因的。祂也決定你的**生辰**和**壽數**。聖經說：「**在我還沒有出生以前，祢已經認識我；我開始呼吸以前，祢已經計劃好我一生的日子，並且把每一天記在祢的冊上。**」[3]

神也計劃好你在哪裏出生以及在哪裏為祂而活。你的國籍和種族也出自祂的計劃，總之一切絕非偶然，全都根據祂的目的來計劃。聖經說：「**祂從一人造出各族，……並且定準了他們存活的期限和生活的地方。**」[4] 你生命中沒有隨意出現的事物，它們都是為了一個目的。

令人讚嘆的是神決定你是怎樣的人。不管你在哪種情況下出生，父母是誰，是好是壞，都毫不重要。神知道這兩個人擁有合適的遺傳因子，把「你」照著祂的心意創造出來。他們身上有著神要造你的基因。

在你父母還未孕育你的時候，你的生命早已在神的意念中成形。

世界上有不合法的父母，卻沒有不合法的孩子。很多孩子的出生是未經他們父母計劃，但卻是神所安排。神往往把人為的錯誤，甚至罪惡，都計算在祂的旨意中。

神所做的一切都不是意外，更不會出錯。祂創造每一樣東西都有因由。每一棵樹，每一隻動物都是在祂計劃中，每個人更是為特定的目的而設計。神創造你的動機是因為祂愛你。聖經說：「**當世界的根基未立定之先，神已經計劃並且揀選我們，讓我們成為祂愛的焦點。**」[5]

在創造世界之先，神已經掛念著你。正因如此，祂創造了世界！神設計這個星球的環境，讓我們可以生活在其中。我們是祂

愛的中心，並且是所有創造物中最**寶貴**的。聖經說：「**神定意要藉著真理的話語，將生命賜給我們，使我們成為祂所造萬物中最寶貴的。**」[6] 可見神是何等愛你、珍視你！

神做事絕不隨意，祂的計劃精密而周詳。當物理學家、生物學家和其他科學家對這個宇宙的奧祕理解愈多，我們便愈明白這個宇宙的構造是如何特別適合我們在其中生存，宇宙顯然是為人類生存而刻意**精確**打造的。

紐西蘭Otago大學人類遺傳因子資深研究學者丹米柯（Michael Denton）博士說：「所有生物科學的證據都支持這個核心論據……就是這個宇宙是一個整體，是為人類生存而特別設計的；整體中每一件事物的存在，都有其解釋和意義。」[7] 聖經在幾千年前也如此說：「**塑造大地的神……祂並沒有使土地荒涼，祂叫人在其中居住。**」[8]

為何神要這樣做？為何祂要不厭其煩地創造宇宙讓我們居住？因為祂是充滿慈愛的神。這樣的愛難以測度，卻穩固可靠，神創造你，你是祂鍾愛的對象！你的生命應當建基於這個真理上。

聖經告訴我們：「**神是愛。**」[9] 這並不是說神**有**愛，乃是神**就是**愛！愛是神性情的本質！神並不需要造你，因為在三位一體的相交之中，神並不寂寞；但祂造你是為要向你顯明祂的愛。神說：「**你一出母腹，我就抱著你；自你出生，我就一直照顧你。即使你年老了，我還是一樣。即使你的頭髮變白，我還要照顧你。我造了你，也一定會照顧你。**」[10]

假如沒有神，我們每一個人都不過是個「意外」，是宇宙中隨

機出現的產品。果真如此，你大可不必繼續讀下去，因為這樣生命便沒有目的、沒有意義、也不重要；人世間也沒有對或錯，在短暫的人生之後也沒有盼望。

然而神確實存在，祂特意創造你，使你的生命有深遠的意義！只有當我們以神為生命的根據點，才能找到人生的意義和目的。羅馬書十二章3節說：「**只有知道神是怎樣的，以及祂為我們做了何事，我們才能準確了解自己。**」（Msg）

這首柯羅素（Russell Kelfer）的詩，可以作為本篇的總結：

你是你總有因，你是神精密計劃的一部分。

你是祂完美寶貴的獨特設計，是祂至愛的男人或女人。

你像你總有因，神是絕不會出差錯，

祂把你孕育成形，正是祂所深愛的那人。

神為你挑選雙親，不論你感受如何，

他們是神照祂計劃為你量身特製，

並蓋上大師的特許印章。

不！你所面對的不幸遭難絕非易事，

神也為你傷痛淚痕淫，

神允許這一切發生來塑造你的心，

要你長成祂的樣式，

你是你總有因，上主用杖練你成形。

親愛的，你是你，

因為我們有一位神。[11]

第 2 天
我的人生目的省思

思想要點：我的存在絕非偶然。

背記經文：「（神）造作你，又從你出胎造就你。」
　　　　　（以賽亞書四十四章2節上）

思考問題：既然知道神創造我非常地獨特，在我的個性上、
　　　　　背景上或外表上，有哪一點是我難於接納自己
　　　　　的？

網上信息：www.purposedriven.com/day2（英文）

什麼在主導你的人生？

> 我又發現人極盡所能追求功名，
> 原是出於競爭的心態。
>
> （傳道書四章4節，LB）

purposedriven.com/
day3

> 人若沒有目標，就像船缺了舵──
> 成了流浪漢、廢物、人間渣滓。
>
> ──湯瑪斯・柯利（Thomas Carlyle）

每個人都由某事物主導他的人生。

大多數字典給「**主導**」（Drive）的解釋是：「引導」、「控制」或「指向」。當你開車、釘釘子、打高爾夫球時，你便是在引導、控制、指向。你人生的主導動力是什麼呢？

此刻或許你正被困難、壓力、期限所駕馭，或是被痛苦的回憶、不斷的恐懼或潛意識信念所控制。人生會被千百種不同的情況、價值觀和感情所支配。以下是其中最普遍的五種：

被罪咎駕馭的人

這些人一輩子不停地後悔並隱藏他們的羞恥感；被罪咎駕馭

的人受回憶的掌控，他們往往不自覺地以破壞自己的成功來自我懲
罰。當該隱犯了罪，他的罪咎使他與神隔絕，神對他說：「你必四
處漂泊，在地上流浪。」[1] 這正是今日許多人的寫照，漫無目的地
四處飄泊流浪。

我們都是過往的產物，卻不一定要成為過往的囚徒。神對你
的目的不會受制於你的過往。祂曾使殺人犯摩西變成領袖，也曾把
懦夫基甸變為勇敢的英雄，祂當然也可以在你的餘生中成就奇妙的
事。神常給人重新開始的機會。聖經說：「蒙主赦罪的人多麼有福
啊！……心裏沒有詭詐，上帝又算他為無罪的人是多麼有福！」[2]

被忿恨駕馭的人

這些人緊抓著所受的傷害，不願赦免。他們不願藉著饒恕解除
痛苦，反而在心底不斷重複回想。被忿恨駕馭的人，有的把怒氣壓
抑在心底，有的發洩出來遷怒他人，二者都既不健康又無濟於事。

其實忿恨對你所造成的傷害，遠比對你所忿恨的人傷害為大，
當你不斷為過往的傷害困擾煎熬之際，得罪你的人可能早已將這件
事忘得一乾二淨，繼續過他的日子了。

請記住，過去的傷痛無法再繼續傷害你，**除非**你仍不肯把它放
開。過去的已經過去了，無法改變，忿恨苦毒只不過是自己傷害自
己。為你自己的緣故，不如就把這件事當作一次教訓便算了。聖經
說：「終身懷恨是既愚昧又無聊的事。」[3]

被恐懼駕馭的人

恐懼可能來自傷痛的經歷、不切實際的期望、嚴厲的原生家
庭、或甚至是天生如此。不管原因何在，被恐懼駕馭的人往往因怕
冒險而坐失良機。他們但求保持現狀，安全第一而不願冒任何風
險。

恐懼是自製的牢籠，使你不能成為神計劃中的人。你**必須**靠信心和愛心去對付恐懼。聖經說：「**成熟的愛可以驅除恐懼。因為恐懼是有害的，一個充滿恐懼的人——恐懼死亡、恐懼審判——是未有成熟的愛。**」[4]

被物質享受駕馭的人

想要擁有成為他們人生的惟一目標。他們相信擁有愈多就愈快樂、愈重要、也愈安全；其實這三個想法都不真確。擁有物質只能提供**短暫**的快樂，因為再好的東西也會令人日久生厭，到頭來必然又期望得到更新、更大、更好的。

另一個迷思是擁有愈多，自己就愈重要。自我評價與真正的價值是不同的，你的價值並不能以你擁有的物質去衡量，神說人生最有價值的**東西**並不是物質。

最普遍的迷思是認為愈有錢便愈安全，其實不然。財富可能一夕之間便因各種不同因素而失去。真正的安全感只存在於永遠無法從你奪去的事上，那就是你與神的關係。

被別人的期望駕馭的人

這些人容許他們的父母、配偶、兒女、老師或朋友的期望操縱自己的人生。有些人到長大成人都還在取悅他們那無法滿足的父母。有些人則被同儕壓力所駕馭，總是擔心別人會怎麼想。很可惜的是，那些隨波逐流的人最後往往迷失其中。

我並不知道所有成功之道，但是我確知想要取悅每一個人注定失敗。讓別人來操縱自己的人，肯定會錯失神在你生命中的計劃。耶穌曾說：「**一個人不能事奉兩個主。**」[5]

其他還有許多動力會駕馭你的人生，但這些全都導向一個死胡同——埋沒了的潛能、不必要的壓力和失落的人生。

這四十天旅程將告訴你如何過一個**目的導向**的人生，一個由神的目的主導、指引、控制和推動的人生。沒有一件事比知道神對你人生的目的更重要，也沒有一件事可以彌補你不知道的缺憾，即使是成功、財富、名譽或享樂。沒有目的，人生便只是一連串毫無意義的動作、沒有方向的活動以及無聊的事件。

目的導向人生的好處

目的導向的人生有五種好處：

人生有目的，生活有意義

我們存在是有意義的，因此有些人用各種方法，如星象或通靈等去尋求這些意義。人生有了意義，就可以忍受任何事。人生若無意義，任何事都會叫人難以忍受。

> 沒有一件事比知道神對你人生的目的更重要，也沒有一件事可以彌補你不知道的缺憾。

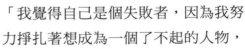

一位二十多歲的青年曾寫過：「我覺得自己是個失敗者，因為我努力掙扎著想成為一個了不起的人物，卻連那是什麼都不知道，只能過一天算一天。除非有一天我真的找到我的人生目的，我才會覺得自己開始真正活著。」

沒有神，人生就沒有目的；沒有目的，人生就沒有意義；沒有意義，人生就無關緊要，毫無希望。在聖經中，不同時代的人都曾表達這份絕望之情。以賽亞曾埋怨：「我勞碌是徒然；我盡力是虛無虛空。」[6]約伯曾說：「我的人生在單調乏味中拖行——毫無盼望地日復一日。」[7]又說：「我毫無生趣，厭棄生命，別理睬我吧！我的生

命毫無意義。」[8] 人生最大的悲劇不是死亡，而是沒有目的。

　　希望就如空氣和水，是人生的必需品。有希望才能面對一切。希伯尼（Bernie Siegel）醫生發現，他能預知哪些癌症病人會痊癒；他只要問癌症病人：「你想活到一百歲嗎？」那些對於人生目的有深切意識的病人會說：「當然想！」而這些病人大多數可以痊癒，因為人生有目的就有希望。

　　如果你感到絕望，請等等。只要你決定要過一個目的導向的人生，你的生命就會有奇妙的改變。神說：「**我知道我為你們安排的計劃是要賜福，不是要降禍，乃是要使你們有前途、有希望。**」[9] 你也許正面臨一個你以為無法面對的景況，但聖經說：「**神⋯⋯能成就的事，甚至是我們不敢求，甚或沒夢想過的⋯⋯遠遠超過我們最高的禱告，也高於我們所想所求。**」[10]

知道你的人生目的，能簡化你的生活

　　人生目的能幫助你劃分你該做和不該做的事，也成了你衡量取捨的準則。你只需自問：「這事會幫助我完成神在我人生的目的嗎？」

　　當你要作決定、安排時間或運用資源時，若沒有明確目的就沒有準則。你會因當時情況、壓力或當時心境來決定。沒有目的的人會工作過量而疲於奔命，引致不必要的壓力、疲乏與衝突。

　　你不可能做到別人要求你做的每一件事，你只有足夠時間去行神的旨意。如果你無法完成一切，便意味著你想做多過神要你去做的（或者，有可能是你電視看太多了）。目的導向的人生會導致更簡單的生活型態以及更簡明的行程表。聖經說：「**虛假炫耀，卻是貧乏可憐，簡樸清淡，卻有豐盛生命。**」[11] 目的導向的人生會帶來

心境平和。「耶和華啊，祢會將完全的平安賜給那些堅定持守目的、並信靠祢的人。」[12]

知道你的人生目的，使人生更專注

人生有目的，你就會集中精力在最要緊的事上，辦事就有果效。

人的天性很容易被瑣碎的事分心。我們以自己的人生來玩追逐瑣碎事務的遊戲。梭羅（Henry David Thoreau，美國十九世紀思想家、作家）觀察發現，人們過著一個「安靜的絕望」的人生；今天，更好的描述則是「無目標的騷動」。許多人就像陀螺，毫無目的不停地以高速轉動，但始終留在原地，毫無進步。

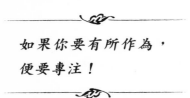

如果你要有所作為，便要專注！

沒有清楚的目的，你會不停地轉換方向、工作、人際關係、教會或其他外在事物。期望每一次改變會解決你的困擾或填滿你內心的空虛。你心想：「或許這次會不一樣。」可是真正的問題——缺乏焦點與目的——並沒有解決。

聖經說：「不要作糊塗人，要明白主的旨意如何。」[13]

我們可以從光學中看到焦點的重要。分散的光只有極少的能力和作用，但把它們凝聚起來卻可以形成巨大的能源。用一面放大鏡可以凝聚太陽光，而點燃乾草和紙張。當光被集中成為雷射線時，連鋼鐵都能穿透切斷。

專注又有目的的人生是大有能力的。能改變歷史的偉人，都是生活專注的人。例如使徒保羅，他幾乎是一手獨力把基督信仰傳遍羅馬帝國。他的祕訣就是過一個專注的人生。他說：「我將我所有的精力專注在一件事上，就是忘記背後，努力面前的。」[14]

如果你要有所作為，便要**專注**！不要再池邊戲水，不要想什麼都做；少做些，甚至刪除一些好的活動，只專心做真正要緊的事。

不要將活動與績效混為一談，你很可能非常忙碌卻毫無目的，那有何意義呢？保羅說：「**要專心竭力追求目標，我們心裏所想要的一切，神會賜給我們。**」[15]

知道你的人生目的，生命才會有動力

目的往往會帶來熱忱，沒有任何東西比清晰的目的更有動力。反之，缺乏目的的人，不會有熱忱，對他來說，就算是起床這樣簡單的事，也是一件大事。我們疲累、乏力和失去喜樂，常常是由於一些無意義的工作，而非因工作過勞。

蕭伯納（George Bernard Shaw）曾說：「人生真正的喜樂是當你感到自己是為偉大的目的而活，是當你覺得自己是大自然的力量，而不是無病呻吟、自怨自艾，只懂得埋怨世界不能令你快樂。」

知道你的人生目的，預備你面對永生

許多人窮畢生之力要在世上名留千古，希望死後仍然被人所懷念。但至終最重要的卻不是他人對你的看法，而是神對你的看法。人們往往沒有領悟到，所有的成就最終都會被超越，紀錄會被打破、名聲會褪色、貢獻會被遺忘。杜布森博士（James Dobson）在大學讀書時的志願是要當學校的網球冠軍。當他的獎杯被永久存放在學校的獎杯陳列櫃時，他覺得非常自豪。多年之後，有人把獎杯郵寄給他，並告訴他那是他們在學校裝修時從垃圾箱裏找到的！杜布森說：「不久之後，所有獎杯都會被人當廢物丟棄。」

在世上留下遺產是短視的，智者會花時間去建立不能朽壞、**永恆的基**

你生存在世上不是為了要人記念，而是為永恆作準備。

業。你生存在世上不是為了要人記念，而是為永恆作準備。

　　終有一天，你會站在神的面前，在你進入永恆之前，祂要查核你的一生。聖經說：「**我們都要站在神的審判臺前……這樣看來，我們各人都要把自己的事向神交代。**」[16]　慶幸的是，神原希望我們通過這個考試，因此祂把試題預先給了我們。根據聖經，神會問兩個重要的考題。

　　第一，「你怎樣對待我的兒子耶穌基督？」神不會查問你的宗教背景或對教義的看法；惟一要緊的是，你曾否接受耶穌為你所做的一切？是否學習愛祂並信靠祂？耶穌說：「**我就是道路、真理、生命；若不藉著我，沒有人能到父那裏去。**」[17]

　　第二，「你將我所給你的用來做什麼？」你的一生做了什麼？這包括神給你的恩賜、才幹、機會、精力、關係和資源等等。你把它們全用在自己身上呢？抑或用在完成神為你預定的人生目的上？

　　這本書就是要幫助你預備好回答這兩個問題。第一個問題決定你將來會在**哪裏**度過永恆。第二個問題則決定你在永恆中**做什麼**。當你讀完本書時，你便知道如何回答這兩個問題了。

第 3 天
我的人生目的省思

思想要點：有目的的人生是平安的。

背記經文：「堅心倚賴祢的，祢必保守他十分平安，因為他
　　　　　倚靠祢。」（以賽亞書廿六章3節）

思考問題：家人和朋友認為我被什麼主導我的人生？我自己
　　　　　又希望由什麼主導人生？

網上信息：www.purposedriven.com/day3（英文）

為永恆而被造

神……將永生安置在世人心裏。

（傳道書三章11節）

神創造的人類絕不是只為生存於世上
一朝半日而已！人是為永生而被造的。

——林 肯

purposedriven.com/
day4

生命絕非僅止於此生。

人生在世，其實只是彩排，為未來公演之日作準備。死後，**在永恆中**，你逗留的時間將比今世要長久得多。人世間只是舞臺、賽前的熱身操、進入永生前的考驗期。此生本為來生而預備。

你活在世上最多不過百年光景，但在永恆中你將度過無窮歲月。你在地上的日子，正如布朗爵士（Sir Thomas Browne）說：「不外乎是永恆中的一個小插曲。」你原是為永恆而造。

聖經說：「神已經……將永恆植在人的心中。」[1] 你天生便是有追求永生的本性。因為神原是照著祂自己的形像造人，要人活到永恆。雖然我們知道人人終有一死，死亡看來還是既不自然又不公平，原因是神在我們的腦中早已種下尋求永生的意念。

　　你的心臟總有停止跳動的一天，那便是你物質生命存活的終止，人生在世的句號，但卻不是你的終局。你的肉體不外是你靈魂的暫居之所。聖經形容你的肉體是「帳棚」，而你將來的身體則被喻為「房屋」。聖經說：「**我們在地上居住的帳棚——地上的身體——被拆毀之後，必得著神在天上為我們預備的房屋，就是祂親手所造的永存居所。**」[2]

　　人生在地上或許有很多選擇，但永恆卻只有兩個選擇：天堂或地獄。你與神永恆的關係將由你與祂在地上的關係決定。你若學會如何愛慕、信靠神的兒子——耶穌，你會被邀請與祂共享永生；但若拒絕祂的愛、寬恕與救贖，你將永世永遠與神分離。

　　魯益師（C.S. Lewis）說：「世上有兩種人，一種人對神說：『願祢的旨意成就』；另一種人，神則對他說：『好吧，隨你所欲。』」可悲的是，太多人選擇了今生不與主同行，以致要在永恆中與祂永別。

> 此生本為來生而預備。

　　當你明白，今生不是只有目前，而是為未來的永生作準備時，你的生活方式自然會有所改變；你會開始**按照永恆的準則來生活**，這將會影響你處理人情世故的態度與方式。很多以往認為十足重要的活動、目標與問題，剎那間變得不值一顧了。因為你愈接近神，萬物就愈變得微不足道。

　　當你活在永恆之光下，你的價值觀便會有所改變。你會更懂得善用金錢和時間。你會重視人際關係和品格超過財富、成就、甚至歡樂。你會重整優先次序；追上時代脈動、時裝潮流或流行的新價值，都顯得無關緊要了。保羅說：「**我先前以為對我非常重要的，現在因著基督所行了的，不再看重了。**」[3]

　　如果你在這世上的生命便是你的一生，我會促請你馬上好好享

> *當你活在永恆之光下，你的價值觀便會有所改變。*

受生活。別管什麼道德、美善，更無須憂慮後果，只管放縱私慾。但事實並非如此，死亡不是終點站，而是你進入永恆的中繼站，因此你要承擔在世上所做的一切後果。今生所做所為的一切，都會在永恆中發出回響。

現世生活最可怕的就是只顧目前。若要能善用你的今生，必須時刻存有永恆的意念與價值觀。今生絕不只限於目前！今天只是冰山一角，永恆才是你沒看見的全貌。

在永恆中與神同在會是如何呢？坦白說，以我們有限的頭腦實在無法完全領略屬天的奇妙與偉大。這好像你向一隻螞蟻解釋什麼是電子網絡一樣，徒勞無功！用來形容解釋永恆之樂的字句，確實還未被創造出來！如聖經所說：「上帝為愛祂的人所預備的，是人見所未見，聞所未聞，甚至是想也想不到那麼地美好。」4

然而，神早已在祂的話語之中讓我們隱約一瞥永恆的點滴。我們知道，此刻神正在為我們準備永久的住處。在天堂我們會與已信主的摯愛親朋相會，不再有痛苦愁煩；我們亦會領受我們在地上盡忠的獎賞，並且會獲派去做我們喜歡做的工作。我們**不會**躺在雲端，頭頂著光圈彈豎琴！我們將會與神共聚，永不分離。有一天，主耶穌會說：「你們這蒙我父賜福的，可來承受那創世以來為你們所預備的國。」5

魯益師在他的七冊兒童寓言名著：「那里亞故事集」（Chronicles of Narnia）的最後一頁捕捉了這個永恆的概念：「對我們來說，這便是所有故事的終結……，但對他們卻是真正故事的序幕。這世上的歲月……有如封面和目錄：現在才是那偉大故事第一章的開始，雖然從沒有人閱讀過，但故事的發展卻從未停止過，並且總是一章比一章精采。」6

　　神對你這一生有一個目的，但這目的卻不限於此生。祂的計劃遠超越你在這地上所度過的幾十年。你所擁有的不是「一生難得一次的機會」，而是跨越今生的機會。聖經說：「**（神）的計劃持續到永遠；祂的旨意延展至永恆。**」[7]

　　人們通常只會在追思禮拜上才想到永恆的問題，而且往往流於膚淺、傷感的想法，對永恆抱著無知的看法。你或許覺得整天想著死亡是病態，但其實逃避死亡的事實，才真正是不健康的想法[8]。只有傻瓜才會完全不為人人都知道終要發生的事來打算，渾渾噩噩地過他的一生。我們其實應該多思想一點永恆，而不是不加理會。

　　你在母腹中所度過的九個月，並非是行程的結束，而是為生命的開始作準備，同樣地，此生是為來生作準備。你若藉著耶穌與神結合，便無須懼怕死亡，這正是通往永生之門。當面臨死亡時將是你人生在世最後的一刻，卻不是你的盡頭，乃是進入永生的生日。正如聖經上記載：「**我們在這世上原來就沒有永久的家，乃是尋求那將來在天上永恆的家。**」[9]

　　以永恆作準繩，我們在世不過是一瞬之間，但其結果卻存至永遠。今生的行為要成為來生的終局。我們應該「**曉得我們住在肉體內的日子愈久，便和主耶穌在天家重聚的分離愈久**」[10]。數年前有句流行的口號鼓勵人每天活得「像是你剩餘生命的第一天」，其實更聰明的說法應該是：「每天活得像是生命的最後一天」。亨利馬太（Matthew Henry）說：「我們每天都該為自己最後的那日作準備。」

第 4 天
我的人生目的省思

思想要點：生命並不止於此時此地。

背記經文：「這世界和其上的情慾都要過去，惟獨遵行神旨
　　　　　意的，是永遠常存。」（約翰一書二章17節）

思考問題：既然我為永恆而受造，那麼從今日起，有哪件事
　　　　　我應停止去做？哪件事我應開始去實行？

網上信息：www.purposedriven.com/day4（英文）

從神的觀點看人生

你們的生命是什麼？

（雅各書四章14節下）

我們所理解的事物，不在於它們本身是怎樣，
而在於我們本身是怎樣。

——Anaïs Nin

purposedriven.com/
day5

你的人生觀塑造你的人生。

你對生命的看法，決定你一生的命運。你的看法會影響你怎樣投資你的時間、運用金錢和才幹，以及處理人際關係的態度。

想了解別人最好的方法之一是問他們：「你對人生的看法如何？」你會發現人人都有不同的答案。有人告訴我：「人生是一個馬戲團、一片地雷陣、一列雲霄飛車、一塊拼圖板、一首交響曲、一趟旅程、一齣舞蹈。」有人曾說：「人生是一部旋轉木馬，有起有落，有時只是不住地轉。」又有人比喻：「生命有如一輛配備十段變速的腳踏車，有些檔卻從未用到。」更有人說：「生命有如一場牌局，無論手中握的牌如何，你都得玩。」

　　倘若請你描繪你的人生圖像，你腦海中會出現什麼？那圖像就是你的**人生比喻**，這就是你自覺或不自覺的人生觀，也反映你對人生的看法和期望。人們往往透過衣著、飾物、汽車、髮型、保險桿的標語，甚至紋身，把他們的人生比喻表現出來。

　　這個隱藏的人生比喻對你的影響遠超過你所知曉，它決定你的期望、你的價值觀、你的人際關係、你的目標，以及你處事的先後次序。舉例來說，如果你認為人生是一場派對，你最重視的是如何**尋開心**；如果你看人生是一場賽跑，你所重視的是**速度**，因而你經常匆匆忙忙；如果你看人生是馬拉松比賽，你所看重的是**耐力**；如果你看人生是一場戰爭或遊戲，你會看重**輸贏**。

　　你的人生觀是怎樣的呢？你或許是建基於一個錯誤的比喻上。要達到神造你的目的，你要挑戰傳統智慧；以**聖經的人生比喻**來代替。聖經說：「**不要向這世界看齊，要讓神完全改變你們的心思意念，你們就會明白神的旨意，知道什麼是良善、完全，是祂所喜歡的。**」[1]

　　聖經提供了三種比喻來教導關於神對人生的看法：人生是一場**考驗**、一個**信託**，及一項**暫時的任務**。這些看法就是目的導向人生的基礎。現在我們先看頭兩項，第三項將於稍後討論。

人生在世是一場考驗

　　這種比喻在聖經中多次出現，神不斷在試驗人的品格、信心、順服、愛心、正直以及忠誠。**試驗、引誘、熬煉、考驗**等字眼在聖經中出現超過二百次之多。神考驗亞伯拉罕，要他獻以撒為祭；也考驗雅各，要他多付出幾年的勞力，才可娶拉結為妻。亞當、夏娃在伊甸園的考驗中失敗了，大衛也曾多次在考驗中失敗，但聖經中亦有許多勝過考驗的例子，如約瑟、路得、以斯帖、但以理等等。

　　經過考驗，品格就能夠被塑造及顯明出來，而**整個**人生就是

一場考驗。神**總是**考驗你，祂經常注意你如何面對他人、困難、成功、衝突、疾病、失望，甚至天氣！就連替人開門或從地上拾起廢物，以及你對服務員和侍應生的態度等等簡單的行動，神也在留心觀察。

我們不知道神要你面對的所有考驗，但基於聖經，我們可以預估其中一部分。你要面臨的考驗包括：重大的改變、延遲兌現的承諾、不可能解決的難題、未蒙應允的祈求、無理的批評，甚或無辜的悲劇。在我的人生中，我發現神用難題來考驗我的**信心**，以處理財物的態度來考驗我的**盼望**，也透過人來考驗我的**愛心**。

> 經過考驗，品格就能夠被塑造及顯明出來，而整個人生就是一場考驗。

人生很重要的一個考驗就是當你感覺不到神的同在時，你會如何反應。有時神會故意退隱，讓我們感受不到祂的同在。猶大王希西家就曾經歷過這個考驗，聖經說：「**神就離開了他，為要試驗他，好知道他心中的一切。**」[2] 希西家曾經享受與神親密相交的喜樂，但在他生命中的重要時刻，神卻叫他孤立無助，以此考驗他的品格，顯露他的弱點，為的是要預備他能擔當更多的責任。

當你明白人生是一場考驗時，你就會知道人生**沒有一件事**是無關痛癢的。即使最微不足道的事件，對你品格的培養都至為重要。**每一**天都重要，每一刻都是你成長的機會，會讓你的品格繼續成長、更能表達愛心，更倚靠神。有些考驗似乎勢不可當，另有一些你可能全然不覺，但這一切都有永恆的意義。

可喜的是神要你勝過這些人生的考驗，因此，祂絕不容許你面臨的考驗大過祂所給你去應付的恩典。聖經說：「**神信守祂的應許，不會讓你受考驗過於你能承受的；在你受考驗的時候，祂要賜你**

能力，使你足以忍受這考驗，因此，祂會為你開出路的。」[3] 每一次你勝過一個試驗，神都知道，並且為你預備了永恆的獎賞。因為聖經說：「能忍受試煉的人，是有福的；因為他經過考驗之後，必得著生命的冠冕，這冠冕是主應許給愛祂的人的。」[4]

人生在世是一個信託

這是聖經提供的第二個人生比喻。我們在世上的時間、精力、才智、機會、關係、資源等等，都是神的恩賜，託付我們為祂照顧並管理。無論神所賜的是什麼，我們都只是祂的管家。要明白這個管家的觀念，先要承認神是世上所有一切的主宰。聖經說：「**地和地上所充滿的，世界和住在世上的，都是屬於耶和華的。**」[5] 我們在世上短暫的年日中，其實並沒有真正**擁有**什麼，都不過是神**借**給我們在世時使用而已。在我們出生之前，一切原是神所有，而當我們離世之後，神會把這一切借給其他人使用，你只不過暫時享用罷了。當神創造亞當夏娃之後，祂委派他們管理萬物，指派他們作祂的財產信託人，聖經說：「（神）賜福他們，對他們說：『**要生育眾多兒女，以致你們的子孫能住滿全地和統管全地。我現在把它交給你們管理。**』」[6]

神給人的第一份工作，就是管理並照顧神在世上的東西。祂從來沒有廢除這個角色，這也是我們今天人生的目的之一。我們應視所享用的每一樣東西為神所**託付**的。聖經說：「**你們有哪一樣不是上帝所賜的呢？若你們一切都是從上帝而來的，那又有什麼值得你自尊自大、目空一切、好像什麼都是自己的功勞的呢？**」[7]

多年前，一對夫婦讓我們使用他們坐落於夏威夷海濱的華美別墅度假。那是我們絕對負擔不起的旅遊經歷，令我們非常享受。他

們再三叮嚀：「就當是自己的家吧！」我們也就恭敬不如從命！泳池、美食、毛巾、碗碟、甚至睡床都隨心所欲，盡情享用。但是，我們自始至終清楚明白這地方不是我們的，所以也特別小心處理每一樣東西。我們因而享受了可以使用卻無須擁有的好處。

　　我們的文化告訴我們：「不屬自己的東西，你必不會珍惜。」但基督徒的人生有更高的準則：「因為這全是屬於**神**的，我一定要盡力愛惜保管。」聖經說：「**那些受託看管貴重物品的人，就得顯出他們是值得信任的。**」[8] 主耶穌常指出人生是一個信託，並用許多故事來闡明我們對神應負的責任。在按才幹受託付的故事中[9]，一個事業家在出國前把家業交託給僕人看管，回來後論功行賞說：「**好！你這又良善又忠心的僕人，你在不多的事上有忠心，我要把許多事派你管理；可以進來享受你主人的快樂。**」[10]

　　當你行完人生路時，神會察看給予你的託付，對你作出評價和獎賞。因此，你所做的**每一件事**，就算是日常簡單的瑣事，都有永恆的意義。倘若你看一切都是神的**信託**，神應許會在永恆中有三個獎賞。首先是神會<u>**肯定**</u>你的價值，祂會說：「好！做得好！」其次是祂會<u>**提升**</u>你，在永恆中接受<u>**更重大的責任**</u>：「我要讓你管理更多。」然後是<u>一個榮耀的**歡慶**</u>：「進來享受你主人的快樂。」

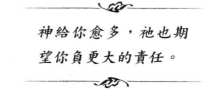

神給你愈多，祂也期望你負更大的責任。

　　大多數人都未能明白金錢是從神而來的考驗與託付。神以錢財來教導我們信靠祂；對許多人來說，金錢的確是最大的考驗。神察看我們如何使用金錢，以此考驗我們是否值得信賴。聖經說：「**如果你們在屬世的財富上不可靠，誰會將天上真正的財富託付給你們？**」[11]

　　這是一個很重要的真理，神說，我處理錢財的態度與我的屬靈

生命有著直接的關係！我怎樣管理使用我的金錢（屬世的財寶），
決定神可以託付我多少屬靈的福氣（真正的財富）。讓我問你一
句：你處理金錢的態度有否阻礙了神在你人生中更多的作為呢？你
配得更豐富的屬靈財寶嗎？

　　耶穌說：「多給誰，就向誰多取；多託誰，就向誰多要。」[12]
人生是考驗和信託，神給你愈多，祂也期望你負更大的責任。

第 5 天
我的人生目的省思

思想要點：人生是一場考驗與信託。

背記經文：「人在最小的事上忠心，在大事上也忠心。」
　　　　　（路加福音十六章10節上）

思考問題：最近發生什麼事，讓我明白這原是來自神的考
　　　　　驗？神所給我的最大託付是什麼？

網上信息：www.purposedriven.com/day5（英文）

6

人生是一項
暫時性的任務

主啊！求祢叫我曉得我的生命多麼短促，

我的壽數有多少，我的生命如飛逝去。

（詩篇卅九篇4節，NLT）

我不過是人間的過客。

（詩篇一一九篇19節上，當代聖經）

purposedriven.com/
day6

人生在世，是一項暫時性的任務。

聖經裏充滿許多比喻，都教導我們關於人在世生命的短暫與虛幻無常。生命被形容為一滴朝露，一名快跑者，一次呼吸，一縷輕煙。聖經說：「因為我們只是昨天才生出來的……我們在世的日子像影兒般短暫。」[1]

要善用你的人生，必須不忘兩個事實：第一，和永恆相比，人生極其短暫；第二，塵世只是暫時的居所，你不會在這裏停留很久，所以不必太過依戀。求神幫助你學習從祂的眼光去看人生。大衛禱告說：「主啊，求祢使我明白我在世的年日何其短暫，讓我了解我在這裏只能再留片刻。」[2]

聖經一再地用他鄉客旅來形容人生在世的短暫，這不是你永久的家鄉，也不是你最終的歸宿，你只是個過客，暫時往訪罷了。聖經用**外地人、客旅、外國人、陌生人、訪客、旅客**等字眼，來形容人生在世的短暫，大衛說：「**我不過是人間的過客。**」[3] 彼得也說：「**你們既稱神為你們的父，就應該在世上像寄居者那樣生活。**」[4]

在我所居住的加州，有許多人從世界各處移民來此地工作，卻仍然保留自己祖國的公民身分。照規定，他們必須攜帶居留證（一般稱作「綠卡」），准許他們雖然不是本地公民也可以在此工作。基督徒也應該攜帶**屬靈綠卡**來提醒自己，我們的公民身分是在天堂，神說祂的兒女對人生的想法應該有別於非信徒，「**他們只想著地上的今生。但我們是天上的公民，主耶穌基督現正活在天上。**」[5]真正的信徒明白在地上的幾十年生命之外，還有更長遠的生命。

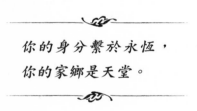

你的身分繫於永恆，你的家鄉是天堂。

你的身分繫於永恆，你的家鄉是天堂。當你掌握到這個真理時，你就不會再汲汲營營地要賺得全世界了。神對於那些只為現今而活、認同屬世價值觀與生活方式的人率直地警告其危險。當我們與世俗的試探眉來眼去地調情時，神稱之為屬靈的姦淫。聖經說：「**你們是在欺騙神。你們若只想走自己的路，跟世界給你們的機會調情，你們至終便會成為神的敵人，敵擋神的道路。**」[6]

假設你被指派代表你的國家到敵國去擔任大使，你可能需要學習那國的語言，適應一些當地的文化與風俗，有好的禮節並完成任務。作為使節，你不可能在敵陣中孤立自己，你必須和他們保持聯繫才能達成使命。

但倘若你在那裏過得非常自在，以致愛上那個國家，把它當作

自己的家鄉，你的忠貞與使命將會改變，作為使節的角色也將有所妥協。本來是代表你祖國的使者，卻成了叛徒。

聖經說：「**我們是基督的使者。**」[7] 可悲的是，許多基督徒出賣了他們的王和祂的國度。他們愚昧地以為既生活在世上，這世界就是他們的家鄉。他們錯了！聖經清楚地說：「**朋友，這世界並非你家，不要太自得其樂，千萬別因縱容私慾而賠上靈魂。**」[8] 神警告我們不要過於依戀周遭的一切，因為它們都是暫時的。聖經告訴我們說：「**在世上有享受的，要學習對世界毫無留戀，因為我們眼所見的世界，很快就要過去了。**」[9]

與以往世代相較，現今多數西方世界的生活是前所未有的舒適，我們不斷被娛樂、取悅與迎合。面對五光十色魅惑人的媒介，確實容易讓人忘記：追尋幸福快樂並**不是**人生的目的。惟有當我們謹記人生是試驗、是信託，是暫時性的任務時，這些東西的吸引力才不再支配我們的生命。我們是為更美之事而預備的，「**因為所見的是暫時的，所不見的是永遠的**」。[10]

「世界不是我們最終的家鄉」，這個事實也解釋了何以基督徒在世上要經歷許多困難、憂傷與拒絕。[11] 這也解釋了為什麼一些神的應許似乎未曾兌現，一些祈求似乎未得應允，一些情況似乎很不公平。因為還不到故事的結局！

為了讓我們不至於太過依戀這個世界，神容許在我們的人生感受到深深地不滿與不足，是一種在今世**永遠無法**被滿足的渴望。我們在這裏不可能完全快樂，因為本來就不當如此！這裏不是我們終極的家園，我們是為更好的事物而被造的。

魚絕不會喜歡住在陸地上，因為牠是為在水中生活而被造的；你若不許鷹展翅飛翔，牠必然無法滿足。你

這裏不是我們終極的家園，我們是為更好的事物而被造的。

在世上永遠不會完全滿足，因為你是為更大的目的而被造的。你在此生會有一些歡樂的時光，但與神為你所安排的相比，這些歡樂都顯得微不足道。

了解「人生在世只是暫時性的任務」，必會完全改變你的價值觀。你會以永恆的價值為決策的關鍵，而不著眼於短暫的價值。正如魯益師所說：「不是永恆的，就毫無用處。」聖經說：「**原來我們不是顧念所見的，乃是顧念所不見的；因為所見的是暫時的，所不見的是永遠的。**」[12]

你若以為，神對你的人生期望一如世人的想法，就是物質豐厚、功成名就，這便是致命的錯誤。豐盛的生命和豐富的**物質**扯不上關係，對神的忠心也並不保證事業成功，甚或事奉成功。因此，絕對不要注目於暫時的榮譽。[13]

保羅是極其忠心的人，最後卻要坐牢；施洗約翰也盡忠，下場卻是被斬首。千千萬萬忠心的人，有的作了殉道者，有的喪失所有，也有的到了生命終點仍是籍籍無名，不過這個「生命的終點」，卻絕非真正的終點！

在神的眼中，最偉大的信心英雄並不是那些在世飛黃騰達、有財有勢的人；而是那些認定人生是暫時性任務、忠心服事、嚮往永恆獎賞的人。聖經提到這些神國英雄榜時，是這樣說的：「**這些人都是存著信心死的，並沒有得著所應許的；卻從遠處望見，且歡喜迎接，又承認自己在世上是客旅，是寄居的。……他們卻羨慕一個更美的家鄉，就是在天上的。所以神被稱為他們的神，並不以為恥，因為祂已經給他們預備了一座城。**」[14] 你在世的時間並不是你生命經歷的全部，必須等待到達天堂時，後半部的經歷才會

揭曉。故此，我們要靠信心才能在世上過客旅的生活。

有一個為人所樂道的故事，是關乎一位退休回國的宣教士。他和美國總統同船回國。抵達時，岸上擠滿了歡呼的群眾，又有軍樂隊、紅地毯、鮮明的旗幟及傳媒界列隊歡迎總統。而這位宣教士卻靜悄悄地下了船，根本沒有人注意到他。他覺得既自憐又自怨，不禁開始向神抱怨，神卻溫和地提醒他：「我的孩子，你還未回到家呀！」

你到達天堂不用兩秒鐘便會大聲自問：「為什麼我把那些暫時的東西看得那麼重要？」「我到底在想什麼？」「為什麼我浪費這麼多時間、精力和才智在那些不能持久的事物上？」

當人生遇到困難，當你被疑惑擊倒，或當你質問為主而活是否值得時，請記住，你還未回到家中。當你過世時，你不是離家，而是回家。

第6天
我的人生目的省思

思想要點：這世界並非我家。

背記經文：「原來我們不是顧念所見的，乃是顧念所不見的；因為所見的是暫時的，所不見的是永遠的。」（哥林多後書四章18節）

思考問題：人生在世既是暫時性的任務，我該如何改變我現今的生活方式？

網上信息：www.purposedriven.com/day6（英文）

所有一切的緣由

因為萬有都是本於祂，倚靠祂，
歸於祂。願榮耀歸給祂！

（羅馬書十一章36節）

萬有都是耶和華照祂旨意造的。

（箴言十六章4節，NLT）

purposedriven.com/
day7

一切都是為了祂。

宇宙存在的最終目的是顯明神的榮耀。這是所有一切（包括你）存在的緣由。神創造**一切**全是為祂的榮耀。沒有神的榮耀，一切都歸於無有。

神的榮耀是什麼？那是祂自己，也是祂的本質、尊貴、光輝、能力的彰顯以及祂臨在的氛圍。神的榮耀是祂美善以及一切真實、永恆的本質的表達。

神的榮耀在哪裏？只要我們舉目觀看，**所有**神創造的都反映出祂的榮耀。從微小的生物到廣大的銀河，從日落和星星到風暴和四季，全都把造物者的榮耀顯明了。從大自然我們看到神是大有能力

的;祂欣賞變化,祂喜愛美麗,祂井井有條,滿有創意和智慧。聖經說:「諸天宣布神的榮耀。」[1]

自古以來,神用不同的境況向人彰顯祂的榮耀。首先在伊甸園、再向摩西、在會幕、在聖殿,然後藉著耶穌直到現今藉著教會將祂的榮耀顯現[2]。神也用火、雲、雷、煙和燦爛的光彩,把祂的榮耀表達出來[3]。神的榮光在天上照亮一切。聖經說:「那城內又不用日月光照;因有神的榮耀光照。」[4]

我們從耶穌身上最能看見神的榮耀。耶穌是世上的光,顯明了神的本質,使人看得清清楚楚。因耶穌來到世間,我們不需要再摸索揣測神是誰。聖經說:「祂是神榮耀所發的光輝。」[5] 耶穌來了,使我們真正明白什麼是神的榮耀。聖經說:「道成了肉身,住在我們中間,我們看到祂的榮光……充充滿滿地有恩典和真理。」[6]

神的榮耀是**固有**的,因為祂是神,這是祂的本質。我們不能增加祂的榮耀,就如我們不能讓太陽更光亮。但神命令我們**認識**祂的榮耀、**尊崇**祂的榮耀、**宣揚**祂的榮耀、**讚美**祂的榮耀、**反映**祂的榮耀,並為祂的榮耀**而活**。[7] 為什麼?因為神配得!我們應該將所有一切的榮耀歸給祂。因為神創造萬有,因此祂配得一切的榮耀。聖經說:「我們的主,我們的神,祢是配得榮耀、尊貴、權柄的。因為祢創造了萬物。」[8]

> 為神的榮耀而活是我們一生所能達到的最大成就。

整個宇宙只有兩種被造物不歸榮耀給神,就是墮落的天使(魔鬼)和我們(世人)。一切的罪,其根源就是不歸榮耀給神,也就是愛其他的東西勝過愛神。拒絕將榮耀歸給神是驕傲悖逆,也就是這個罪致使撒但以及我們跌倒殞落在罪中。我們都曾為自己的榮耀而活,卻不為神的榮耀而活。聖經說:「因為世人都犯了罪,虧缺了神的榮耀。」[9]

從來沒有人把神當得的所有的榮耀歸給祂，這是我們最大的過犯與罪惡。另一方面，為神的榮耀而活是我們一生所能達到的最大成就。神說：「他們是我的民，我造他們是為了給我帶來榮耀。」[10] 因此，為神的榮耀而活應該成為我們人生最重要的目標。

怎樣把榮耀歸給神？

耶穌對天父說：「我在地上已經榮耀祢，祢所託付我的事，我已成全了。」[11] 耶穌以成就神的旨意來歸榮耀給神，我們也應當如此。任何受造之物若達成其受造目的，便是歸榮耀給神。鳥以飛行、鳴唱、築巢歸榮耀給神，就連細小的螞蟻，當它達成其受造目的時，也歸榮耀給神。愛任紐（St. Irenaeus）曾說：「一個充滿生機的人就是神的榮耀。」

> 任何受造之物若達成其受造目的，便是歸榮耀給神。

榮耀神的方法有很多，這些可以歸納成神對於我們人生的五個目的。本書以下的篇幅將要仔細來研討。以下是概觀：

以敬拜歸榮耀給神

敬拜是我們對神的第一個責任。我們以享受祂來敬拜神。魯益師說：「當神命令我們榮耀祂時，其實是要我們去享受祂。」神要我們的敬拜是出於愛、感恩與歡喜，而不是當成責任。正如白約翰（John Piper）說：「當我們最因祂而滿足時，也就是我們最榮耀祂時。」

敬拜遠超過向神讚美、歌頌、禱告。敬拜是享受神、愛神，並為祂的目的獻上我們自己的一種生活方式。當你為神的榮耀使用你

的生命時，你所做的每一件事都能成為敬拜的行動。聖經說：「用你整個身體，來成為行義的工具，藉此榮耀神。」[12]

以愛信徒歸榮耀給神

你一經歷重生，便成為神家裏的人。跟隨基督不只是相信而已，也包括歸屬於神的家，並且要學習愛神的大家庭。約翰曾這麼寫：「我們彼此相愛便證明我們已經出死入生了。」[13] 保羅也說：「所以，你們要彼此接納，如同基督接納你們一樣，使榮耀歸與神。」[14]

學習以神愛人的方式去愛別人是你的責任，因為神是愛，這樣做就是榮耀祂。耶穌說：「我怎樣愛你們，你們也要怎樣相愛。你們如果彼此相愛，世人就會認出你們是我的門徒了。」[15]

以效法基督歸榮耀給神

我們既重生歸入神家，神就要我們的靈命成熟。什麼是靈命成熟的表現呢？就是我們的思想、感情和行為愈來愈像耶穌。你愈效法基督，就愈能榮耀神。聖經說：「當神的靈在我們裏面做工時，我們就愈來愈像祂，把祂的榮耀更豐富地反映出來。」[16]

你接受基督後，神已給了你新的生命和特質。在你的一生裏，神會繼續改變你的品格。聖經說：「願你經常結滿得救的果子——就是藉著耶穌基督在你生命中所衍生的美事——這會給神帶來極大的榮耀和頌讚。」[17]

以恩賜服事他人歸榮耀給神

我們每個人都是神特別設計的，祂給我們不同的才幹、恩賜和技能；這一切都不是偶然湊合而成的。神給你這些能力不是為了你自私的目的，乃是為了使人得益，正如別人也是為你能獲益的緣

故，而擁有神所賞賜的才幹。聖經說：「神將各樣屬靈恩賜分給你們各人，你們要好好管理它們，讓神的豐足能藉著你們湧流……你們不是蒙召去幫助別人嗎？你們要用盡神所賜的一切力量和幹勁去做，如此，神便得著榮耀。」[18]

以傳揚主愛歸榮耀給神

神不要我們把祂的愛和祂的旨意收藏起來成為祕方。我們一旦認識了真理、祂就期望我們與人分享。領人認識耶穌，幫助人找到他們人生的目的，預備他們走向永生的道路；這個職分是我們極大的榮幸。聖經說：「神的恩惠帶領多人歸向基督時……，神就更多地得著榮耀。」[19]

你為何而活？

你的餘生若要為榮耀神而活，就必須在你的優先次序、人際關係、行程表、及其他一切事情上有所改變。有時候，這意味著選擇一條難走的道路。即使耶穌也曾經歷過這掙扎。當祂知道快上十字架時，祂喊叫說：「我現在真是心亂如麻，不知說些什麼才好，父上帝啊！救我離開這個時候吧！然而，我原是為這時刻來的。父上帝啊！榮耀祢的名吧！」[20]

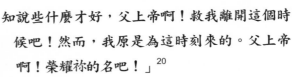

當耶穌面臨叉路時，祂究竟選榮耀神、成就神旨意的路，還是挑自私過舒服生活的路呢？你也面對同樣的抉擇，到底要為自己的目標、舒適、快樂而活，還是為那已經應許我們要賞賜永遠報償的神的榮耀而活呢？聖經說：「緊緊抓住自己生命的，就要失喪性命；但你若放開自己的生命……，就要擁有真實的生命到永生。」[21]

　　這是好好把事情弄清楚的時刻了。你到底要為**誰**而活？是為你自己，還是為神而活？你可能猶豫不決，不知道自己有沒有為神而活的力量。請不必擔心，如果你決定為祂而活，神會供應你一切所需要的。聖經說：「**因著我們個別和深入地認識那位邀請我們歸向神的，神已奇妙地賜給我們一切，使我們能藉此過討神喜悅的生活。**」[22]

　　神正邀請你，以成就祂造你的目的生活來榮耀祂。這實在是生活的惟一道路，除此以外都只能算是**生存**罷了。真正的生命始於完全把自己交託給耶穌基督那一刻，假如你不清楚是否已做到，你要做的只是相信並接受就行了。聖經應許說：「**凡接待祂的，就是信祂名的人，祂就賜他們權柄作神的兒女。**」[23]　你要接受神的邀請嗎？

> 耶穌會賜給你為祂而活所需用的一切。

　　首先，你要相信。相信神愛你並為祂的目的造你，相信你不是偶然誕生在這世上，相信你被造是為要活到永遠，相信神揀選你，並要你與為你釘死在十架上的耶穌有一份美好的關係，相信不管你曾做過什麼事，神都要饒恕你。

　　其次，你要接受。接受耶穌進入你的生命，作你的救主和生命的主，接受祂赦免你的罪，接受祂的靈，這聖靈能賜你力量來成就你人生的目的。聖經說：「**凡是信和倚靠子的，就能得到一切，並有永永遠遠的生命。**」[24]　不論你此刻在哪裏，我邀請你低頭安靜做這個會使你永遠改變的禱告：「耶穌，我相信祢，我接受祢。」請照著做吧！

　　假如你剛才誠意禱告，恭喜你！歡迎你加入神的大家庭！現在你已經可以開始經歷，並成就神在你生命中的目的。我極力勸你把經歷與人分享，因為你會需要別人的支持。如果你寫信給我（請

看附錄 **2**），我會寄上一本小冊子，叫做《靈命成長的第一步》
（*Your First Steps For Spiritual Growth*）。

第 7 天
我的人生目的省思

思想要點：一切都是為了神。

背記經文：「因為萬有都是本於祂，倚靠祂，歸於祂。願榮
　　　　　耀歸給祂。」（羅馬書十一章36節）

思考問題：在日常生活中，我怎樣能更清楚地覺察到神的榮
　　　　　耀顯現在我周圍呢？

網上信息：www.purposedriven.com/day7（英文）

神已計劃，
要你為討祂喜悅而活

他們必稱為公義的橡樹，

是耶和華栽種的，

好使祂自己得著榮耀。

（以賽亞書六十一章3節，聖經新譯本）

被造是為討神喜悅

祢創造了萬物，萬物是因祢的喜樂而存在和被造。

（啟示錄四章11節，NLT）

上主喜愛祂的子民。

（詩篇一四九篇4節上，現代中文譯本）

神訂下計劃，要你討祂喜悅。

從你出生的那天開始，神已隱藏在一旁**微笑**地看著你出生。祂要你存活，你的誕生令祂非常快樂。其實神並**不需要**造你，但祂**選擇**造你，是因為祂享受你的存在。你的存在是為了祂的好處、榮耀、目的與歡悅。

你人生的第一個目的便是帶給神滿足與歡心。當你完全明白這個真理時，你就絕對不會再覺得自己微不足道，因為你是有價值的。你在神眼中是**這樣**重要，以致祂要你與祂同享永生，你的價值可有比這更大的嗎？你是神的孩子，你帶給祂的喜悅沒有其他被造之物可以比擬。聖經說：「**上帝愛我們，預先決定藉著耶穌基督使**

我們歸屬於祂，作為祂的兒女，這是祂所喜悅的，是祂的旨意。」[1]

　　神賜給你最好的禮物之一是你可以享受歡愉，祂給了你五種官能感覺和感情去經驗生命；祂希望你享受生命，而不是忍受生命。你能夠享受歡愉，是因為你是**照著神的形像**被造的。

　　我們常常忘了神也有情感，祂對事物有極深切的感受。聖經告訴我們，神會憂傷、嫉妒和生氣；又有憐憫、悲痛和同情。祂更會快樂、高興、滿足，也會愛、開心、享受、歡樂，甚至發笑！[2]

> *你做的任何一件討神喜悅的事情都是敬拜的行動。*

討神喜悅就是敬拜神

　　聖經說：「惟有那些敬拜耶和華和信靠祂慈愛的人，才得祂的喜悅。」[3] 你做的任何一件討神喜悅的事情都是敬拜的行動。敬拜好像一顆鑽石，是**多面**向的，要用很長的篇幅才能詳盡講述，因此在這部分，我們要集中討論敬拜最主要的幾方面。

　　人類學家指出，敬拜是全人類與生俱來的渴求，神將之安置在我們的本質裏面，使我們需要與神聯繫。敬拜就如吃喝呼吸一般的自然。就算我們不敬拜神，也會找尋替代品來敬拜，即使最終敬拜的是自己。神造我們擁有這種渴望，因為神喜愛敬拜祂的人！耶穌說：「父在尋找敬拜祂的人。」[4]

　　基於你的教會背景，你也許需要擴大對「敬拜」的了解。你可能以為敬拜是指教會聚會裏唱詩、禱告和聽道；或者你會連想到儀式、點蠟燭和領聖餐；又或許以為是醫病、神蹟和各樣興奮的經歷。敬拜可以包括這些成分，卻絕**不僅**是這些表現而已，敬拜是一種生活方式。

敬拜不僅止於音樂

　　對許多人來說，敬拜等同於音樂。他們會說：「我們的教會以敬拜開始，然後講道。」這是極大的誤解，其實教會崇拜節目中每一個部分都是敬拜的行動。禱告、讀經、歌頌、認罪、靜默、聽道、筆記、奉獻、洗禮、聖餐、簽委身卡，甚至向其他人問安，都包括在內。

　　事實上，未有音樂之前已有敬拜；亞當在伊甸園時已開始敬拜，但音樂則到創世記四章21節，猶八出生後才開始被提及。如果敬拜只限於音樂，那些不懂音樂的人就不能敬拜了。敬拜不僅止於音樂。

敬拜不僅止於音樂。

　　更糟糕的是，「敬拜」常被誤用來形容某一種格調的音樂。「我們先唱一首聖詩，跟著唱一首讚美敬拜的歌。」或說：「我喜歡節奏快的讚美詩歌，但最欣賞慢板的敬拜詩歌。」這樣將節奏快的、音量大的，或用銅管樂器奏出的稱為「讚美」，而慢的、安靜的，或由吉他伴奏的則是「敬拜」，都是誤用了「敬拜」這個名詞。

　　敬拜與一首歌的格調、聲量或速度無關。神喜愛所有不同形式的音樂，因為不論快慢、新舊和音量大小，都是祂創造的。可能你不全都喜歡，但神卻是。只要是心靈和誠實的敬拜，便是敬拜的行動。

　　基督徒對於在敬拜時應用哪種型態的音樂，常有不同的意見；他們往往會熱切地維護自己選擇的音樂，認為它們最符合聖經，或最能榮耀神。事實上，並沒有「符合聖經的格調」這回事！聖經裏沒有樂譜，我們甚至已找不到他們以前所用的樂器。老實說，你所喜愛的音樂只是反映出你的性格和背景，與對神的認識無關。一個民族的音樂在另一個民族的耳中，聽起來可能是噪音；但對神來

說，祂喜愛並欣賞各種不同的音樂。

從來沒有所謂的「基督教音樂」，只有基督教歌詞。其實，是歌詞而非其音韻使一首歌成為聖詩。也沒有所謂「屬靈」旋律，因為如果我彈奏一首沒有歌詞的曲子，你根本無從知道它是否為聖詩。

敬拜不是為自己得益

身為牧師，我常收到這樣的便籤：「我很喜歡今天的敬拜，我從中得益不少。」這是另一個對敬拜的誤解，我們敬拜不是為自己得益，我們敬拜乃是為神。我們敬拜時，目標是為要討神歡心，而不是讓自己開心。

又或許你曾說：「在今天的敬拜中，我毫無得著。」那你敬拜的動機就錯了。敬拜不是為你自己，是為了神。當然很多「敬拜」包括相交、造就、交通和傳福音，這些都是有益的，但我們不是為令自己快樂而敬拜，我們的動機應該是為了要榮耀我們的創造者，並且討祂的喜悅。

在以賽亞書廿九章，神責備人在敬拜時虛偽與心不在焉，他們獻上的是拾人牙慧的禱告、虛偽的讚美、空言和人為的儀式。敬拜的傳統不能觸動神的心，只有熱誠和委身才能夠。聖經說：「**這些百姓用他們的口親近我，用他們的嘴唇尊崇我，但他們的心卻遠離我。他們對我的敬拜，只是按照人所教導的規矩。**」[5]

敬拜不只是你生命的一部分，而是你整個生命

敬拜不只限於教會崇拜，聖經告訴我們：「**要時常敬拜祂。**」[6]「**從日出到日落都要讚美祂。**」[7] 聖經記載人們無論在做工時、在家裏、在戰場、在監牢，甚至在床上，都可以讚美神！讚美神應當是你早上張開眼睛後，和晚上閉上眼睛前所做的事[8]。大衛曾說：「**我要時常感謝上主，我要不斷地讚美祂。**」[9]

如果你的人生目的是為了讚美、榮耀並討神的喜悅，你日常生活中的每一項活動都可成為敬拜。聖經說：「**你們或吃或喝，無論做什麼，都要為榮耀神而行。**」[10] 馬丁路德曾說：「農場女工也可以透過擠牛奶來榮耀神。」

我們怎麼才能做每一件事都榮耀神呢？只要把每件事都看成是為主而做的，並且在做的時候不斷地與祂交談。聖經說：「**無論做什麼，都要從心裏做，像是給主做的，不是給人做的。**」[11]

實行敬拜生活的祕訣就是將所做的每一件事當做是為耶穌做的。「**要將你平時每天生活上的事如睡覺、吃飯、上班、和其他瑣碎事都當作獻祭放在神面前。**」[12] 當你將所做的獻給神，並且在做的時候意識祂的同在，工作便成為敬拜。當我與妻子開始談戀愛時，我每時每刻都想念她。早餐時、開車上學時、上課時、排隊付錢時、加油時，都不住地想到她！我常自言自語地提到她，又常思念她的可愛之處。雖然我倆相隔數百哩，在不同的大學唸書，但因為我時刻想著她，就感覺與她很接近，全然陶醉在她的愛中。真正的敬拜正是如此——**愛上**了主耶穌。

第 8 天
我的人生目的省思

思想要點：我被造是為討神喜悅。

背記經文：「耶和華喜愛祂的百姓。」（詩篇一四九篇4節上）

思考問題：我可以從哪一件尋常事物開始，把它當作是為主做的來做？

網上信息：www.purposedriven.com/day8（英文）

DAY 9

什麼事令神歡喜？

願耶和華因你歡喜……。

（民數記六章25節，NLT）

求祢因僕人歡喜，教我生活正直。

（詩篇一一九篇135節，Msg）

purposedriven.com/
day9

討神歡喜是人生的目標。 *活出麻同人生*

　　既然討神歡喜是你人生的第一個目的，你首要的工作，就是去發掘如何達成這個目的。聖經說：「*總要察驗何為主所喜悅的事，然後去做。*」[1] 聖經清楚給我們一個令神歡喜的例子，那人名叫挪亞。

　　在挪亞的時代，整個世界已經是道德破產了，每個人不為神、只為自己的享受歡愉而活。神無法在地上找到一個想要討祂歡喜的人，祂心中憂傷，後悔造人。祂因此非常厭惡人類，開始考慮要除滅一切的人類。但是卻有一個人讓神心中歡暢；聖經說：「*挪亞能夠令主開心。*」[2]

神說：「這個人帶給我歡笑，我要以他的一家重頭開始。」因為挪亞令神歡喜，你我今天才會在世存活。從他的人生，我們可以學習五個令神歡喜的敬拜行動。

當我們全心愛祂，神就歡喜

即使世上已經**沒有人**愛神，挪亞仍然愛神多過愛世上任何事物。聖經說挪亞終其一生都如此：「**挪亞一直跟隨神的心意，又享受與神的親密關係。**」[3] 這就是神最想從你那裏得到的！這就是宇宙間最令人驚訝的真理——我們的創造者要與我們交往！神為愛你而造你，並熱切盼望你能回應祂的愛，祂說：「**我不要你們的獻祭，我要的是堅定的愛，我要我的子民認識我。**」[4]

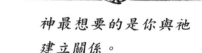

神最想要的是你與祂建立關係。

從神所說的這句話，你能否感受祂對你的感情？神深深愛你，並**渴望**你的回應，又**期待**你認識祂，花時間與祂在一起。這就道出為何學習愛神和被祂所愛，是你生命首要的目的。耶穌稱這為最大的誡命：「**你要盡心、盡性、盡意愛主—你的神。這是誡命中的第一，且是最大的。**」[5]

當我們全心信靠祂，神就歡喜

神喜悅挪亞的第二個原因是，挪亞即使在看來不合邏輯的情況下，仍然堅信神。聖經說：「**挪亞因著信，在乾地中間建造一艘船。他不明白神的警告，卻依從吩咐去做……因此，挪亞與神變得很親密。**」[6]

試想像這個情景：有一天，神來到挪亞面前說：「我對人類很失望，除了你之外，世上所有的人都不思念我；只有你挪亞，看到你，我便歡喜。你的人生令我欣喜，我準備用洪水毀滅整個世界，

只留下你的一家來重新開始;你去做一艘很大的船,它要救你和所有的動物。」

挪亞當時可能會因為三個難題而懷疑神:第一,挪亞從來沒有看過下雨,因為在洪水之先,神藉地上的霧氣滋潤大地[7]。第二,挪亞居住的地方與海洋相距十萬八千里,就算他曉得怎樣造大船,他又該怎麼把大船拉到水中?第三,挪亞如何把所有動物湊在一起,並照料牠們?但是挪亞毫無怨言,也沒找藉口推辭;他完全信靠神,因此得神喜悅。

完全信靠神的意思是,信任祂知道什麼對你的人生最好。

完全信靠神的意思是,信任祂知道什麼對你的人生最好。你期待祂持守祂的應許,幫助你解決困難,並且在需要時使不可能的變為可能。聖經上說:「*祂喜愛榮耀祂並信靠祂恆久的慈愛的人。*」[8]

挪亞用了一百二十年的時間才做好方舟,我相信他曾面對許多令人沮喪受挫的日子。年復一年沒有下雨的跡象,他被殘酷地批評為「這個自以為神對他說話的狂人」!我能想像挪亞的孩子們對於在自家前院興建大方舟一定常常感到尷尬萬分。即便如此,挪亞仍然信靠神。

你生命中有哪些地方需要完全信靠神?信靠是敬拜的行動,就好像孩子信靠父母的愛與智慧,父母就快樂;同樣地,你的信心也能討神的歡心。聖經說:「*人非有信,就不能得神的喜悅。*」[9]

當我們全心全意遵從祂,神就歡喜

保存各種動物免受洪水侵襲,需要在補給後勤的細節上花費許多的心力。每件事情都必須完全**按著神的指示**去完成。神沒有說:「挪亞,隨你的心意做一艘舊船吧!」神清楚指示船身的大小、形

狀、材料，以及要帶上方舟不同數量的動物。聖經描述挪亞的回應：「**挪亞就這樣做了，上帝吩咐他的，他都照樣做了。**」[10] 請注意，挪亞是**完全遵行**（沒有疏忽任何指示），他**完全依照**神的時間與方法；這是全心投入的表現，難怪神喜歡挪亞。

假如神叫你造一艘大船，你是否會感到疑惑、抗拒，或有所保留？挪亞卻沒有，他全心全意地順服神。那意味著毫無保留或遲疑地去做神要你做的任何事，也沒有任何耽擱來對主說：「我來禱告看看」，你沒有任何延遲地去做。每一位作父母都知道，延遲的順服就是不順服。

神對於要你去做的事沒有義務要向你解釋或提供理由。我們可以慢慢了解真相，卻不能拖延抗命。立即的順服比畢生鑽研聖經更能令你認識神。事實上，某些命令除非先遵行，否則你永遠不會明白它的意義。

我們往往嘗試**選擇性**地遵從神，我們會向神列出喜歡遵行的清單，卻漠視那些我們認為不合情理、困難、昂貴或不討好的事。我會去教會，但不會十一奉獻；我讀聖經，但不原諒那個曾傷害我的人。部分的遵從其實等於不遵從。全心的遵從是熱切又滿有喜樂地去做。聖經說：「**歡歡喜喜地順服祂。**」[11] 這正是大衛的態度：「**主啊！祢只要吩咐，我就會做。在我有生之年，我必全心全意服從祢。**」[12]

雅各對基督徒說：「**我們討神歡喜是因著我們所做的，不是單因著我們所信的。**」[13] 聖經清楚說明救恩不是賺得的，惟出於神的恩典。不過作為神的兒女，藉著遵從神的命令，你可以討祂喜悅。遵從神也就是敬拜神。為何遵從神能討神喜悅？因為這表示你真正地愛神。耶穌說：「**你們若愛我，就必遵守我的命令。**」[14]

當我們不斷讚美感謝祂，神就歡喜

沒有比接受別人衷心的讚美和欣賞更能令我們開心，神也是這樣。當我們崇拜仰慕祂，祂就歡喜。

挪亞的一生令神喜悅，因為他活在讚美和感恩中。洪水結束後，挪亞所做的第一件事便是築壇獻祭，表達他對神的謝意。聖經說：「挪亞為耶和華築了一座壇……在壇上獻祭。」[15]

因為耶穌的犧牲，我們不需要像挪亞般獻上祭物；取而代之的，卻要以「**頌讚為祭**」[16]、以「**感謝為祭**」[17]。我們讚美**祂是神**，感謝祂的**作為**。大衛說：「**我要以詩歌讚美神的名，以感謝稱祂為大！這便叫耶和華喜悅……。**」[18] 當我們向神獻上讚美與感恩時，一件奇妙的事情會發生；那就是當我們令神歡喜滿足時，自己的心靈也同時充滿喜樂！

我母親很喜歡為我下廚，甚至在我與凱婚後回老家，她都會預備豐富的家常美食。她生命中最快樂的事之一，就是看見我們這些孩子們高興地吃喝享受她所預備的食物，我們吃得愈開心，她內心就愈快樂。當然，我們也因著表達對她廚藝的讚賞，而享受取悅她的快樂。這是雙方面的享受。因此，每當我吃這頓大餐時，也一面大聲嚷嚷地讚美我的母親。我立意不僅享受食物，也要取悅母親。於是皆大歡喜。

崇拜也是雙向的。我們享受神在我們身上的作為，而當我們向神表達我們的欣喜享受時，便帶給祂歡喜──這也加增了**我們的**喜樂。詩篇說：「**義人歡欣快樂，在神面前歡喜歌唱。**」[19]

當我們使用我們的才幹時，神就歡喜

洪水之後，神給挪亞這些簡單的指引：「**你們要生養眾多，遍滿了地……凡活著的動物都可以作你們的食物。這一切我都賜給你**

們，如同菜蔬一樣。」[20] 神說：「現在是生命向前進的時刻了，做我計劃人類去做的事，成家立室，耕種養生，真正作人！這正是我造你的模樣。」

你也許認為做「**屬靈**」的事，如讀聖經、聚會、祈禱、分享見證才會討神喜悅；你可能以為神對於你生活的其他部分不關心。事實上，神樂於察看你生命裏的**每個**細節，無論你在工作、嬉戲、休息或進食，祂不會遺

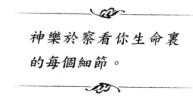

神樂於察看你生命裏的每個細節。

漏你任何一個動作。聖經說：「**敬虔人的腳步由主來指引，祂喜悅他們生活中的每一個細節。**」[21]

除了犯罪之外，凡事只要存著讚美神的態度去做，都能討神喜悅，包括洗碗、修理機器、推銷產品、編寫電腦程式、耕種、養家等都能榮耀神。神如同自豪的父母，祂特別享受觀看你使用祂賞賜你的才幹與能力。神刻意賜與世人不同的恩賜；祂造某些人運動神經特別好，又造某些人分析能力特別好；你或許很有機械、數學、音樂、或上千種其他不同的恩賜，這一切的才幹能力都能令神歡喜。聖經說：「**祂按序塑造每一個人，現在察看我們所做的一切。**」[22]

埋藏你的才能，或試圖模仿他人，都不能榮耀神或令祂快樂，惟有作你自己才能令他歡喜。當你抗拒自己任何一部分時，就是否認神創造你的智慧和主權。神說：「**你沒有權利與你的創造主爭論！……你不過是被陶匠所創造的陶瓷。泥土不會問：『你為何將我造成這個樣子？』**」[23]

電影「火戰車」中，奧林匹克短跑選手艾瑞克・李德（Eric Liddell）說：「我相信神造我是有一個目的，但祂也使我跑得快；每當我跑步時，我都感到神的歡喜。」後來他又說：「放棄跑步，

就是蔑視神。」從來沒有**不屬靈**的恩賜，只有被誤用的恩賜。現在就開始好好運用你的恩賜，討神喜悅吧！

神也歡喜你**享受**祂的創造，祂給你眼睛享受美麗的事物、耳朵享受聲音、鼻子與味覺享受味道與美味、皮膚下的神經享受觸覺。當你心存感恩，每個享受的行動就成為敬拜的行動。聖經說：「**神厚賜百物給我們享受。**」[24]

神甚至享受觀看你睡覺！當我的孩子還小時，我記得觀看他們酣睡的樣子是我極大的享受。許多時候，他們日間惹麻煩、不聽話，但是他們安睡時卻顯得很滿足、放心、平和。我便想起我多麼愛他們。我的孩子們不需要為我做什麼，我便能享受他們。單單看著他們呼吸的樣子，我已經很快樂，因為我愛他們。往往凝望著他們的胸腔上下起伏，我便開心得熱淚盈眶。同樣地，當你睡眠時，神也是這樣地含著愛凝視你，因為你是祂的創作。祂愛你，好像你是世上惟一的一個人一般。

父母從來不會要求子女完美成熟，才能享受他們。父母享受子女每一個成長階段。同樣地，神不會等我們變得成熟才喜歡我們；祂愛你，享受你屬靈成長的每個階段。

或許在你成長的當中，有無法取悅的老師與父母，請你不要認為神對你的感覺也是這樣。祂知道你無法成為完美或不犯罪。聖經說：「**祂當然知道我們是什麼做成的，祂記得我們不過是塵土。**」[25]

神察看的是人內心的態度——渴望要討祂的喜悅是你內心最深的渴望嗎？保羅的人生目標是：「**然而，無論家在哪裏，我們最大的心願，就是討祂的喜悅。**」[26] 在永恆的意義裏，你生命的焦點應該從「我能從生命中獲得多少快樂？」變成為「神在我身上可以獲取多少快樂？」

廿一世紀，神正尋找像挪亞的人，就是那些願意討神喜悅的人。聖經說：「**耶和華從天上垂看世人，要看看有智慧的沒有，有**

討祂喜悅的沒有。」[27] 過討神喜悅的人生是否成為你的目的？神會
為完全投入這個目的的人成就一切。

第 9 天
我的人生目的省思

思想要點：當我信靠神，祂就歡喜。

背記經文：「惟有那些敬拜耶和華和信靠祂慈愛的人，才得
祂的喜悅。」（詩篇一四七篇11節，CEV）

思考問題：既然神知道什麼對我是最好的，我應該在生命中
哪些部分更信靠祂？

網上信息：www.purposedriven.com/day9（英文）

敬拜的中心

10

你要將自己獻給神……

全人向祂降服,

讓祂用你去成就義的目的。

(羅馬書六章13節,TEV)

purposedriven.com/
day10

敬拜的中心是降服(surrender)。

降服不是一個受歡迎的詞彙,幾乎與**順服**(submission)一樣地不受歡迎。它似乎蘊含失敗的意思,令人連想到打敗仗、輸了遊戲或向強者屈服。無人想作失敗者。這字眼往往帶有負面的意思,例如被追捕的犯人向官方投降。

現今充滿競爭的文化教導我們千萬不可放棄或讓步,因此我們也就很少聽到「降服」這兩個字。如果爭勝代表一切,降服簡直是**不可思議**。我們寧可談論得勝、成功、克服以及征服,卻不願提及讓步、遵從、順服、及降服。然而,降服於神卻是敬拜的中心,這是對神奇妙的愛與憐憫的自然反應。我們將自己交給神,不是出於害怕或責任,而是因著愛:「**因為神先愛我們。**」[1]

　　羅馬書中足足用了十一章的篇幅，解釋神對我們難以置信的恩典之後，保羅激勵我們在敬拜中以整個生命來降服於神：「*所以弟兄們，既然神這樣憐恤我們……把自己當作活活的祭物獻給神，專心事奉祂，蒙祂喜悦。這就是你們應該獻上的真實敬拜。*」[2]　真正令神歡喜的敬拜，是將自己完全交給神。這節經文的前後部分都同樣有**奉獻**的字眼。奉獻自己給神就是敬拜的真諦。這種全人降服的行動有不同的名稱，例如獻身、讓耶穌居首位、背起自己的十字架、向自己死、順服聖靈。但名稱雖重要，更重要的是你真正去行出來。神要你百分之百地獻與祂，百分之九十五也不行。

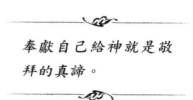

奉獻自己給神就是敬拜的真諦。

　　有三個障礙攔阻我們完全降服於神：**恐懼、驕傲**及**困惑**。我們不明白神多麼愛我們，我們想控制自己的生活，誤解了降服的真義。

我能信靠神嗎？

　　信靠是降服的基本要素之一。除非你信靠神，否則你不會降服於祂；但除非你熟識祂，否則你不會信靠祂。**恐懼**阻礙我們降服，但愛能**除去一切恐懼**。你愈知道神多麼愛你，就愈容易降服於祂。

　　你怎麼知道神愛你？祂給了你許多證據，神說祂愛你[3]，祂的眼目從不離開你[4]，祂關心你生命的每個細節[5]，祂讓你享受各樣美事[6]，祂對你的人生有美好的計劃[7]，祂寬恕你[8]，祂滿有愛心忍耐你[9]。神的愛遠超過你所能想像的。

　　神對我們的愛最偉大的表達莫過於神的兒子為我們犧牲：「*惟有基督在我們還作罪人的時候為我們死，神的愛就在此向我們顯明了。*」[10]　如果你想知道神有多在意你，看看基督在十架上張開的

兩臂，正是向你說明：「我愛你這麼多，情願死也不願沒有你而活著。」

神不是一名殘暴的奴隸監工或惡霸，用武力迫使我們去降服。祂不曾想要破碎我們的意志，只是懇請我們自願地跟隨祂。神滿有慈愛又救我們得自由，當人降服於神，就有真自由，而不是被束縛。當我們完全向主耶穌降服，便會發現祂不是暴君，而是救主；不是老闆，而是兄弟；不是獨裁者，而是朋友。

承認自己的有限

驕傲是阻礙我們完全降服的第二個因素。我們不願承認自己只是受造之物，不能控制每一件事。「**你們便如神……**」[11]，這就是最原始的試探。想要完全掌控的慾望是我們生活中種種壓力的根源。生活是一場爭鬥，但人們不明白的是，我們正如雅各一樣在與神爭鬥！我們想要成為神！這是一場我們永遠贏不了的爭鬥。

陶恕曾說：「很多人仍充滿愁苦、仍然尋求、仍然毫無進步，原因是他們還沒有走到盡頭。我們仍然嘗試發號施令，妨礙神在我們身上的工作。」我們不是神，**永遠也不會是**；我們只是人。當我們試圖成為神的時候，最終就成了撒但，因為撒但的慾望便是成為神。

理性上，我們接受自己的人性；但情緒上，在面對自己的有限時，我們的反應是激動、生氣、怨恨。我們想要高一點（或矮一點）、聰明一點、強壯一點、更有才幹一點、更漂亮一點、更富有一點。我們想要擁有一切，想要做盡一切，當事情不照我們想要的發生時，我們便煩亂失望。與此同時，一旦發現神賞賜別人我們所沒有的特質時，我們便妒忌、羨慕、自憐。

降服的真義

降服於神不是等同於被動地屈服、聽天由命、找藉口偷懶，也不是接受現狀。降服的意思可以是完全相反的，它可以是犧牲自己的生命，忍受痛楚，從而改變一些需要改變的事物。神常常呼召向祂委身的人為祂打仗。降服不是膽怯懦弱之輩做得到的事；也不表示放棄理性的思維。神不會浪費祂賞賜你的心智，祂不要機械人來事奉祂。

降服不是壓抑自己的個性，神要你獨特的個性；降服不但不會令這些特質消失，反而可以將它們提升。魯益師有這樣的觀察：「當我們愈讓神作主，就愈能成為真正的自己。因為祂造我們。祂按照自己的心意，刻意地創造了不同的你和我……當我轉向基督，將主權交給祂的時候，我開始成為真正的我。」

「遵從」最能表現出降服的道理。對神所有的要求，我們要說：「是的，主！」但當你說：「主呀，不要！」時，便出現矛盾了。你若不順服祂就不能稱耶穌為主。當彼得整夜打魚都沒有漁穫，耶穌叫他再試一次時，彼得作了降服的榜樣，說：「**我們整夜勞力，並沒有打著什麼。但依從祢的話，我就下網。**」[12] 縱使看來不合情理，降服於神的人也會遵從神的話去做。

降服的另外一個表現是信靠。亞伯拉罕雖然不知道要往**哪裏**去，卻仍然跟隨神的帶領。哈拿雖不知道是**何時**，卻依然等候神最完美的安排。馬利亞不知道事情**如何**發生，卻等待奇蹟出現。約瑟雖然不知事情**為什麼**那樣發生，卻仍然信靠神的計劃。這些人物每一位都完全降服於神。

當你仰賴神使事情成就，而不去嘗試支配人、勉強人照自己的計劃而行或控制情況時，你便知道你降服於神。你放手讓神工作，不要常常自己「作主」。聖經說：「**將自己降服主前，要耐心等候**

祂。」[13] 多一點信靠，少一點自己的勉強；當你不急著對別人的批評作出辯護，你便知道自己降服於神了。降服的心最能在人際關係中表現出來。當你全心降服，你不會把人擠出去、不會只顧自己、事事維護自己的權利。

對許多人來說，最難降服之處是在金錢上。很多人會想：「我想為神而活，但我也想多賺錢、舒舒服服地過日子，有一天能退休。」降服的生命不應有退休這個目標，因為它與神爭奪我們生命的焦點。耶穌說：「**你們不可能同時作神的僕人，又作金錢的奴隸。**」[14] 「**你的財寶在哪裏，你的心也在那裏。**」[15]

降服至極的示範是耶穌。耶穌在被釘死的前一夜將自己降服於神的計劃，祂禱告說：「**阿爸！父啊！在祢凡事都能；求祢將這杯撤去。然而，不要從我的意思，只要從祢的意思。**」[16] 耶穌並沒有向神禱告說：「神呀！祢若是能將這痛苦拿去，就請這樣做。」祂肯定神凡事都能，卻向神禱告說：「神啊，如果祢認為拿走這痛苦是最好的，請將這苦杯挪去，但若是這能成就祢的美意，那麼這也是我所想要的！」

信靠與順服是降服最好的詮釋。

真正的降服者說：「父啊！假如這個難題、痛苦、疾病、處境，是為了在我或其他人生命中成就祢的目的和榮耀，請**不要**挪開它！」這種程度的成熟得之不易。在耶穌的例子裏，祂為神的計劃憂傷以致汗珠如大血點滴在地上。降服是一件艱鉅的事，對我們來說，這是一場與我們的自我中心的劇烈爭戰。

降服帶來的祝福

聖經清楚說明當你完全降服於神會有什麼好處。首先，你會經

驗平安：「**別再與神爭論了，你只要順從祂，便可以得著平安，事情也會順利。**」[17] 其次，你會得到自由：「**全心全意跟隨神，自由便常在……因為祂的命令釋放你，以致你可以活在祂的自由中。**」[18] 第三，你能在生命中經驗神的大能。當你將一切交給祂時，基督能勝過頑強的試探與過不去的難處。

在約書亞面臨生命最大的爭戰之際[19]，他與神相遇，向神俯伏敬拜，降服於神的計劃。這個降服帶來耶利哥一場極漂亮的勝仗。這看似矛盾：勝利經由降服而來，降服不會削弱你，反而使你剛強。降服於神面前，你便無須害怕或需要服於其他事物之下。救世軍的創始人布威廉（William Booth）曾說：「一個人的能力偉大與否，從他降服的程度可見一斑。」

神使用願意降服的人。神選擇馬利亞成為耶穌的母親，不是因為她有才幹、有錢或漂亮，而是她甘心完全降服於神。當天使告訴她這個難以置信的計劃時，她平靜地回答說：「**我是主的僕人，只要是出於祂的心意，我都願意接受。**」[20] 沒有任何事物比降服於神手中的生活更有能力。「**因此，完全將你自己交給神吧！**」[21]

最好的生活方式

每個人最終都要降服於某人或某事；對象若不是神，你可能降服於別人的意見或期望，甚或是金錢、忿恨、懼怕，或一己的驕傲、慾望或自我。神造你是要你敬拜祂，若不敬拜祂，你會自己找別的事物（偶像）來敬拜。你有自由去選擇你所要降服的對象，卻無法免於其後果。鍾斯丹（E. Stanley Jones）說：「你若不降服於神，就是降服於混亂之中。」

降服不是最好的生活方式，乃是**惟一**的生活方式；其他沒有一個行得通。所有其他的方法都只會帶來挫折、失望以及自我毀滅。欽定版英文聖經（King James）稱降服是「**理所當然的事奉**」[22]。

另一個版本（CEV）則譯成「**事奉神最明智的方式**」[23]。降服並不是情感上的衝動，而是理性、聰明的行為，是生命最明智、最負責任的行動。所以保羅說：「**我們立了志向，要得主的喜悅。**」[24] 當你向神說「是」時，就是最有智慧的時刻。

你或許需要好幾年的時間，但至終你會發現，最阻礙神賜福給你的，不是別的，而是你自己—你的自我、頑固的驕傲和個人的野心。當你只顧自己的計劃，你就無法完成神在你身上的計劃。

降服不是最好的生活方式，乃是惟一的生活方式；其他的沒有一個行得通。

如果神要在你身上有更深刻的作為，會從降服開始。因此，將一切交給神，無論是你過去的悔恨、現在的難題、將來的雄心大志、懼怕、夢想、軟弱、習慣、傷害、煩惱。讓耶穌基督坐在你人生的駕駛座上，把你的手從方向盤上移開。不要懼怕，在祂的掌管之下沒有一件會出差錯。讓基督作主，你能處理任何事。就像保羅所說：「**藉著基督所賜的力量，我已準備好能夠勝任任何事，我在基督的供應裏一切充足。**」[25]

保羅降服的那一刻發生在大馬色的路上，一道強光令他睜不開眼，伏倒在地。對有些人，神不用這麼傳奇的方法。無論如何，降服不只是一次即成的事情。保羅說他「**每天都死**」[26]；降服發生在人生的**一刻**，降服也發生在不斷地**練習**當中。降服是每時每刻、一生之久的事。活祭的麻煩在於它會自己從祭壇上爬走，因此你可能要一天降服五十次。你必須將它養成為每天的習慣。耶穌說：「**如果有人要跟從我，就要放棄他們的慾望，必須每天放下自己的生命來跟從我。**」[27]

讓我提醒你：當你決意活出完全降服的生命，這個決定會受到

試驗。有時可能是叫你去做一些不方便、不受歡迎、要付代價，或似乎是無法達成的任務；往往這些都是你覺得不喜歡做的事。

　　二十世紀最偉大的一位基督徒領袖白立德（Bill Bright），他是學園傳道會的創始人，透過世界各地同工的推動，《屬靈四律》和電影《耶穌傳》（超過四十億人看過），帶領了超過一億五千萬人歸主。有一次我問他：「為什麼神如此使用你、賜福給你？」他回答：「當我年輕時，與神立了一個約，寫著說：『由今天開始，我是耶穌基督的奴僕。』在契約的最下角，我簽上自己的名字。」

　　你曾否與神立下這樣的約？或者你還在與神爭論祂在你身上的計劃？現在就是降服的時刻──降服在神的恩典、愛和智慧中。

第 10 天
我的人生目的省思

思想要點：降服是敬拜的中心。

背記經文：「全人向祂降服，讓祂使用你去成就義的目的。」（羅馬書六章13節下，TEV）

思考問題：我生命中的哪些部分仍對神有所保留？

網上信息：www.purposedriven.com/day10（英文）

成為神的摯友

我們原是上帝的仇敵，但是藉著祂兒子的死，
祂使我們成為祂的朋友。既然成為祂的朋友，
我們不更藉著基督的生而得拯救嗎？

（羅馬書五章10節，現代中文譯本）

purposedriven.com/
day11

神想成為你的摯友。

你與神有多重關係，神是你的創造者、主人、審判官、贖罪者、父親、救主……許多。[1] 但最令人震撼的事是——全能的神渴望成為你的好朋友！

在伊甸園裏，我們看見神與我們的理想關係，亞當與夏娃享受與神親密的友誼，沒有儀式、宗教或教條，只是神與祂所創造的人之間簡單的愛的關係。沒有內疚與恐懼，因此亞當夏娃以神為樂，神也喜悅他們。

本來我們受造是要一直與神同在的，但當人犯罪，這種完美關係就消失了。舊約時代只有少數人有這樣的榮寵，與神有深厚的友

誼。摩西和亞伯拉罕被稱為「神的朋友」，大衛被稱為「合神心意的人」，而約伯、以諾與挪亞與神都有親密的情誼。[2]　但在舊約聖經中，大部分的人是懼怕神多過把神當成朋友。

　　然而，耶穌改變了這個情況，當祂在十字架上為我們的罪付上贖價的時候，象徵神人隔絕的聖殿幔子從上到下裂開，表示人再一次可以直接親近神了。舊約時代的祭司要用很多的時間預備見神，現在我們則可以隨時隨地與神親近。聖經說：「**全都因為主耶穌基督為我們所做的，我們得以與神成為朋友，現在我們可以歡心雀躍地享受與神奇妙美好的新關係了。**」[3]　我們可以成為神的朋友，是因為神的恩典和耶穌的犧牲。「**一切都是出於神，祂藉著基督使我們與祂由仇敵變為朋友。**」[4]　聖詩說：「耶穌是我恩友」（What a friend we have in Jesus），事實上，神還邀請我們與三位一體的聖父[5]、聖子[6]、聖靈[7]成為朋友。

　　耶穌說：「**以後我不再稱你們為僕人，因僕人不知道主人所做的事。我乃稱你們為朋友；因我從我父所聽見的，已經都告訴你們了。**」[8]　經文中「**朋友**」一詞不是指普通朋友，乃是指親密可靠的情誼。原文裏「朋友」這個字與婚禮裏的伴郎[9]，以及國王身邊的親密可靠的朋友，是同一個字。在皇宮內，僕人必須與國王保持距離；但若是在國王親密可靠圈內的朋友，則可以直接與國王見面，聆聽機密事件。

　　我們可能難以理解神竟然要和我們作親密的朋友，但聖經說：「**祂是那位熱中與你建立關係的神。**」[10]　神深切地想要我們親密地認識祂。事實上，神規劃宇宙、主導歷史以及我們生命裏所有的細節，為要我們成為祂的朋友。聖經說：「**祂造了全人類，並造了大地給他們居住，讓他們有充足的時間和空間去生活，以致他們能尋求神，並非只在黑暗中摸索，而能真正找到祂。**」[11]

　　認識神並愛神，是我們最高的榮幸；被我們認識與愛慕，是

> 認識神並愛神，是我們最高的榮幸；被我們認識與愛慕，是神最大的喜悅。

神最大的喜悅。神說：「若有人要誇口，就必須誇口他們認識和明白我……這是令我喜悅的事。」[12]

我們很難想像，有限、有罪的人怎能與這位無所不能、人眼不能見、完美無瑕的神成為朋友？主人與僕人、創造與被造，甚至父子的關係，都較易明白接受。但神要與我們成為朋友是什麼意思？觀察多位聖經中神的朋友的生活，我們可以學習到與神為友的六個祕訣。在這一章中，我們先研究兩個祕訣，下一章再討論其餘的四個祕訣。

成為神的摯友

藉著時常交談

你若想只靠著每星期去教會一次，或甚至每天一段的靈修時間，便永遠無法與神建立出親密的關係。與神的情誼必須建立在與神分享你**所有**的人生經歷。

當然，每天靈修是很重要的[13]，但神期望的遠超過每天一次的例行約會；祂更盼望參與你生活中每個活動、每次談話、每個難題，甚至每個想法。你可以一整天與祂天南地北、無所不談地，告訴祂你做什麼、想什麼。「**不住地禱告**」[14] 的意思是，當你購物、駕車、工作，做每天的例行工作時，都與神談話。

人們常誤解「與神在一起」就是**單獨**與祂一起。當然，我們必須如同耶穌向我們示範的那樣，與神有獨處的時刻，但那只佔你醒著時的小部分時間。假如你邀請祂參與在你所做的**每一件事情**上，你也認知祂的臨在其中，那麼無論你做什麼，都是「花時間與神相處」。

學習不斷與神交談的一本經典之作是《與神同在》（*Practicing the Presence of God*），這本書的作者勞倫斯弟兄（Brother Lawrence），是十七世紀法國修道院一名不起眼的廚師，他可以把煮飯和洗碗碟等普通瑣碎的事情，轉化為讚美神、與神相交的行動。他認為，與神建立友誼的關鍵不是改變你所做的事，乃是改變你做事的**態度**。從現在開始，把本來為自己做的事，如進食、洗澡、工作、休息、倒垃圾等，轉變成為神而做。

假如你邀請祂參與在你所做的每一件事情上，你也認知祂的臨在其中，那麼無論你做什麼，都是「花時間與神相處」。

今天我們常覺得需要「放下」日常的工作去敬拜神，這是因為我們沒有學會經歷祂時刻同在的緣故。勞倫斯弟兄發覺，通過日常生活中的瑣事敬拜神是一件輕鬆容易的事，他無須放下工作去做特別的屬靈退修。這正是神認為最理想的情況。在伊甸園裏，敬拜不是一場聚會讓你去參加，乃是一種不斷持續的態度；亞當、夏娃與神乃是處在一種不斷的相交當中。既然神任何時候都與你同在，就沒有任何地方比你目前這一刻所在之處更靠近神的了。聖經說：「祂掌管萬有，無處不在，又在萬有之中。」[15]

勞倫斯弟兄另一個很有幫助的方法是，整天**不斷**以簡短交談的方式禱告，而不作冗長複雜的禱告。要能專注又不致分心，他說：「我不建議你使用許多重複的字句來禱告」[16]。對於今天這個「注意力渙散」的時代，這個450年前的建議特別適用。

聖經叫我們「**一直禱告**」[17]，可能嗎？有一個辦法是整天使用「呼吸禱告」（breath prayers），歷世歷代以來許多基督徒都這樣做。選擇一個簡短的句子，不斷地以一口氣重複地向耶穌說，例如：「祢與我同在」、「我接受祢的恩典」、「我要倚靠祢」、

「我屬於祢」、「我要認識祢」、「幫助我信靠祢」……等。也可以使用簡短的聖經節，比如：「**活著就是基督**」、「**祢永不離棄我**」、「**祢是我的神**」、「**為基督而活**」等，以此不斷地禱告，直到這些話語深植在你心裏。只要切記你的動機是要榮耀神，而不是想控制祂。

實踐與神同在是需要學習的，是一項你可以建立的習慣。就好像音樂家要每天練習音階，才能輕鬆地演奏出美妙的音樂，你也要勉強自己在每天不同的時刻思想神。你必須訓練你的心思常常思想神。開始時，你可以在四周用許多視覺輔助來提醒你自己，比如，你也許可以貼一張小紙條，上面寫著說：「這一刻，神正與我同在，隨時幫助我！」本篤會（Benedictine）的修士使用每小時響一次的鐘，來提醒他們停下來作「每小時的禱告」。你也可以用鬧錶或可定時的行動電話，來提醒自己這樣做。有時我們會感到神的同在，有時卻不會。

如果你想用這些方法來尋求神同在的**經驗**，那你就錯了。我們讚美神，不是為要得到好的感覺，而是為了要**行**祂喜悅的事。你的目標不是求感覺，而是不斷意識到神隨時隨地與我們同在的**事實**，這才是敬拜的生活方式。

藉著不斷地默想

與神建立情誼的第二個方法是整天思想神的話，即是默想。聖經不斷地提醒我們要默想神是誰、祂成就了什麼事、說了什麼話。[18]

不認識神所說的話，就不可能成為祂的朋友；除非你認識神，否則你就不可能愛神；你不認識祂的話語，就不能認識祂。聖經說，神「**藉著祂的話語向撒母耳顯示祂自己**」[19]。神今天還繼續用同樣的方法。

你雖然不能整天讀聖經，卻可以整天默想，反覆思想所讀的經

節，並且背記在心裏。

默想常常被誤解成一件困難又具神祕儀式的
事，是遁世的僧侶們修行的方式。事實上，默想
只是聚焦的思想，是一件任何人都能學、隨處可
做的技巧。

當你心中不停地想著某個難題，那叫做
憂慮；當你心中不停地想著神的話，那就叫做
默想。你若知道怎麼憂慮，你就已經知道怎樣默想　　了！你
只需要把注意力從你的難題轉到聖經上就行了。你愈默想神的話，
你的憂愁掛慮就愈少。

神把約伯和大衛當成祂親密的好朋友，因為他們珍惜祂的話
過於一切，並且晝夜思想。約伯承認說：「**我看重祂口中的言語，
過於我需用的飲食。**」[20]　大衛說：「**我何等愛慕祢的律法，終日不
住地思想。**」[21]「**它們時刻在我的思想當中，我無法停止不去思想它
們。**」[22]

朋友會分享彼此的祕密；你若養成終日思想神話語的習慣，祂
也會和你分享祕密。神把祕密告訴亞伯拉罕、但以理、保羅、使徒
及其他的朋友。[23]

當你讀聖經、聽道或聽錄音帶，不要在離開後便忘記，應養成
在心裏不斷反覆思想神的真理的習慣。你花愈多的時間反覆回味神
的話，就愈明白大部分人錯過的生命的「奧祕」。聖經說：「**神只
會與敬畏祂的人為友；祂只會跟他們分享祂應許的奧祕。**」[24]

在下一章中，我們會探討其他四個與神建立友情的祕訣，但
請不要拖到明天，從今天便開始時刻與神交談，並不斷默想神的話
語。禱告讓我們能與神說話，默想則讓神對我們說話；這兩點是成
為神的朋友的基本要點。

第 11 天
我的人生目的省思

思想要點：神想成為我的好朋友。

背記經文：「神只會與敬畏祂的人為友。」

　　　　　（詩篇廿五篇14節上，LB）

思考問題：我當如何每天提醒自己，要經常與神說話？

網上信息：www.purposedriven.com/day11（英文）

與神建立
深厚的友誼

祂與敬虔人作朋友。

（箴言三章32節，NLT）

你們親近神，神就必親近你們。

（雅各書四章8節）

purposedriven.com/
day12

你可以選擇要與神有多親近。

正如任何友誼一樣，你和神的友誼要不斷地建立，友情不會自動發生，需要有渴慕的心，也必須花時間和精力。你若想要與神有更深入、更親密的關係，一定要學會坦誠地與祂分享你的感受，信靠祂叫你做的一切，學習去關心祂所關心的事，並且渴慕祂的友情超過任何其他的一切。

我必須選擇對神誠實

與神建立深厚友誼的基石，是完全的誠實，這包括你的過錯和感受。神沒有要求你完美無瑕，但祂堅持要求完全誠實。聖經中神

的朋友就沒有一個是十全十美的；如果完美的人才配與神交朋友，我們就永遠沒有機會了。所幸，因著神的恩典，耶穌仍然是「罪人的朋友」[1]。

神沒有要求你完美無瑕，但祂堅持要求完全誠實。

在聖經中，神的朋友都能誠實地向祂表達他們的感受，往往是抱怨、猜疑、指責，甚至還與創造他們的主爭辯；然而，神對這樣的坦白卻似乎從來不介意，反而大加鼓勵。神容許亞伯拉罕在毀滅所多瑪城的事上質疑祂，與祂討價還價，把可以使城免於被滅的義人數目，由五十人減至十人。神也耐心聆聽大衛許多對於不公、背信、被棄的指控。神也沒有因為耶利米聲稱神欺騙他而把他處死。神亦容讓約伯在經歷嚴酷考驗時，發洩他的埋怨苦毒，而且至終神還為約伯的坦誠來辯護，並指責約伯的朋友太虛偽。神告訴他們說：「**你們不管是對我的態度，或是論及我的說話，都不及我的朋友約伯那般誠實⋯⋯我的朋友約伯現在要為你們禱告，我必接納他的祈禱。**」[2]

另一個令人驚異的真誠友誼的例子[3]，是神坦誠表達祂憎厭以色列的不順服。祂告訴摩西自己會遵守諾言，把應許之地賜給以色列人，但卻不願在沙漠中與他們同行了！神受夠了，而且祂讓摩西知道祂的感受。

摩西也以「神的朋友」的口吻同樣率直地回答說：「『**瞧，祢要我領導這百姓，但祢不讓我知道祢要差誰與我同行⋯⋯如果我在祢眼前真的很特別，讓我參與祢的計劃⋯⋯不要忘了，這是祢的百姓，祢的責任⋯⋯如果祢不願與我們同往，那就乾脆就此打住吧！我怎麼知道祢與我以及祢的百姓同在呢？祢到底要不要與我們同去呢？⋯⋯**』神對摩西說：『**好吧，就如你所說的，這也是我要做的事，因為我熟悉你，你在我眼中是獨特的。**』」[4]

　　神容許我們以這樣率直的態度對祂嗎？絕對容許誼是建基於開誠佈公的態度。看來好像很**魯莽**，但在神眼中卻是**真誠**。神喜歡聆聽祂的朋友熱情的話，對那些陳腔濫調，卻感到索然無味。要成為神的朋友，你一定要對神忠誠，和祂分享真實的感受，而不是你認為應該要感覺什麼或說什麼。

　　你或許需要承認，你的生命中曾經感到被騙或失望，因此對神深藏忿怒與怨恨。除非我們足夠成熟，才能了解神為了我們的好處，使用任何發生在我們生命當中的事，否則，我們往往對於自己的外表、背景、未蒙應允的禱告、過去的傷害，以及一些我們想要改變的事，來怨恨神。人往往為了別人引起的傷害來責怪神；這便造成白威廉（William Backus）所謂的「你與神之間隱藏的嫌隙」。

　　怨恨是我們與神為友最大的障礙。我們心想：「如果神容許**這事**發生，我為什麼要與神為友呢？」要解決這一點，當然就是我們必須明白神**總是**以你的利益為考慮來行動的；即使這是痛苦的，而且你也不了解。釋放你的怨恨，表達自己的感受，是痊癒的第一步。就如同聖經裏許多人所做的，將你真實的感受告訴神。[5]

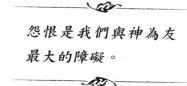

怨恨是我們與神為友最大的障礙。

　　神用詩篇教導我們率直誠實，那是一本敬拜的指南，充滿激昂、瘋狂、懷疑、害怕、怨恨，以及深切的熱情，也混合著感恩、讚美和信心的宣告；一切所有可能的情緒都記錄在其中。當你看到大衛和其他人的情感表白，你就知道神想要你毫不掩飾感受地敬拜祂。你可以像大衛那樣的禱告：「**我在祂面前傾吐我的苦情，在祂面前陳述我一切的困苦，因我已受不了。**」[6]

　　令人鼓舞的是，神所喜愛的摯友如摩西、大衛、亞伯拉罕和約

伯等，都曾經有過疑惑。但是，與其使用一些敬虔的陳腔濫調來掩飾憂懼，他們卻率直地將這些感受坦白公開地說出來。有時候，表達對神的懷疑是與神進到更親密關係的第一步。

我必須選擇以信心來順服

每一次你信靠神的智慧，並照著祂所說的一切去做時，即使你不明白，你便加深了你與神之間的友情。我們往往不會想到順服是友誼的一個特質，我們覺得那是父母子女或上司下屬之間，而非朋友之間的事。但耶穌清楚地告訴我們，順服是與神親密的條件，祂說：「**你們若遵守我的命令，就是我的朋友。**」[7]

上一章，我曾說明耶穌稱我們為「朋友」這字眼，可以譬喻為宮廷中「君王的朋友」。即使這些親近的同伴享有特權，他們仍受制於君王和祂的命令。我們與神為友，卻不與祂同等。祂是我們親愛的領袖，我們跟隨祂。

我們順服神不是出於責任、恐懼或被迫，乃是因為我們**愛**祂，並且相信祂知道什麼對我們是最好的。我們**想要**跟隨耶穌基督，因為我們感謝祂為我們所做的一切。我們愈緊跟隨祂，與祂的友誼就愈深厚。

不信主的人往往以為基督徒順服神是出於義務、內疚或害怕被懲罰，其實正好相反。因著我們是被赦免、蒙釋放，我們順服是出於愛，而且我們的順服更給我們帶來極大的喜樂！耶穌說：「**正如父親愛我，我愛你們；你們要常生活在我的愛中。你們若遵守我的命令，你們會常生活在我的愛中，正像我遵守我父親的命令，而常在祂的愛中一樣。我告訴你們這些事，為要使你們得到我的喜樂，讓你們的喜樂滿溢。**」[8]

請注意耶穌只是期待我們學像祂對父神做的，耶穌與天父的關係是我們與祂的友誼的榜樣，耶穌做父叫祂做的一切，全都出於

愛。真正的友誼是主動而不是被動的。耶穌叫我們去愛，去幫助有需要的人，分享自己所有的，過聖潔的生活，寬恕他人，並領人歸主。愛促使我們立刻順服。

我們時常被挑戰去為神做「大事」，事實上，當我們出於愛的順服而為祂做卑微的事時，神更喜悅我們。這些事也許是一般人不會去注意的事，但神卻會注意，並且視之為對祂的敬拜。

人的一生或許會有一次大好的機運，但是各種小機會卻環繞在我們每天的生活中，即使只是藉著一些簡單的行為，例如說實話、仁慈待人、鼓勵別人，這些都會討神歡喜。神珍惜這些簡單順服祂的行動，過於我們的禱告、讚美和奉獻。聖經說：「**什麼最能討耶和華喜悅：是獻上燔祭和祭牲，抑或聽從祂的話語呢？聽命勝於獻祭。**」[9]

耶穌在三十歲時由施洗約翰為祂施洗，開始祂公開的事工，神從天上說：「**這是我的愛子，我對祂完全滿意。**」[10] 到底耶穌先前那三十年做了什麼，竟能令神喜悅祂？聖經對於那隱藏的三十年沒有任何說明，只有路加福音二章51節有點頭緒：「**祂就同他們下去，回到拿撒勒，並且順從他們。**」三十年時間可用二字作總結：「順服」！

我必須選擇看重神所珍貴的

朋友會關心對方所看重的，當你愈是神的好朋友，你會愈關心祂所關心的事，與祂同憂同樂。保羅是最佳的例子，神的計劃是他的計劃，神的熱愛便是他的熱愛；他說：「**令我深感苦惱的是，我竟然如此關顧你們——這是神的激情在我裏面燃燒！**」[11] 大衛也是這樣：「**我為著祢的殿，心中燃燒著激情；因此那些侮辱祢的人，也就是侮辱我。**」[12]

神最看重的是什麼呢？是祂百姓的救贖，祂要祂每個失落的兒

女都被找回來！這就是耶穌來到世上所有的原因。神心裏看為最寶貝的就是祂愛子的死，其次就是當祂的兒女向別人傳揚這個好信息時。要作神的朋友，先決條件就是去關心你身邊神所關心的每一個人，神的朋友會引領別人認識神。

我必須渴想與神為友勝於其他任何事

詩篇就充滿這類例子，大衛熱切盼望認識神勝於任何其他事；他使用渴慕、渴想、戀慕、切求等字眼。他懇求神說：「我最想求得的，就是能夠有幸在祂的殿中默想、在祂的面前度過每一天、在祂那無可比擬的完全和榮耀中歡喜快樂。」[13] 他在另一首詩篇中說：「祢永恆的愛比生命寶貴。」[14]

> 當你愈是神的好朋友，你會愈關心祂所關心的事。

雅各切望神賜福他的生命到一個地步，他一整夜與神摔跤，說：「祢不給我祝福，我就不容祢去。」[15] 這個故事最傳奇的地方是，這位全能的神竟讓雅各贏了這場摔跤！神不會因為我們與祂摔跤而發怒，因為摔跤使我們與神產生個人的接觸，為我們與神帶來更親密的關係！同時摔跤也是一個有熱情的活動，當我們對神懷著熱情時，祂便歡喜。

使徒保羅是另一個熱切企求神友誼的人，沒有任何事勝於這事，這是人生首要之事，是他人生的焦點，生命裏最終極的目標。這就是為什麼神能夠這樣大大使用保羅的原因。英文擴充版聖經充分表達出保羅的這份熱情：「我定意要認識祂——更深和更親密地認識祂，並且更強烈和更清晰地感知、認識和明白祂位格的奧妙。」[16]

事實是，與神有多親近在於**你的抉擇**。與神有親密的關係是你的選擇，而不是意外而得。你必須用心尋求。你真的想要這份關

係勝於其他一切嗎？這對你有多寶貴？值得你為之奮鬥嗎？值得你去努力培養所需要的習慣與技巧嗎？

　　過去你可能曾經對神熱情，但是已經失去那樣的渴望了。這就是以弗所基督徒的問題，他們失去了起初的愛心。他們做了所有一切對的事，卻是出於義務而不是出於愛。如果你只是機械性地做一些屬靈的行動，就不要訝異神會允許你的生命經歷一些痛苦。

　　痛苦是熱情的燃料，它能增強我們去改變的力量，而這通常是我們所欠缺的。魯益師說：「痛苦是神的擴音器。」是神將我們從屬靈混沌中喚醒的方法。你的難處不是責罰，只是慈愛神的警鐘。祂不是對你生氣，祂乃是為你瘋狂，祂會用盡一切方法將你帶回來與祂相交。其實，有一個比較容易的方法，可以重新點燃你對神的熱情，那就是從現在就開始求神給你這種愛的關係，並且繼續不斷地求，直到你得到為止。你可以整天這樣禱告：「親愛的耶穌，遠勝於一切的，我想要能親密地認識祢！」神對於被擄到巴比倫的百姓這樣說：「**你們若認真尋求我，且渴望尋見我甚於其他一切，我就會確保不令你們失望。**」[17]

你最重要的關係

　　世上沒有其他事物——絕對沒有任何事物——比與神建立朋友的關係更重要，那是一份持續到永恆的關係。保羅告訴提摩太說：**「有些人已失去生命中最重要的事——他們不認識神！」**[18]　你錯過了生命中最重要的東西嗎？你現在可以開始行動。請謹記這是你的抉擇，要與神有多親近，由你決定。

第 12 天
我的人生目的省思

思想要點：與神多親近在於我的抉擇。

背記經文：「你們親近神，神就必親近你們。」

（雅各書四章8節）

思考問題：為了更能親近神，我今天要作出什麼抉擇？

網上信息：www.purposedriven.com/day12（英文）

討神喜悅的敬拜

你要盡心，盡性，盡意，盡力愛主——你的神。

（馬可福音十二章30節）

purposedriven.com/
day13

神要的是你的全人。

祂不是只要你生命的某一部分。祂要你的全心、全性、全意、全力。神對三心二意的委身、部分的順服、以及你用剩了的時間和金錢都不感興趣；祂要你完全的奉獻，而不是你生命的一小片。

一個撒馬利亞婦人曾經和耶穌辯論什麼是敬拜的最好時間、地點和形式，耶穌告訴她那些都是無關緊要的問題。你敬拜的**動機**和敬拜時向神所**獻上**的，遠比在哪裏敬拜重要得多。敬拜的方式有對有錯。聖經說：「*我們應當感恩，並用神所喜悅的方式來敬拜祂。*」[1] 討神喜悅的敬拜有四個特點：

神喜悅我們正確的敬拜

人們常說：「我喜歡把神想成……」，接著就講出理想中敬拜

的神是什麼樣子。但是，我們不應為神創造一個自己覺得舒適、又討眾人歡喜的形像來敬拜，因為那只是一個偶像而已。

敬拜必須基於聖經的真理，而不是基於我們對神的見解。耶穌對那撒馬利亞婦人說：「**那真正拜父的，要以靈和真理拜祂，因為父要這樣的人拜祂。**」[2] 「**以真理敬拜**」意思是照著聖經裏所啟示的那位神來敬拜祂。

神　喜悅我們真誠的敬拜

當耶穌說：「**以靈敬拜**」，祂不是指聖靈，而是指你的心靈！你是照著神的形像造的，你乃是一個靈住在身體裏，而神的本意是要你的靈和祂相交。敬拜就是我們的靈對神的靈的回應。

當耶穌說：「**要盡心、盡性愛你的神。**」祂的意思是敬拜必須是真實衷心的。祂在乎的不是佳言美句，而是你的真心話。無心的頌讚等於沒有頌讚，毫無價值，是對神的一種侮辱。

當我們敬拜時，神看重我們的心勝過我們的話。聖經說：「**人是看外貌；耶和華是看內心。**」[3] 既然敬拜使我們在神裏面得到歡喜，當然會有情感的表現。神賦予我們情感，使我們可以深情地敬拜祂；但是這種情感必須是真誠無偽的；神最討厭偽善，祂不要引人注目的表演或裝模作樣的敬拜；祂要的是你的誠實與真愛。我們的敬拜或許不完美，但不可以**不真摯**。

當然，只有真誠還不夠，因為我們可以很真誠卻又十足的錯誤。因此，敬拜必須「心靈」和「真理」兼備，必須既正確又真實。神所喜悅的敬拜是既有深摯的情感，又合乎教義原則。我們必須心腦並用。

現今，有些人把音樂帶來的情緒激動與聖靈的感動混為一

談，其實它們是完全不一樣的。真正的敬拜產生於你的靈對神有所回應時，而不是被音樂旋律所引發。事實上，一些情緒化、自省式的歌曲反而妨礙敬拜，因為它們把注意的焦點從神轉移到自己的感受上。敬拜中最令你分心的，往往是你自己——你的興趣以及你憂慮別人對你的看法。

> 神喜悅的敬拜是既有深摯的情感，又合乎教義原則。我們必須心腦並用。

基督徒之間，對於向神表達讚美最正確、最正宗的方式，往往有不同的意見，而這些爭論常常只是反映出個人的喜好與背景的差異。聖經中提到許多頌讚的形式，其中包括認罪、歌唱、歡呼、肅立、屈膝、跳舞、發出歡喜的呼聲、見證、彈奏樂器、舉手等等。[4] 以神給你的性格與背景，最真實表達出你對神的愛，那就是最好的敬拜風格。

我的朋友湯格力（Gary Thomas）發現，許多基督徒在敬拜上往往流於墨守成規，只有例行的形式，而沒有活潑地與神交往。原因是他們勉強自己使用的靈修方法或敬拜方式，並不符合神給他們的特質。

湯格力認為，如果神特意把我們造成各有不同，我們又為什麼要用同樣的方式去愛祂呢？當他參考一些基督教的經典書籍，又訪問一些成熟的基督徒時，他發現在基督教二千年的歷史中，基督徒曾從許多不同的途徑享受與神親密的相交，其中包括戶外活動、學習、歌唱、閱讀、舞蹈、藝術創作、服務他人、獨處，與人交往，以及參與其他各種不同的活動。

在他的著作《神聖的通道》（*Sacred Pathways*）一書中，湯格力提到與神親近的九個途徑：**自然主義者**喜歡在大自然中表達對神的愛；**感覺主義者**透過感官來表達對神的愛，他們認為美麗的

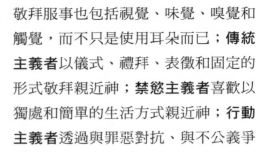

最真實表達出你對神的愛，那就是最好的敬拜風格。

敬拜服事也包括視覺、味覺、嗅覺和觸覺，而不只是使用耳朵而已；**傳統主義者**以儀式、禮拜、表徵和固定的形式敬拜親近神；**禁慾主義者**喜歡以獨處和簡單的生活方式親近神；**行動主義者**透過與罪惡對抗、與不公義爭戰和建立更好的世界去愛神；**服務主義者**以愛他人和滿足他人的需要，來表達對神的愛；**熱心主義者**以歡慶來愛神；**沉思默想者**以切慕敬愛的心愛神；**知識份子**則用心研讀來表達對神的愛。[5]

沒有一種敬拜以及與神為友的方式是「放諸四海而皆準的」；但可以確定的一點是，如果你不是以神創造的無偽的你去敬拜祂，你一定不能叫神得著榮耀。神要你作你自己。「**父正在尋找這樣的人：那些來到祂面前敬拜，能夠單純和坦誠地作自己的人。**」[6]

神喜悅我們用意念敬拜

耶穌命令我們「要盡意愛神」，在新約重複出現過四次。神不喜歡無意識的讚美，敷衍草率、陳腔濫調的禱告，或無的放矢地喊叫「讚美主」。無意識的敬拜是沒有意義的，你必須用意念敬拜。

耶穌稱那些無意識的敬拜是「**無謂的重複**」[7]，就算是聖經名詞，有時也會因濫用以及未經思索而成了陳腔濫調。人很容易在敬拜當中使用陳腔濫調，而不願花心思以新的辭彙與方式去榮耀神，這就是為什麼我鼓勵你們多讀不同的聖經譯本的原因，這樣可擴展你們在敬拜時的表達。

試試不要用讚美、感謝、哈利路亞、阿們等字眼來讚美神，嘗試列出一些意義相同的字眼和新穎的用詞，如**仰慕、尊敬、珍惜、尊崇、敬重、欣賞**等。

此外，用詞要**明確**。如果有人對你重複十次「我讚美你！」你

可能會想：「這是為什麼？」你寧可接受兩次明確的讚許，勝過二十次含糊籠統的好評，神也不例外！

還有一個建議，就是把神不同的名字羅列出來，並專注於這些名字。神的名字不是隨意訂立的，這些名字向我們表明神不同的特性。在舊約中，神漸次地將自己的新名字教導以色列人，以此來顯示祂自己，祂也吩咐我們要稱頌祂的名。[8]

神也要我們聚集敬拜時，用意念來敬拜。保羅在哥林多前書十四章，使用整章來討論這一點，他結論道：「**凡事都要規規矩矩地按著秩序行。**」[9]

關於這一點，神堅持我們的聚會要能讓在場的非信徒也能明白。保羅觀察道：「**假設有些陌生人來參與你的敬拜聚會，聽見你用靈來讚美神。倘若他們不明白你的意思，他們如何曉得說『阿們』呢？你可以用一種美妙的方式來敬拜神，但其他人卻不能有所得益。**」[10] 對於參與敬拜聚會的未信者感受敏銳是聖經的命令，忽視這個命令便是不順服，又是沒有愛心。關於這一點，完整的解釋請看《直奔標竿》的第十三章：〈敬拜能成為見證〉。

神喜悅我們有實際行動的敬拜

聖經說：「**將你的身體獻上當作活祭，是聖潔的，是神所喜悅的——這是你們屬靈的敬拜行動。**」[11] 為何神要我們把身體獻上？為何祂不說獻上你的靈？因為你在世上若沒有身體就什麼都做不了。將來在永恆中，你會有一個全新的、更美、更好的身體，但當你仍然在世上活著，神的要求是：「將你有的獻給我！」祂只是要求有實際行動的敬拜。

你一定聽過有人說：「我不能參加今晚的聚會，但我的靈會與你們一起。」你知道這是什麼意思嗎？毫無意義！你一天在世上生存，你的靈就與你的身體形影相隨，你的身體若不出現，你也絕不

可能出現。

我們敬拜是「把身體獻上，當作活祭」，我們的觀念往往把「獻祭」與死物連在一起，但神要的是「活祭」，祂要你為祂而活！問題是，既然這是活祭，就有可能從祭壇爬下來，而我們往往就是這樣。我們往往在星期天高唱「基督精兵前進」，星期一卻變成開小差的逃兵！

真正的敬拜乃根植於神的話語。

舊約時代，神悅納許多不同形式的獻祭，因為它們都預表耶穌在十字架上，為我們所作的犧牲。如今神悅納不同形式的獻祭，如謝恩、頌揚、謙卑、悔改、奉獻、禱告、服事他人、與有需要的人分享等等。[12]

真正的敬拜是要付代價的。大衛明白這道理，他說：「**我不肯用白得之物作燔祭獻給耶和華—我的神。**」[13] 我們要付的代價之一就是，放棄以自我為中心，你不可能同時高舉神，又高舉你自己；你敬拜不是為了做給人看，或是為自己高興，你必須把注意的焦點刻意地從自己身上轉開。

當耶穌說：「**要盡力愛神**」時，祂指出敬拜是需要下工夫費精神的，不總是方便舒服，有時甚至是意志的行動，是甘願的犧牲。消極被動的敬拜只是一種矛盾諷刺。

當你不想讚美但仍然讚美、當你疲憊不堪而仍然起床敬拜、當你筋疲力竭而仍然去幫助別人的時候，你是向神獻上了犧牲的敬拜，神悅納這樣的敬拜。

瑞馬特（Matt Redman）是英國一位敬拜帶領者，他談到，他的牧師教導他們教會敬拜的真義。為了使會眾明白敬拜並不只限於音樂，有一段時期他禁止聚會唱歌，以此來學習以其他的方法敬拜。當這段時期結束，馬特寫了一首經典歌曲，歌名叫「敬拜的

心」（Heart of Worship）：

> 我帶給祢的不僅是一首歌，
>
> 因為歌不是祢所要的，
>
> 祢尋找的遠深於此，
>
> 不是表面所呈現的，
>
> 祢乃在察看我的內心。[14]

敬拜的中心全在於一顆心。

第 13 天
我的人生目的省思

思想要點：神要的是整個的我。

背記經文：「你要盡心、盡性、盡意、盡力愛主——你的
神。」（馬可福音十二章30節）

思考問題：目前哪一樣更討神的喜悅——參與公眾敬拜，抑
或是我個人的敬拜？我應該怎麼做？

網上信息：www.purposedriven.com/day13（英文）

當神似乎遠離

上主在祂子民面前把自己隱藏起來，
但是我仍然信靠祂，把我的希望寄託於祂。

（以賽亞書八章17節，現代中文譯本）

purposedriven.com/
day14

無論你感覺如何，神是**真實**的！

當人生事事如意——神賜你豐衣足食、知己良朋、美滿家庭、身體健康、愜意際遇，你會很容易敬拜神；但是人生境遇並非恆常如此。你要怎樣敬拜神呢？當神似乎遙不可及時，你又會怎麼做呢？

最深刻的敬拜是能在痛苦中讚美、試煉中感恩、試探時信靠、受苦時降服，在神看似遙不可及時仍然愛祂。

友情往往受到分離與沉默的考驗。雙方可能因著地域的阻隔無法溝通，你與神的友誼也不會時常都感到那麼親近。楊腓力（Philip Yancey）睿智地說：「任何關係都會有時比較親密，有時則較疏離；而在與神的關係中，不管是多親密，也會像鐘擺般，有時從一邊搖到另一邊。」[1] 這時，敬拜就變得困難。

為了要使你的友情更趨成熟，神會以一段看似分離———一段感覺祂似乎已經離棄你或遺忘你的時期來考驗你；你覺得神彷彿在千萬里之外。十架的聖約翰描述那些靈性黑暗、存疑、與神疏離的日子為「靈魂的黑夜」。盧雲（Henri Nouwen）稱它們作「缺席的牧養」，陶恕叫它們作「夜間的牧長」，其他人則稱之為「心靈的寒冬」。

除了耶穌，大衛可以算是神最親密的朋友，神歡喜叫他作「合祂心意的人」[2]。然而大衛卻時常抱怨神不在身邊：「**主啊，祢為什麼遠遠站著？為什麼在我最需要祢的時候隱藏起來呢？**」[3]「**我的神，我的神，祢為什麼離棄我？我哀號求助，祢為什麼不來幫助我？**」[4]「**祢為什麼遺棄我呢？**」[5]

當然，神沒有真正離開大衛，祂也沒有離開你。祂一次又一次地應許：「**我必不撇下你，也不丟棄你。**」[6] 但祂**沒有**應許「你會時時**感覺**到我的同在」。事實上，神承認有時候祂會向我們隱藏祂的面；[7] 有時

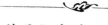

神承認有時候祂會向我們隱藏祂的面。

候，祂顯得好像在我們人生戰場上失蹤了似的。

馬弗樂（Floyd McClung）如此描述：「某天清晨你醒來，發覺沒有任何屬靈的感覺。你禱告，毫無動靜；你斥責撒但，也沒有任何轉機。你嘗試各種屬靈操練……朋友也為你祈禱……你承認所犯的每一項罪，四處請求每個你知道的人赦免原諒，你禁食……仍然無效。你開始懷疑這個屬靈的低潮究竟要持續多久。幾天？幾星期？幾個月？或是永無止境？……你感覺你的禱告只到達天花板便彈回來。在絕望中，你大聲喊叫：『我到底怎麼了？』」[8]

真相是，你沒有問題！這是神考驗你與祂的友誼，並促使你成熟的正常步驟；**每一位**基督徒至少都會有一次、甚或多次這樣的經

歷。雖然痛苦又令人困惑，對於你信心的成長卻是絕對重要的。明白這一點，使約伯在無法感受神的同在時，仍然滿有希望。他說：「只是我向東找尋，神不在那裏；我向西找尋，也找不到祂；我不見祂在北，因祂正躲藏；又轉向南，也尋不著祂。然而祂知道我所行的路，祂試煉我之後，會稱許我純如精金。」[9]

當神似乎遙遠，你或許會覺得祂在對你發怒，或是為你的某些罪懲罰你。事實上，罪惡**確能**斷絕我們與神的親密關係。因著不順從、與別人有衝突、生活忙碌、與世界為友，甚至其他的罪，都會使神的靈憂傷，疏離了我們與祂的關係。[10]

然而，儘管這種被神拋棄和疏離的感覺往往與罪扯不上關係，但它其實是我們都必須面對的信心考驗：即使當你無法感覺祂的同在，生命中沒看見祂作為的時候，你仍會繼續愛神、信靠祂、順服祂，並且敬拜祂嗎？

現今的基督徒在敬拜中最常犯的錯誤是：只尋求**經驗**，不尋求神。他們渴求某種感受，當感受到時，他們就說是敬拜了。這是錯的！神常會挪去我們的感覺，叫我們不要倚靠這些。找尋一種感覺，甚至是與基督親近的感覺都不是敬拜。

當你剛信主，神會給你許多確定的感覺，並常應允你那些毫不成熟、自我中心的禱告，好使你清楚祂的存在。但是當你在信心中成長，祂要你戒斷這些依賴。

現今的基督徒在敬拜中最常犯的錯誤是：只尋求經驗，不尋求神。

神的無所不在與祂同在的表現是截然不同的事。一個是事實，另一個通常只是感覺。神一直都同在，即使在你不知不覺時。而祂的同在是這麼地深奧，絕無法單靠感覺來量度。神的確要你感受祂的同在，但祂關心你是否**信靠**祂過

於你是否**感覺**得到祂。討神喜悅的是信心，不是感覺。

最能擴展信心的情況是在人生瀕臨瓦解，而神又無處可尋時。約伯就是這樣；在一天之內，他失去了**所有**的一切──他的家人、事業、健康，所有他擁有的！而最令人沮喪的是──在整整卅七章經文中，神一聲不吭！

當你不明白你的人生到底是怎麼一回事，而神又靜默不言時，你要怎麼讚美神？處在危機當中又沒有任何溝通，你如何維繫關係？當雙目充滿淚水時，你如何能定睛仰望耶穌？你可以參照約伯的作法：「**他伏在地上下拜說：『我赤身出於母胎，也必赤身歸回；賞賜的是耶和華，收取的也是耶和華。耶和華的名是應當稱頌的。』**」[11]

告訴神你真正的感受

向神敞開你的心，卸下每一個感受。約伯這樣做，並說：「**我不能再沉默！我又忿怒又怨恨，我要傾訴！**」[12] 當神似乎遙不可及時，他大聲呼求：「**噢，但願我回到昔日的黃金歲月，回到我家因神與我親密為友而蒙祝福的時刻。**」[13] 神能夠處理你的疑慮、忿怒、恐懼、哀傷、困惑和所有的難題。

你是否知道，向神承認你的絕望也是信心的表達？當大衛既信靠神卻又感到絕望的同時，他說：「**我相信祢，因此我說：『我完了！』**」[14] 聽來有點矛盾：我倚靠神，但我徹底被摧毀了！大衛的坦誠反映出他堅定的信心。首先，祂相信神；其次，他相信神會聆聽他的禱告；第三，他相信神容許他將自己的感受說出來，並且仍然愛他。

專注於神永不改變的屬性

不管環境如何或你的感受如何，緊抓住神不變的屬性。提醒自己有關神的永恆真理：祂的美善，祂愛我，祂與我同在，祂知道我

所經歷的一切，祂關心我，並且對我的人生有美好的計劃。艾瑞蒙（V. Raymond Edman）說：「在黑暗中時，絕對不要懷疑神在光明中告訴你的真理。」

當約伯面對人生驟變，而神又默然不語時，他仍然找到可以讚美神的理由：

- 祂既美善又慈愛。[15]
- 祂是全能主宰。[16]
- 祂清楚知道發生在我身上的一切。[17]
- 祂掌管萬有。[18]
- 祂對我的人生有一個計劃。[19]
- 祂必救我。[20]

信靠神會信守諾言

在靈命乾旱的時期，你要耐性倚靠神的應許，不要專注於自己的情緒，要了解祂正帶你進入更成熟的境界。友誼若建立在情緒感受上，便只流於膚淺。

因此，不要為困境而心煩，環境因素不會改變神的特質，祂仍有充足的恩典，即使你感覺不到，祂仍是**你的**神。在朦朧不明的處境當中，約伯緊抓住神的話：「**祂嘴唇的命令，我未曾背棄；我看重祂口中的言語，過於我需用的飲食。**」[21]

因為　　信靠神的話，約伯在看似不合情理的情況下，仍然保持信心。他的信心在痛苦中仍然堅穩：「**祂或會殺我，但我仍要信靠祂。**」[22] 在你認為神離棄你時，不憑你的感覺，仍繼續信靠祂，便是敬拜祂最深刻的方式了。

謹記神在你身上的作為

即使神從來不曾為你做過別的事，但是因上神在□上所做的，祂仍然配受你一生不斷地讚美；神的兒子為你而死，就是敬拜最大的理由。

很可惜，我們總忘記神為我們犧牲的每個殘酷細節。太熟悉了，我們便產生倦怠：在受死前，祂被人剝去衣服，拳打腳踢至血肉模糊；又被鞭打辱罵，戴上荊棘的冠冕，人不斷向祂吐唾沫。祂受到這些毫不合理、毫無人性的虐待，簡直連牲畜也不如。

> 在你認為神離棄你時，不憑你的感覺，仍繼續信靠祂，便是敬拜祂最深刻的方式了。

當祂瀕臨失血過多，幾乎失去知覺時，還被迫拖著那笨重的十架上山，被釘，忍受死亡的煎熬，然後慢慢被凌虐而死。在祂仍有游絲氣息時，群眾大聲奚落、侮辱取笑祂，更對祂聲稱為神加以挑戰。

當耶穌將全人類的罪孽背負在自己身上時，神轉臉不看這個醜陋的景象，耶穌絕望地大聲喊叫：「**我的神，我的神，為什麼離棄我！**」其實，耶穌可以救自己，但若是這樣，祂就不能救你了。

言語不能描述那個黑暗的時刻，為何神容許並忍受如此恐怖邪惡的事情發生？為什麼？因為如此才能使你永遠脫離地獄，如此才能使你永遠分享祂的榮耀。聖經說：「**基督是無罪的，可是為了我們，神讓祂擔負我們的罪，使我們能與祂一同分享神的義。**」[23]

主耶穌放棄一切，使你能擁有一切；祂受死，使你能活到永遠。**只憑這點**，已值得你不斷地感恩讚美。我們永遠不該再問要為什麼感謝。

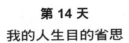

第 14 天
我的人生目的省思

思想要點：無論我的感覺如何，神都是真實的。

背記經文：「因為主曾說：『我總不撇下你，也不丟棄你。』」（希伯來書十三章5節下）

思考問題：當我覺得神離我很遙遠時，我如何能定睛於神？

網上信息：www.purposedriven.com/day14（英文）

神模造你，
要你為神家而活

我是葡萄樹，你們是枝子。

（約翰福音十五章5節）

基督使我們成為一體……
互相聯繫。

（羅馬書十二章5節，GWT）

我是為神的家而造

神是創造萬物的那一位，
萬物卻是為祂的榮耀造成，
祂希望有更多兒女分享祂的榮耀。

（希伯來書二章10節上，NCV）

你們看，父賜給我們的是怎樣的慈愛，
就是讓我們可以稱為神的兒女，
我們也真是祂的兒女。

（約翰一書三章1節，聖經新譯本）

purposedriven.com/
day15

你是為神的家而造。

神想要一個家，於是祂創造你成為其中一份子。這是神賦予你人生的第二個目的，在你出生以先，神已安排妥當。整本聖經都是關於神建立一個家庭的故事，祂要這個家愛祂、榮耀祂、與祂永遠掌權。聖經說：「**神不變的計劃是要藉著耶穌基督，把我們納入祂的家中，這是祂所喜悅的。**」[1]

因為神是愛，所以祂珍惜關係；祂的本質就是建基於關係，祂以家庭的關係來認定祂自己：父、子和聖靈。三位一體是神和祂自己的關係，是最和諧完美的關係，我們應該研究一下其中的含意。

三位一體的神與祂自己一直存在於愛的關係中，因此祂從來不

並不需要有一個家，但祂卻希望有一個家庭，因此祂造我們帶進祂的家中，和我們分享祂的一切，這給神帶來極大的快樂。聖經說：「當祂藉祂話語的真理，賜給我們新生，使我們按照祂的計劃，在祂的新家庭中成為初生的兒女，這對祂而言就是快樂的一天。」[2]

當我們信靠基督，神便成為我們的天父，我們也就成了祂的兒女，其他的信徒就成為我們的弟兄姊妹，教會就成為我們屬靈的家。神的家包括所有過去的、現在的和將來的信徒。

每一個人都是神所造的，但並不是每一個人都是神的兒女。進入神的家惟一的辦法就是重新生入這個家。你藉著第一次的出生，成為人的家庭的一員，卻藉著第二次的出生成為神家中的一份子。神「將重生的權利賜給我們，以致我們能成為神家的一份子」[3]。

成為神家庭的一員的邀請是普世性的[4]，但是有一個條件：**相信耶穌**。聖經說：「藉著信耶穌基督，你們都是神的兒女。」[5]

你屬靈的家比你肉身的家更重要，因為那是永遠的家。地上的家雖是神美好的禮物，但卻是短暫脆弱的，會因為離異、疏離、年老，及無可避免的死亡而破碎。但是我們屬靈的家——和其他信徒的關係，卻可存留到永恆，是比血緣關係更為堅固的契合。每當保羅停下來想到神這個永恆的計劃，就不禁發出讚美：「當我想到祂的計劃所包含的智慧和規模，我就要屈膝，向這位在家中作眾人之父的神禱告（家中的成員有些已在天上，有些仍在地上）。」[6]

> 你屬靈的家比你肉身的家更重要，因為那是永遠的家。

神家的好處

從你重生進入神的家的那一刻起，神就給你一些令你驚異的生日禮物：姓氏、長相、特權、親密的關係和繼承的產業！[7] 聖經說：「你們既是祂的兒女，祂擁有的一切都屬於你們了。」[8]

新約聖經非常強調我們豐富的「**產業**」。聖經說：「**我的神必照祂榮耀的豐富，在基督耶穌裏，使你們一切所需用的都充足。**」[9] 作為神的兒女，我們可以分享這個家的財富，在地上我們有「**豐富的恩典……恩慈……忍耐……榮耀……智慧……力量……憐憫**」[10]，但我們在永恆會繼承更多的產業。

保羅說：「**我願意你們知道，祂所賜給祂子民的是何等豐富榮耀的產業。**」[11] 這產業包含什麼呢？首先，我們可以永遠與神同在[12]；第二，我們會變得完全像基督[13]；第三，我們不會再有痛苦、死亡和折磨[14]；第四，我們會得到獎賞，重新被委派事奉崗位[15]；最後，我們可以分享基督的榮耀[16]。那是何等的基業，比你能夠想像的更富有！

聖經說：「**神已為祂的兒女保留了一份無價的產業。現在為你存留在天上的產業，是純潔和無玷污的，是永不改變和永不朽壞的。**」[17] 這表示你永恆的產業是無價、完美、恆久、受保護的；沒有人能從你身上奪去，也不會受戰爭、經濟衰退或自然災害的毀壞。這永恆的產業不是退休，是你應該嚮往並努力爭取的。保羅說：「**無論做什麼，都要從心裏做，像是給主做的，不是給人做的，因你們知道從主那裏必得著基業為賞賜。**」[18] 退休是短視的目標，你應該為永恆而活。

受洗：歸入神家的標記

健康的家庭都有值得自豪的地方，家人不會羞於承認自己是家中的成員。令人傷感的是：我曾遇過不少信徒，他們從來沒有遵照耶穌的命令，藉著受洗，公開承認自己屬於神的家。

洗禮不是可有可無的儀式，隨你任意拖延。它代表你歸入神的家，是你向世界公開宣告：「我不以成為神家中的一員為恥。」你受洗了沒有？耶穌吩咐祂家裏所有的人都要遵守這項美好的命令。祂告訴我們：「**去，使萬民作我的門徒，奉父、子、聖靈的名給他們施洗。**」[19]

有很長一段時間，我對耶穌在大使命裏，將受洗、傳福音與教導列為同等重要，而感到困惑。為何受洗這樣重要？後來，我才知道因為它象徵神給予我們的第二個人生目的：參與在神永恆的家中，享受團契交誼。

受洗蘊含著重要意義：受洗是向人宣告你的信心，代表你與基督同埋葬、同復活、象徵你舊的生命已經死去，並公開宣告你在基督裏有了新生命，亦是慶賀你加入神的家。

受洗也是一幅描繪屬靈真理的現實圖畫，代表了神如何把你帶進祂的家：「**我們有些是猶太人，有些是外邦人，有些是作奴僕的，有些是自由的。但我們全都藉著一個聖靈，受洗歸入基督的身體，我們全都領受同一個聖靈。**」[20]

不過，受洗不會**使**你成為神家的一份子，惟有信耶穌才可以。但洗禮**顯出**你是神家的成員，就如結婚戒指一樣，是個有形的提醒，叫我們不要忘記出自內心的委身。受洗是**開始**，而非當你靈命成熟時才做的一件事。聖經指出惟一的條件就是你相信。[21]

在新約聖經中，人信主後便立刻接受洗禮。在五旬節，有三千人在信主**當日**接受洗禮；其他如埃提阿伯的太監在信主後**當場**受

洗;而保羅和西拉則替腓立比獄卒和他一家於**深夜**施洗。新約中沒有出現過稍後洗禮的事,若你還沒有遵照基督的命令,接受洗禮以表達你相信基督的話,現在就趕快去受洗吧!

人生最大的特權

聖經說:「耶穌與使之成聖的百姓,同屬一個家庭。因此,祂稱他們為祂的弟兄姊妹,並不感到羞愧。」[22] 讓我們銘記這奇妙的真理:你是神家中的一員,因著耶穌使你成聖,神以你為傲!耶穌的話絕對不錯:「耶穌伸手指著門徒說:『這是我的母親和我的弟兄。凡遵行我天父旨意的人,就是我的弟兄、姊妹和母親了。』」[23] 成為神家裏的一份子,是你所能得到最至高無上的榮耀與特權,非任何事物能夠相比。每當你感到自己不被重視、不被愛,或缺乏安全感時,記得你屬於神。

> 成為神家裏的一份子,是你所能得到最至高無上的榮耀與特權。

第 15 天
我的人生目的省思

思想要點：我是為神的家而造的。

背記經文：「一直以來，祂那永不改變的計劃都是要藉著耶穌基督帶領我們到祂面前，收納我們進入祂的家。」（以弗所書一章5節，NLT）

思考問題：我應如何開始對待其他信徒，像對待自己的家人一樣？

網上信息：www.purposedriven.com/day15（英文）

最重要的事

無論我說什麼、信什麼或做什麼，

若沒有愛，我便一無所有。

（哥林多前書十三章3節，Msg）

愛就是遵照神命令我們的方式去生活。

正如你們從起初所聽見的命令：在愛中生活。

（約翰二書一章6節，NCV）

purposedriven.com/
day16

生命全關乎愛。

因為神是愛，所以神最盼望我們在世上學習的功課就是如何去愛。當我們去愛的時候便最像祂，因此愛是神給我們所有命令的根基：**「因為全律法都總結在一條命令：愛人如己。」**[1]

學習不自私地去愛不是易事，因為這違反我們自我中心的本性，所以要窮一生之功去學習。神要我們愛每一個人，但祂特別要我們愛神家裏的人，這是我們人生的第二個目的。彼得說：**「特別要愛信主的弟兄姊妹。」**[2] 保羅回應這個意見說：**「我們一有機會幫助別人就該做，但是對於在神家中的信徒，更應加以特別的照顧。」**[3]

為什麼神堅持我們要特別關愛其他信徒呢？為什麼我們要先愛他們呢？因為神盼望祂的家以愛見稱。耶穌說我們向世界最好的見證，不是我們信仰的教條，而是我們**彼此**相愛。祂說：「**你們若有彼此相愛的心，眾人因此就認出你們是我的門徒了。**」[4]

在天堂我們永遠享有神的家，但首先我們在世上卻需要努力為那永恆的愛準備自己。神給我們一些「家庭責任」來訓練我們，其中最重要的是學習**彼此相愛**。

神要我們與其他信徒經常緊密地交往，來學習愛的技巧。與人疏離無法學習愛，你必須處在人際當中——與一些令人厭煩、不完美、令人沮喪的人相處才能學會。透過團契生活，我們學習到三個重要的真理。

愛是人生最好的應用

愛應該是你最優先的次序、最基本的目標、最偉大的志向。愛不是你生命中「很好」的一部分，而是「最重要」的部分。聖經說：「**讓愛成為你最大的目標。**」[5]。只說「我人生目標之一是愛」是不夠的，這聽起來好像愛只不過是你十大目標之一。關係應該是你生命中的首要，為什麼？

生命沒有愛就毫無價值

保羅指出：「**無論我說什麼、信什麼或做什麼，若沒有愛，我便一無所有。**」[6] 我們往往把關係當作可有可無。我們會有**找**時間陪孩子或**挪**時間見朋友這樣的說法。這聽起來，令人覺得關係只是生活中諸多行事曆的一部分。但是神卻說，關係是生命最重要的。

十誡中有四誡論及我們與神的關係，其餘六誡則是我們與人之間的關係，但全部十誡都是關於關係！耶穌把神最看重的事總結為

「愛神」與「愛人」。祂說：「**你們必須全心……愛主你們的神。這是最重要的第一條誡命。第二條誡命同樣重要，就是愛你們的鄰舍如同自己。其他一切誡命和先知的一切命令，都是以這兩條誡命作為基礎。**」[7] 學習愛神（敬拜），然後學習愛其他人，這是你人生第二個目的。

生命裏最重要的不是成就或財富，而是關係。那麼，為什麼我們往往允許我們的關係被犧牲呢？當我們忙碌時，便省略關係，減少花時間、精神、精力在愛的關係上。神認為最重要的事已被其他緊急的事代替了。

忙碌是關係最大的敵人，我們的生活常被生計、工作、賬單、目標擠得滿滿，好似這些事情是人生的重點，其實人生的重點是學習去愛——愛神和愛人！人生減去愛等於零。

愛永遠長存

神要我們將愛放在首位的另一個原因是愛永遠長存。「**如今常存的有信，有望，有愛這三樣，其中最大的是愛。**」[8] 愛能存留後代；你如何待人，而不是你的成就或財富，是你能存留在地上最持久的影響。德蕾莎修女說：「重要的不是你做了什麼事，而是你為這事付出多少愛。」愛是永遠常存的祕訣。

我陪伴過許多人度過他們生命最後的一刻，當他們面臨永恆的邊緣時，我從來沒有聽過一個人說：「拿我的證書來，我想多看它一眼。取我從前所得的獎狀、金牌、金手錶來給我。」當生命即將終結時，人們要的不是被東西包圍，而是被人包圍——我們所愛的人、與我們有關係的人。在人生的最後一刻，我們都了解，關係才是人生命的全部。懂得盡快學會這真理的人便是智者。莫等到臨終時，才明白關係是最重要的。

神根據我們如何去愛評估我們

將學習去愛當作人生目標的第三個理由是，神會根據我們如何去愛而作出評估。神評估我們屬靈成熟度的方法之一，就是根據我們關係的品質。在天堂，神不會說：「告訴我你的職業、你銀行的存款，以及你的嗜好。」祂會檢視你如何對人，特別是那些有需要的人。[9] 耶穌說，愛祂就是愛祂的家人，並照顧他們實際

> 關係就是人生的全部。

的需要。「這些事你們既做在我這弟兄中一個最小的身上，就是做在我身上了。」[10]

當你進入永恆，你必須留下一切，所能帶走的就是你的品格特質。這就是為什麼聖經說：「惟一重要的便是經由愛表達出來的信心。」[11]

既然如此，我建議你每天清早起來，在床邊跪下或坐著禱告說：「神啊，不管我今天成就了什麼，我要確定我花時間愛祢並愛人，因為這是生命最重要的，我不想浪費了今天。」若你會將其浪費掉，神何必要多給你一天呢？

最能表達愛的方式是付出時間

事情的重要與否，可由我們願意花多少時間在上面來衡量。你花時間愈多，就顯示那件事情對你的重要性和價值愈多。你若想知道一個人看重什麼事情，只要看看他們怎麼使用時間就知道了。

時間是你最珍貴的禮物，因為你只有一生那麼多的時間。你可以多賺金錢，但不能多賺時間。因此當你付出時間給某人，乃是將

你生命的一部分送給他，而那是絕對
要不回來的，因為時間就是生命。所
以，時間是你所能給人最大的禮物。

　　單單口頭上說「關係很重要」並
不足夠，還必須花時間在關係上來證
明；只有言語是沒有用的。「**我的孩子們，我們愛人，不要只在言
語和談話上，總要藉行動將真愛表明出來。**」[12] 關係需要花時間與
努力，而表達愛最好的方式是付出時間！

　　愛的真諦不是我們為別人想或做或提供什麼，而是將自己給出
去多少。男人大多不明白這一點，很多人對我說：「我真不懂我太
太、小孩，我供應他們一切所需，他們到底還要什麼？」他們要的
是你啊！你的眼睛、你的耳朵、你的時間、你的關心、你的同在、
你的專注！這是沒有任何東西可以替代的。

　　最令人渴慕的愛的禮物不是鑽石、玫瑰或巧克力，而是專注。愛
是如此的凝聚專注在另一個人身上，令你在那一刻忘了自己的存在。
專注等於說：「你是如此珍貴，以至於我不惜將我最寶貴的資產──
我的時間──給你。」每當你付出時間，你就是作出犧牲，而犧牲就
是愛的真諦。耶穌為我們作了榜樣：「**要憑愛心行事，正如基督愛我
們，為我們捨了自己，當作馨香的供物，除去我們的罪。**」[13]

　　你可以「付出」而沒有「愛」，但你不能「愛」而不「付
出」。「**神愛世人，甚至賜下……**」[14]，愛意謂放棄，為別人的好
處放棄自己的喜好、舒適、目標、安全感、錢財、精力或時間。

去愛的最佳時刻就是現在

　　拖延有時是應付瑣碎事的最好方法，但因為愛是最重要的，所
以要立刻去做。聖經一再強調說：「**有了機會就當向眾人行善**」[15]

、「利用每一個機會行善」[16]、「你手若有行善的力量，不可推辭，就當向那應得的人施行。你那裏若有現成的，不可對鄰舍說：去吧，明天再來，我必給你」[17]。

　　為什麼現在是你表達愛的最佳時刻呢？因為你不知道還有多少機會。環境會變，人會死去，孩子會長大，你不能保證有明天。你若要表達愛，最好現在就行動。既然知道有一天要站在神的面前，你便要認真考慮以下的問題：你要如何解釋那些你看重工作企劃案或某些事情勝過人的時候？誰是你需要與之多花時間的人？你要從你的日程表上刪去哪些事使之可能？你需要做什麼犧牲？

　　愛是人生最好的應用，最能表達愛的方法是**付出**時間，去愛最好的時刻就是**現在**。

第 16 天
我的人生目的省思

思想要點：生命全關乎愛。

背記經文：「因為全律法都包在『愛人如己』這一句話之內了。」（加拉太書五章14節）

思考問題：捫心自問，關係是我人生中最重要的事嗎？我要如何確保它的優先地位？

網上信息：www.purposedriven.com/day16（英文）

有所歸屬

你是神家的成員，神國度的子民，

與其他信徒同屬神家。

（以弗所書二章19節下，LB）

這家就是永生神的教會，真理的柱石和根基。

（提摩太前書三章15節）

purposedriven.com/
day17

神不單要你相信祂，祂召你來歸屬於祂。

即使在完美無罪的伊甸園裏，神說：「那人獨居不好。」[1] 我們被造是要活在群體中，與人交往、建立家庭，我們沒有人能單靠自己成就神的目的。

聖經沒有記載過任何離群索居的聖徒或與其他信徒隔絕的隱士。聖經說我們被放在一起、連結在一起、一起被建立、互相為肢體、一起作為神的後嗣、彼此配合、結合在一起，並且將來要一起被提，[2] 你不再是獨自一人。

雖然你與基督的關係是個人的，神卻從來沒有想要讓這關係是隱密的。在神家裏，你和其他信徒是連成一體，永遠彼此相屬。聖經說：「我們眾人在基督裏成為一個身體，各成員都彼此相屬。」[3]

跟隨基督不單是相信，也是**歸屬**，我們是祂身體——教會——的**成員**。魯益師認為「成員」（Membership）這詞源於基督教，但現在已失去它原先的意義。商店給「會員」折扣，廣告商將會員輯成名單供宣傳使用。在教會裏，教會會員往往淪為把名字加在會員冊上罷了，沒有任何要求與期望。

對於保羅來說，作為教會「會員」意即成為一個活的身體的重要器官，是基督的身體不可或缺、無法割捨的一部分。[4] 我們必須恢復並實踐聖經中會員的真義。教會是一個身體，不是一棟建築物；是一個活的生命體，不是一個組織。

身體器官要發揮功用，就需要與身體連接；對於作為基督身體一部分的你也是如此。你被造是為了你特別的任務，但是你若沒有與一個有生命的地方教會相連，你就會錯失人生第二個目的。當你與人交往時，就會發現自己生命的角色。聖經告訴我們：「**身體的每一部分都能從整體找到本身的意義。我們所談及的身體，就是基督揀選的人所組成的身體。我們作為祂身體的每一個部分，都能找到本身的意義和作用。但我們如果像一隻被割下來的手指或腳趾那樣，就不會再有什麼價值了，對嗎？**」[5]

教會要存到永遠，比宇宙更長久，你的角色也是這樣。

假如一個器官與身體分離，就會萎縮死去，絕無法單獨存在；你也是這樣。與當地教會的生命血脈斷絕聯繫，你的屬靈生命也會枯萎消失。[6] 這就是為什麼靈命倒退的第一個徵兆就是不常參加聚會，不與其他信徒聯繫。當我們不再關心團契生活，其他的一切也就同樣走下坡。

我們不能輕看和忽視作為神家成員的重要性，因為教會是神在世上的計劃。耶穌說：「**我要建立我的教會，地獄一切的權勢都**

不能勝過它。」[7] 教會永不會被毀滅，它要存到永遠，比宇宙更長久，你的角色也是這樣。說「我不需要教會」的人若不是自大就是無知。教會是如此重要，以致主耶穌為教會釘在十字架上。「……正如基督愛教會，為教會捨己。」[8]

聖經稱教會為「基督的新婦」或「基督的身體」。[9] 我無法想像對耶穌說：「我愛祢，但不喜歡祢的妻子」，或者：「我接受祢，但不要祢的身體。」但是每當我們輕視教會、貶抑教會、抱怨教會時，我們便是如此做。神命令我們愛教會，正如耶穌愛教會一樣。聖經說：「愛你屬靈的家。」[10] 很可惜，太多基督徒只利用教會，卻不愛教會。

你的團契生活

當聖經提到教會時，除了有幾次是指歷世歷代以來的信徒外，都是指一個肉眼能看見的當地群體。新約聖經中，地方群體是有會員制的。惟一不屬任何地方教會群體的會員的基督徒，是那些因為犯了嚴重、公開的罪而受教會處分的信徒，他們因而被教會從團契當中除名，以為懲戒。[11]

聖經說沒有參與教會的基督徒，就好像沒有身體的器官、沒有羊群的羊、沒有家的小孩，都是不正常的情形。聖經說：「你與其他信徒同屬於神家的人。」[12]

> 當你與人交往時，就會發現自己生命的角色。

今日的文化強調獨立的個人主義，造成了許多屬靈的孤兒，就是所謂的「兔子信徒」（bunny believers），像兔子一樣從一間教會跳到另一間，沒有身分、沒有責任感、缺乏委身。許多人相信一個人不加入（甚至不參加）教會

也能成為「好基督徒」，但神絕不同意。聖經提出許多有力的理由，說明你為何要委身於教會，並積極參與當地的團契相交生活。

為何你需要教會家庭？

教會家庭表明你是真信徒

不委身任何信徒團體的人，就不能聲稱自己是跟隨基督的。耶穌說：「**你們若有彼此相愛的心，眾人因此就認出你們是我的門徒了。**」[13] 當不同背景、種族、社會地位的人因著愛聚在一起，成為神的大家庭，對世界是一個強有力的見證。[14] 獨自一個人不是基督的身體，你需要和其他信徒在一起，才是基督的身體。[15]

教會家庭令人不再自我中心

教會是我們學習在神的家中與人相處的課室。這是一所實驗室，學習不自私、對人有同情心。作為一個參與其中的會員，你在此學習關心別人以及與人分享經驗。「**若一個肢體受苦，所有的肢體就一同受苦，若一個肢體得榮耀，所有的肢體就分享他的榮耀。**」[16] 惟有當我們經常與一些平凡、不完美的信徒交往，我們才能學習真正的團契相交，並經驗彼此連結、互相扶持的新約真理。[17]

神教導的團契相交是我們彼此委身，正如我們對耶穌基督的委身一般。神期待我們為彼此付出生命。許多基督徒知道約翰福音三章16節，卻沒有留意約翰一書三章16節：「**主為我們捨命，我們從此就知道何為愛；我們也當為弟兄捨命。**」[18] 神期待的就是你以這種犧牲的愛來愛信徒，願意以耶穌愛你的方式去愛其他的人。

教會家庭幫助你靈命增長

單單參加崇拜聚會或作個被動的旁觀者，你絕對無法長大成

熟。只有積極參加當地教會生活，靈命才會增長。聖經說：「**由於
每個部分也有它獨特的工作，它便能幫助其他部分成長，以致全身都
能健康地成長，並滿有愛。**」[19]

新約聖經有五十多次用「彼此」和「互相」這兩個詞彙。神命
令我們彼此**相愛**、彼此**代求**、互相**勉勵**、彼此**勸勉**、彼此**問候**、彼
此**服事**、互相**教導**、彼此**接納**、彼此**尊重**、**背負彼此的重擔**、彼此
饒恕、彼此**順服**、彼此**忠心**等等，這就是聖經所說的會員！這就是
神期望你在當地的信徒團契當中履行的「家庭責任」！你要和誰完
成這個目標呢？

在沒有人干擾你的選擇時，生活比較容易過得聖潔，但這是虛
假又經不起考驗的聖潔。疏離獨處衍生出虛假矇騙，在沒有別人挑
戰的情況下，我們很容易以為自己很成熟。真正的成熟只能在人際
關係中表現出來。

若要成長，除了讀聖經外，我們還需要其他信徒。從別人身上
的學習和彼此督責，會令我們成長得更快、更強健。當別人分享神
如何教導他們，我們也會從中有所學習並成長。

基督的身體需要你

在神的家中，祂給你一個獨特的角色，這叫作你的「事工」，
是神給了你恩賜去做的。「**我們各人已得著屬靈的恩賜，可用以幫
助整體的教會。**」[20]

是神把你擺在你當地的信徒團契中，讓你去發現、發展並使用你
的恩賜。或許你有其他更多更廣的事工，但那是你在地方教會事奉以
外的事工。耶穌並沒有應許建立你的事工，祂應許建立祂的教會。

你要分擔基督的普世使命

耶穌在地上時，神藉著祂的**肉身**工作，現在神用祂**屬靈**的身

體工作。教會是神在世上的器皿。我們彼此相愛不單只是表現神的愛，更是一起把這愛帶到世界每個角落；這實在是神給我們的一個了不起的特權。作為基督身體的成員，我們是祂的手、祂的腳、祂的眼、祂的心，祂透過我們在世上做工。我們各人都有所要作出的貢獻。保羅告訴我們：「**祂藉著耶穌基督創造了我們來加入祂的工作，就是祂已經準備好要我們去做的善工。**」[21]

教會家庭幫助你避免靈命退步

沒有人能免於受試探。在某種環境下，你我都會犯罪[22]，所以神給每個人責任去幫助其他人走正路。聖經說：「**天天彼此相勸，免得你們中間有人被罪迷惑，心裏就剛硬了。**」[23]「自掃門前雪」不是基督徒應有的態度，我們被召、被命令參與在彼此的生命中。假如你知道有人的靈命岌岌可危，你有責任去帶領他們回到團契生活來。雅各告訴我們：「**你若知道有人迷失離開真道，不要不管他，要追上去，把他找回來。**」[24]

> 耶穌並沒有應許建立
> 你的事工，祂應許建
> 立祂的教會。

當地教會的另一個好處是屬靈領袖能提供靈命的保護。神給牧羊人責任去領導、保護、防禦，並關心他羊群的屬靈福祉。[25] 聖經告訴我們：「**他們常常看顧你們的靈魂，因為他們將來要向上帝交賬。**」[26] 撒但喜歡游離的信徒，慫恿他們離開神的家和屬靈領袖，因為牠知道這樣的信徒是失防的，沒有能力抵抗牠的計謀。

一切都在教會

在我《直奔標竿》一書裏，我曾解釋為什麼作一個健康教會的成員，是過健全生活的要領。我希望你也能讀那本書，因為能幫助你了解神如何藉著祂對教會的計劃，幫助你完成人生的五個目的。祂建立教會以滿足你五個最大的需要：一個為之而活的目的，與之同度人生的夥伴，賴以為生的原則，一份活得出來的信仰，以及藉以生活的能力。世上沒有其他地方可同時找到上述五個好處。

神給予教會的五個目的，與給你的五個目的相同。敬拜讓你注目仰望神；團契相交助你面對人生難題；門徒訓練堅固你的信心；服事讓你發掘才能；傳福音使你完成使命。世上實在沒有其他地方可與教會相比擬！

你的選擇

嬰孩一出生，自然就成為宇宙人類的一份子。但嬰孩仍需要屬於某個家庭，被餵養照顧而健康地成長。屬靈的事也是這樣。當你重生後，你就自然成為神家的一份子，但是你也要投身當地教會，成為教會的成員。

參加教會和成為會員的分別在於有沒有**委身**。參加者是場外的旁觀者，會員則參與事奉；參加者是消費者，會員則是貢獻者；參加者想從教會中得到好處而不願分擔責任，他們就好像一對男女只要住在一起，卻不願意委身結婚。

為什麼加入當地教會很重要呢？因為這證明你真正投入了屬靈的弟兄姊妹中，而不只是理論罷了。神要你愛真實的人，而不是愛

完美的人。你可以窮一生之久去找尋完美的教會，但你永遠沒法找到。你乃是被召去愛不完美的罪人，如同神所做的一般。

在使徒行傳裏，耶路撒冷的基督徒非常注重彼此的委身，對於團契生活非常地忠心。聖經說：**「他們專心向使徒們領教，參加團契生活，分享愛筵，一起禱告。」**[27] 神期望我們今天也一樣。

基督徒的生命不只是委身基督，也包括委身於其他的信徒。馬其頓的基督徒明白這一點，保羅說：**「他們首先將自己交給神，然後按神的旨意將他們自己給了我們。」**[28] 當你成為神的兒女後，加入當地教會是順理成章的下一步。你藉著委身基督成為基督徒，藉著委身一個特定的信徒群體成為教會的會員。第一個決定帶來救恩，第二個決定則帶來團契生活。

第 17 天
我的人生目的省思

思想要點：我不單被召相信神，更是屬於神。

背記經文：「我們眾人在基督裏成為一個身體，各成員都彼此相屬。」（羅馬書十二章5節，NIV）

思考問題：我對當地教會的投入程度，能否表現出我愛教會，並且委身於神的家庭？

網上信息：www.purposedriven.com/day17（英文）

一起經歷生命

你們每一個都是基督身體的一部分，
蒙揀選一起和睦共處。

（歌羅西書三章15節，CEV）

弟兄姊妹和睦相處，是多麼幸福，多麼快樂！

（詩篇一三三篇1節，現代中文譯本）

purposedriven.com/
day18

生命本來就是要分享的。

神的本意是要我們一起去經歷生命，聖經稱這種經驗分享為**團契**。今天「團契」已失去聖經的原意，現在「團契」往往指的是「閒談、社交、玩樂」。如今「你在哪裏團契？」意思是：「你參加哪裏的教會？」「請留步參加團契」通常是指「請留步享用茶點」。真正的團契不只是參加聚會，亦是**一起經歷生命**，這包括無私互愛、真誠分享、實踐服事、犧牲的付出、同情安慰，以及所有新約聖經中有關「彼此」的命令。

團契的人數很重要，**小一點比較好**。當然你可以與一大群人一同敬拜，但無法深入團契。當一個小組超過十個人，就會有人停止

參與，那人往往是最安靜的那一位，而小組則開始由一小撮人來支配。主耶穌所訓練的是一小群門徒，祂可以呼召更多人，但祂知道若要人人都參與，小組人數不能超過十二人。

　　基督的身子就如我們的身體一樣，由許多的細胞組成。基督身體的生命也好比我們的身體一樣，是活在細胞裏面。因此，每一個基督徒都需要加入教會的小組，如家庭團契、主日學或查經班。真正的團契生活發生在此，而不是在大型聚會當中。假如你把教會比擬成一艘大船，小組就是上面的許多救生艇。

　　神對於信徒的小組有許多令人驚異的應許：「**有兩三個人奉我的名聚會，那裏就有我在他們中間。**」[1] 可惜的是，即使參加小組也不保證你會經驗真正的團契生活。許多主日學和小組只是流於表面工夫，而不懂如何去經歷真正的團契生活。究竟真正的和虛假的團契生活有何不同呢？

真正的團契生活讓我們經歷真誠

　　真誠的團契生活不是膚淺、表面的閒談，而是坦誠交心，有時更是掏心分享。這樣的情形發生在人們誠實地坦露自己的本相、以及自己的生活經歷時。他們能分擔傷痛，傾訴感受；承認自己的失敗、　　公　　開他們的疑慮，承認他們的畏懼、認識他們自己的弱點，並且要求別人的幫助與代禱。

　　這樣的真誠可能與你在某些教會所看到的正好相反。代替一種誠實謙卑氣氛的，是虛假、偽裝、玩政治花樣，以及表面的禮貌與膚淺的對話。人們戴著面具，處處防人，表現出一副幸福美好的樣子。這樣的態度致使團契死亡。

　　只有當我們將自己的生命敞開，才能經歷真

正的團契生活。聖經說：「**我們若在光明中行，如同神在光明中，就彼此相交……我們若說自己無罪，便是自欺。**」[2] 世人以為親密的關係發生在暗處，但神卻說要在光明中。黑暗隱藏我們的傷痕、過錯、恐懼、失敗和瑕疵；但在光明中，我們把這些全都公開，並坦白承認我們的本相。

真正的團契生活發生在人們誠實地坦露自己的本相、以及自己的生活經歷時。

當然，讓人知道自己真實的一面需要勇氣與謙卑，這樣做意味著我們要去正視對坦露、遭受拒絕、再次被傷害的恐懼。為什麼有人願意冒這個險呢？因為這是惟一能使靈命成長、情緒健康的辦法。聖經說：「**你們應當經常彼此認罪、互相代求，這樣你們便能完好和健康地共處。**」[3] 只有藉著冒險我們才能成長，而這其中最艱困的冒險，是誠實地面對自己與其他的人。

真正的團契生活裏人們經歷相互的關係

相互的關係是給予也是付出，是雙方面的努力。聖經說：「**神所設計的身體讓我們明白如何在教會中一同生活，各部分是互相依賴。**」[4] 相互關係是團契生活的核心：建立互惠的關係，分擔責任彼此幫助。保羅說：「**我願意我們憑信心彼此幫助，你的信心幫助我，我的信心也幫助你。**」[5]

當有人與我們同行，鼓勵我們，我們的信心就更穩固。聖經要求我們彼此督責、彼此鼓勵、彼此服事和彼此尊重。[6] 新約聖經超過五十次，在不同的事情上命令我們要「彼此」和「互相」。聖經說：「**務要追求和睦的事與彼此建立德行的事。**」[7]

你不需要**為**每個信徒負責，但你應該**對**他們負責。神期望你盡力幫助他們。

真正的團契生活裏人們經歷同情

同情不是提供建議或給予方便的表面幫忙；同情是進入別人的受苦中，與人一起**分擔**。同情是：「我明白你現在的處境，你的感受既不奇怪也不瘋狂。」現代人稱之為「同理心」（empathy），聖經卻用「同情」（sympathy）。聖經說：「**作為聖潔的人……你們要憐恤、恩慈、謙卑、溫柔和忍耐。**」[8]

同情可以滿足人類的兩種基本需要：被了解的需要與被接納的感受。每次你了解並肯定對方的感受，你就建立了團契關係。問題是，我們總是匆匆忙忙地處理事情，以至於往往沒有時間同情別人；又或者是被自己的傷痛所佔據。自憐使我們對別人的同情心枯竭。

> 每次你了解並肯定對方的感受，你就建立了團契關係。

團契生活有不同的層次，各有其不同適用的時機。最簡單的團契層次是**分享**與一起**學習**神的話。較深的層次是**服事**的團契生活，如一起參加宣教或關懷工作。最深、最強烈的層次是**受苦**的團契生活[9]，在這樣的團契關係裏，我們進入彼此的受苦當中，一起哀傷、一起承擔彼此的重擔。世上最了解這個層次的基督徒，是那些遭受逼迫、鄙視、為信仰而殉道的基督徒。

聖經命令我們：「**你們要分擔彼此的難處與重擔，這樣做就是遵守基督的律法。**」[10] 在最危急、最痛苦、最悲哀、最疑慮的時刻，正是我們最需要彼此的時候，那就是我們最需要主內肢體的時候。我們需要一小群的朋友用信心扶持我們渡過難關。在小組當中，即使當神顯得很遙遠的時候，基督的身體卻是真實可見的。這正是約伯在受苦時極切需要的，他呼求說：「**絕望的人需要有忠心的朋友，縱然他捨棄對全能者的敬畏。**」[11]

真正的團契生活裏人們經歷憐憫

團契是一個有恩典的地方，在那裏錯誤不是遭責備乃是被抹消。團契相交發生在憐憫勝於公義的時候。我們都需要憐憫，因為我們都會失足、跌倒，需要別人幫忙我們重新站起來。我們需要彼此憐憫並且願意接受別人的憐憫。神說：「**當人犯罪，你應該赦免他並且安慰他，免得他灰心而放棄。**」[12]

沒有饒恕就沒有團契生活。神警告：「**不要對人懷恨。**」[13] 因為苦毒和怨恨會破壞團契生活。我們都是不完美的罪人，長期相處之下，不免會傷害到彼此；有時是無意的，有時是有意的，但不論如何，都需要大量的憐憫與恩典來開創並維繫團契生活。聖經說：「**你必須包容彼此的過失，饒恕冒犯你的人。要記得主已經饒恕了你們，所以你們也要饒恕別人。**」[14]

神對我們的憐憫是我們憐憫人的動機。請謹記，神寬恕你的，永遠比你寬恕其他人的更多。當你被人傷害時，你可做一個選擇：我要以我的精力與情緒去報復或去化解？你只能二選一。

許多人不願意去憐憫人，因為他們不了解信任與赦免的區別。赦免是忘掉過去，信任關係著將來的行為。

無論對方有沒有要求被赦免，赦免都需及時。信任則須靠時間去重建；信任需要可資採信的記錄。如果某人屢次傷害你，神命令你立刻原諒他，但神不會期望你立刻信任他，你也不用容讓他繼續傷害你。他們必須靠時間來印證他們已經有所改變。重建關係最好的地方是提供支持的小組環境，它能提供鼓勵與督責。

一個委身於真實的團契相交的小組還有其他許多好處，是基督

徒生命中必要的一部分，絕不能小看。二千多年來，基督徒一向都是聚集成小組過團契生活。若你從來沒有參加過任何小組，你就錯過太多了。

下一章我們將探討如何與其他信徒共創這種團契生活。希望本章能令你渴望經歷這種真誠、互惠、同情、憐憫的真正團契生活。你被造是為了彼此契合相交。

第 18 天
我的人生目的省思

思想要點：我的生命需要其他的人。

背記經文：「要互相擔當對方的困擾和難題，如此便遵行了基督的律法。」（加拉太書六章2節，NLT）

思考問題：我該如何走出第一步，與其他信徒建立一份真誠、敞開的關係？

網上信息：www.purposedriven.com/day18（英文）

耕耘群體生活

只要你竭盡所能彼此和睦共處，互相尊重，
你就可以培育一個健康、穩固、又合神心意的群體。

（雅各書三章18節，Msg）

他們矢志遵守使徒的教導、
一同生活、共膳和禱告。

（使徒行傳二章42節，Msg）

purposedriven.com/
day19

群體生活需要委身。

只有**聖靈**能創造出信徒間真正的團契相交，但聖靈根據我們的選擇和委身來培育這樣的團契。保羅指出這是雙方面的責任：「**你們是藉著聖靈用和平連合起來的，所以你們務必竭盡所能，保持這連合。**」[1] 充滿愛的基督徒群體需要神的大能，加上我們的努力才會產生。

很可惜，許多人來自關係不健全的家庭，以致他們缺乏建立真正的團契生活所需的關係技巧。他們需要學習在神的家裏如何與人相處、如何建立關係；幸好新約聖經充滿許多關於如何一起生活的

151

教導。保羅說：「**我寫這些給你們……好讓你們知道在神的家應該怎樣生活，這家就是永生神的教會。**」[2]

如果你已經厭倦虛假的團契生活，而想在小組、主日學或教會的群體中，耕耘真正的團契生活，那你必須作一些艱困的選擇，並且冒點險。

耕耘群體生活需要誠實

你必須足夠關懷人到肯以愛心說實話，即使在你寧可掩飾問題或忽視事情時。當身邊的人以罪惡的方式傷害自己或別人，較容易的處理方法是保持緘默，但這樣做卻不是有愛心的作法。大部分的人在他們的一生中都沒有人愛他們到足以對他們說實話，因此他們繼續活在自我毀滅的方式下。我們**明知**該對某人說什麼，但往往我們卻因害怕而說不出口。很多團契生活都被恐懼所破壞；當其中有成員的生活出問題時，小組裏沒有人有勇氣說出來。

聖經告訴我們「**用愛心說誠實話**」[3]，因為不坦誠便不可能有群體。所羅門說：「**誠實的回答是真友誼的記號。**」[4] 有時候這意即足夠關懷到慈愛地指正某個陷在罪中、或面臨試探即將犯罪的人。保羅說：「**弟兄姊妹，若有人在你的群體裏犯了某個過錯，你們屬靈的人要去找那個人，溫柔地幫助他走回正路來。**」[5]

很多教會團契或小組流於「表面工夫」，因為大家都害怕衝突。每次有某件會引起緊張不安的問題發生時，便立刻被掩飾起來，以便保持一種偽裝的和平。那位「和事佬」先生便跳出來試著撫平每個人的豎髮。但是事情卻沒有解決，每個人都活在挫敗的暗流下。每個人都知道這個問題，但沒有人公開說出來。這種情形製造出一種隱祕的病態環境，成為是非流言的滋

生地。保羅的解決方法很直接：「不要再說謊，不要再假裝，與鄰居說實話。因為在基督的身體裏我們互為肢體；當你向別人說謊，你結果是向自己說謊話。」[6]

真正的契合，無論是婚姻、友誼或教會，都奠基於坦誠。其實，衝突的坑道是任何親密關係的必經之道。直到你關懷到一個地步願意去面對並解決內心的障礙，否則你永遠無法與

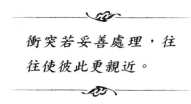

衝突若妥善處理，往往使彼此更親近。

人親近。衝突若妥善處理，我們往往可以藉著面對並解決彼此的差異而使彼此更**親近**。聖經說：「說到底，人欣賞坦誠多於奉承的話。」[7]

坦誠並不代表你可以在任何地方、任何時間任意說話，這是冒失無禮。聖經教導我們在適當的時間做合宜的事[8]。不經思索的話留下永久的傷痕。神要我們在教會裏彼此說話要如同相愛的家庭成員之間一般：「永不可用嚴厲的言詞指正長者，卻要勸他像勸你的父親。勸青年人像勸你的兄弟；勸年長的婦女像勸你的母親；勸年青女子像勸你的姊妹。」[9]

可悲的是，許多團契生活都毀於欠缺誠實。保羅責備哥林多教會保持沉默，容忍不道德的事發生在他們的團契當中。由於沒有人有勇氣指正，因此他說：「你們絕不能把眼睛撇一邊去裝作沒看見，希望事情就這樣過去。把事情公開來處理……寧可遭非難困窘勝於下地獄……你們將之當作一件小事情，但這絕不是一件小事……當你們當中有人淫亂做惡、離開神或對朋友魯莽、醉酒貪財強暴時，你們不應該裝作沒事。你們不能就隨他去，好像這是可接受的行為一般。外邦人的行為沒有我的責任，但對於在我們當中的信徒，我們難道沒有責任嗎？」[10]

耕耘群體生活需要謙卑

自大、驕矜、固執比任何事物更快速地摧毀團契。驕傲是在人與人之間建築圍牆，謙卑則是在架橋樑。謙卑是建立關係的潤滑劑。正如經上所說：「**穿上謙卑來待人……。**」[11] 對團契而言，最合適的穿著是謙卑的態度。

經文繼續說：「**……因為神敵擋驕傲的人，賜恩給謙卑的人。**」[12] 這是我們要謙虛的第二個理由。驕傲阻擋神在我們生命裏的恩典，恩典正是我們成長、改變、得醫治、幫助人絕對需要的。我們必須藉著謙卑地承認自己的需要來接受神的恩典。聖經說任何時候我們驕傲，我們就是活在與神**對抗**當中！那是既愚蠢又危險的生活方式。

有幾個具體的方法可以讓你謙虛：承認自己的弱點、忍耐別人的短處、接受別人的指正以及將功勞讓給別人。保羅建議說：「**同心合意地與人和諧相處，不要自高自大，反要心裏謙遜，遷就卑微的人，切不可自覺優越，目空一切。**」[13] 對腓立比的基督徒，保羅寫道：「**把榮耀多歸在別人身上，少歸在自己身上。不要只顧自己的好處，乃要為別人的好處著想。**」[14] 謙卑不是小看自己，而是少想到自己，多想到別人。謙卑的人專心服事他人，不為自己著想。

耕耘群體生活需要保持禮貌

禮貌是尊重彼此的差異、體貼別人的感受、容忍激怒我們的人。聖經說：「**我們必須擔當責任去體貼別人的疑慮與懼怕。**」[15] 保羅告訴提多：「**屬神的人應該寬大禮讓。**」[16]

每個教會、每個小組中，都至少會有一個，往往多於一個「難纏」的人。這些人或許有特別的情緒需要、嚴重缺乏安全感、沒有禮貌又缺乏社交技巧。你可以稱他們為EGR（Extra Grace

Required）——需要額外恩典的人。

神為了他們與我們的好處將這些
人放在我們中間，他們是團契成長和
接受考驗的機會。我們是否愛這些人
如自己的兄弟姊妹，並尊重他們？在

謙虛不是小看自己，
而是少想到自己。

一個家庭中，我們不是根據容貌或才幹去接納其他的家人，而是根
據我們彼此相屬的事實；我們防衛保護自己的家庭。家人之一或許
有點笨，但他還是我們的一員。同樣地，聖經說：「**要以手足之愛
彼此相親，用恭敬的心互相禮讓。**」[17]

事實上，每個人都有怪癖和令人厭煩的地方，但群體生活不需
強求大家一模一樣。團契生活是基於我們與神的關係，因為我們都
是一家人。

禮貌的關鍵在於了解別人為何會有這樣的表現，找出他們的
背景。當你知道他所曾經歷過的，你就比較能諒解。與其總想到他
們還差得遠，應該想到儘管經歷過這些傷害，他們實在已經很不錯
了。另一方面，禮貌是不輕視別人的疑懼，只因為你對於某件事物
不害怕，並不表示別人也不應該害怕。真正的群體是人們知道能安
全地在此與人分享他們的疑慮與恐懼，不用擔心被論斷。

耕耘群體生活需要保密

只有在被接納和保密的安全環境下，人們才會打開心門分享自
己內心深處的需要、傷害及錯失。保密並不是知道別人犯罪仍保持
緘默，保密的意思是在你的小組分享的必須留在小組裏，小組必須
處理，而不是到處傳講閒言閒語。

神恨惡散播是非，尤其是那些假借「為人代禱」而散布閒言
閒語的行為。神說：「**危言聳聽，製造紛爭；搬弄是非，破壞友
誼。**」[18] 閒言閒語總是帶來傷害及紛爭，破壞團契生活。神清楚盼

咐我們，要對付那些在基督徒當中製造分裂的人[19]。你若面對他們分裂的行為加以指正，他們可能會忿怒而離開小組或教會，即使如此還是必須處理，因為教會的團契生活比任何個人都重要。

耕耘群體生活需要經常聯繫

建立真實的團契關係**必須**頻繁定期地與你的小組聯繫。聖經說：「**不要停止一起聚會的習慣，像那些停止慣了的人；倒要彼此勸勉。**」[20] 我們需要養成定期聚會的習慣。所謂習慣就是要常常做，不是偶爾為之。與人建立深入的關係必須花許多時間與人相處。這就是為什麼很多教會的團契生活這麼膚淺，因為我們沒有花足夠的時間在一起；而我們往往只是花時間在聽一個人講話。

教會的團契相交比任何個人都重要。

群體生活不是因方便、有空才建立，而是出於確信：相信為了靈命的健康，我需要團契。如果想培育真正的團契關係，就算不想聚會時也要相聚，因為你相信這是重要的。早期的信徒每天見面！「**他們天天同心合意恆切地在殿裏，且在家中擘餅，存著歡喜、誠實的心用飯。**」[21] 團契生活需要付出時間。

如果你是小組組員，我鼓勵你們釐定小組契約，內容包括聖經中有關團契生活的九個要素：我們分享真正的感受（真誠）、彼此鼓勵（互相）、彼此扶持（同情心）、寬恕對方（憐憫）、用愛心說誠實話（誠實）、承認弱點（謙卑）、尊重差異（禮貌）、不說是非（保密）、小組至上（經常聯繫）。當你看上述的特點，就能了解為什麼真正的團契生活這麼稀少了。這意味著我們必須放棄自我中心與個人獨立才能夠互相扶持。你會發現分享生命所帶來的好處，遠超過你所付出的，並且預備我們將來過天堂的生活。

第 19 天
我的人生目的省思

思想要點：群體生活需要委身。

背記經文：「主為我們捨命，我們從此就知道何為愛；我們
也當為弟兄捨命。」（約翰一書三章16節）

思考問題：我如何在小組及教會中，協助培育真正群體生活
的特點？

網上信息：www.purposedriven.com/day19（英文）

重建破裂的團契生活

祂藉著基督使我們與祂和好，

又將勸人與祂和好的職分賜給我們。

（哥林多後書五章18節）

purposedriven.com/
day20

關係永遠值得我們去重建。

生命就是學習如何去愛。神要我們珍惜關係，即使有裂痕、傷害或衝突，仍努力去維繫。聖經說神賦予我們重建關係的使命[1]。為此原因，新約聖經花了相當多的篇幅教導我們如何彼此相處。保羅寫道：「你們若然因為跟隨基督而得著什麼好處，祂的愛若然改變了你們的生命，聖靈的團契若然對你們有什麼意義……就要彼此認同、彼此相愛，成為屬靈的深交。」[2] 保羅強調說，懂得與人和睦相處，是靈命成熟的標記。[3]

耶穌基督要祂的家庭以彼此相愛而著稱[4]，對未信主的朋友，破裂的團契關係是可恥的見證。這也就是為什麼當哥林多教會分門

結黨相爭而分裂，甚至彼此告上法庭時，保羅覺得如此難為情的原因。他說：「**你們真丟人現眼！難道你們中間沒有一個智慧人能處置基督徒之間的爭吵嗎？**」[5] 他對於教會裏沒有人夠成熟，足以和平地解決爭鬧感到非常震驚；在同一封信裏他說：「**我迫切地勸你們，你們要彼此和睦相處。**」[6]

假如你要神賜福你，並想讓人知道你是神的兒女，你就要成為「使人和睦的人」。耶穌說：「**使人和睦的人有福了！因為他們必稱為神的兒子。**」[7] 請注意耶穌沒有說：「**愛**和平的人有福了」，因為人人都**愛**和平。耶穌也沒有說「和平的人有福了」，他們從來不會被任何事情攪擾。耶穌乃是說：「那**使人**和睦的人有福了。」因為這些人努力想辦法解決紛爭。 使人和睦的人是少有的，因為使人和睦是艱鉅的工作。

既然你被造為要成為神家裏的一份子，神給你的第二個人生目的是學習如何去愛人及與人相交，因此，使人和睦便是我們要培養的重要技巧。不幸的是，我們大部分的人都沒受過解決衝突的教導。

使人和睦並不是**逃避衝突**。迴避難題、假裝問題不存在、或害怕把事情講出來，其實都是懦夫。耶穌是和平之子，祂從來不怕衝突。有些場合，祂甚至為了每個人的好處而激怒人。有時候我們需要避免衝突，也有時候我們需要製造衝突，有時則需要解決衝突。因此我們必須禱告，祈求聖靈不斷地帶領。

使人和睦也不是**姑息**。總是讓步，或做人家的踏腳墊，隨便任人踐踏，不是耶穌的心意。其實耶穌在很多事情上都拒絕妥協，堅持立場去對抗罪惡。

如何重建關係

作為信徒，神已「**召我們彼此和睦**」[8]。以下是根據聖經重建團契生活的七個步驟：

與人談話前，先與神談話

把問題拿來與神討論。若你能在與朋友閒言閒語之前先與神商量，往往會發現用不著你的幫忙，神便已經改變了你的想法，或改變了另一個人的想法了。只要你能多為你的關係禱告，一切的關係便會變得順暢多了。

正如大衛在詩篇所做的，以禱告來做**垂直的交通討論**。告訴神你的挫折、哭求祂。祂絕不會為你的忿怒、傷痕、不安或其他情緒，而感到驚訝或生氣。所以你儘可以告訴祂你真實的感受。

大部分的衝突都是根植於沒有被滿足的需要。這些需要，有些只有神能夠滿足你。當你期待你的朋友、配偶、上司、和家人去滿足那只有神才能滿足的需要時，你必定會失望、怨毒。除了神，沒有人可以滿足你所有需要。

使徒雅各提醒我們，我們的許多衝突都是因為沒有禱告：「**你們中間的爭鬥和爭吵是什麼造成的呢？……你們希望得到卻得不著……你們得不著，是因為你們不向神求。**」[9] 與其仰望神，我們常常仰望人來使我們快樂；當他們做不到時，我們就生氣。神說：「為什麼你不先來到我跟前？」

採取主動

無論你得罪別人或被人得罪，神期待你採取主動，不要等待對方行動，先去找對方。重建破裂的關係是如此重要，以至於耶穌命令我們在參與群體敬拜之前，先把關係重建起來。祂說：「**所以，**

你在祭壇上獻禮物的時候，若想起弟兄向你懷怨，就把禮物留在壇前，先去同弟兄和好，然後來獻禮物。」[10]

當團契關係很緊張或破裂時，立刻安排和談。不要找藉口逃避或托詞改天再處理。盡快安排一個面對面的聚會。拖延時間只會加深怨恨，令事情惡化。時間不能解決衝突，反而會加劇傷痛。

神期待你採取主動。

快速的行動可以減少靈性上的傷害。聖經說罪，包括未解決的紛爭，除了使你自己很悲慘以外，還會阻隔你和神的團契相交，使禱告不蒙應允[11]。約伯的朋友提醒他，**「讓怨恨使你鬱悶至死的是愚昧人，最沒有意義的事」**；以及**「忿怒只是在傷害你自己」**。[12]

和談成功與否往往在於時間和地點。疲倦、有干擾或匆匆忙忙的時候都不適合，最好就是在你倆狀況最佳的時候見面。

同情對方的感受

多聽少說。嘗試解決事情前，先聆聽對方的感受。保羅建議：**「留意別人的事，不單是自己的事。」**[13]「留意」的希臘原文是skopos，即後來英文的telescope（望遠鏡）和microscope（顯微鏡），意即細心觀察，專注於對方的感受，而不是事實；先同情再謀求解決之道。

不要先企圖說服對方否定他們的感覺，先聆聽，讓對方毫無防衛地將感受釋放出來。即使你不同意他的說法，也要點頭表示瞭解。感覺並不總是事實或合邏輯的，事實上，怨恨使我們行為舉止愚昧。大衛承認：**「當我的思想充滿怨忿、我的感受被傷害，我就像牲畜一樣愚蠢。」**[14] 受傷時，我們的行動便都像野獸一般。

聖經卻相對的說：**「一個人的智慧使他能忍耐，看輕侮辱的乃**

是他的榮耀。」¹⁵ 忍耐來自智慧，智慧來自聆聽別人的觀點。聆聽
意味著：「我尊重你的意見，我在乎我們之間的關係，你對我很重
要。」一句老調說得好：在別人知道我們在乎他們之前，他們不在
乎我們知道多少。

要重建關係，「**我們必須背負體貼別人疑慮與懼怕的重擔……
讓我們討別人的喜歡，而不是為自己的喜歡，並為對方的好處來行
動。」**¹⁶ 耐心容忍其他人無理的怒氣是一種犧牲。但請記得這正是
耶穌為你所做的。祂為了拯救你而忍受無理惡意的怒氣。「**基督也
不求自己的喜悅……像經上所記的：『辱罵你的人的辱罵，都落在我
的身上。』」**¹⁷

承認自己在衝突中也有份

如果你認真想重建關係，就要先承認你自己的錯或罪。耶穌說
這樣做才能把事情看得比較清楚：「**先除去你眼中的樑木，然後，
你或許才能看得更清楚，去處理你朋友眼中的
刺。」**¹⁸

每個人都有盲點。與衝突的另一方見面
之前，可請第三者協助檢討你的行為；也求
神指出你的錯。要反問自己：「我是否就
是問題的所在？我是否不合情理、不敏感還
是太敏感？」聖經說：「**如果我們說自己沒有
罪，便是欺騙自己。」**¹⁹

認罪是和好的有力途徑。我們處理衝突的方
式往往製造了比原本的問題更大的傷害。當你從謙卑承認自己的錯
來開始時，便消減對方的怒氣並化解對方的攻擊，因為他們可能以
為你會為自己辯護。不要找藉口或找代罪羔羊，只要誠實地承認衝
突中你所犯的錯，承擔責任，並請對方原諒。

對事不對人

如果只顧處理過失，就沒法解決問題本身。你必須二者取其一。聖經說：「**柔和的回答使怒消退，尖刻的舌頭燃點怒火。**」[20] 使用怒罵的言語無法使對方明白你的要點，為此你要有智慧地慎選你的言語。溫柔的回答永遠勝於譏諷的言語。

解決衝突時，你怎麼說與你說什麼同樣重要。

解決衝突時，你**怎麼說**與你說**什麼**同樣重要。如果你以攻擊性的方式來說，對方便以防衛式的方式來聽。神告訴我們：「**智慧、成熟的人必顯出他的明辨。說話越溫雅，說服力越強。**」[21] 嘮叨沒用，傷害性的言語永遠缺乏說服力。

冷戰期間，大家都同意有些武器太具毀滅性，不應該使用。今日國際間禁用生化武器，各國也逐漸銷毀核子武器。為了團契關係，你必須銷毀那些關係上的核子武器，包括控訴、輕視、比較、貼標籤、侮辱、和嘲諷。保羅總結說：「**不說傷害人的話，只說造就人和滿足人需要的話，以致凡你所說的，都能為聽的人帶來益處。**」[22]

盡量合作

保羅說：「**要盡你的全力跟大家和睦相處。**」[23] 和平需付出代價。有時要賠上我們的驕傲，往往要付上我們的自我中心。為了團契生活，盡量與人協調，適應別人，以別人的需要為前提。[24] 耶穌在登山寶訓中說：「**當你能向別人示範如何跟人配合，而不是彼此爭競格鬥，你是有福的。藉此你才發現真正的自我，和找到你在神家的位置。**」[25]

重視和好而非解決問題

要所有人一致同意每一件事是不合理的。和好乃是專注在關係上；解決問題則專注在問題本身。當我們專注於和好，問題本身就失去它的重要性，往往變得無關痛癢了。

即使不能解決彼此的差異，我們還是可以重建關係。基督徒之間往往有正當、坦誠的不同論點與意見；雖然我們可以彼此不同卻不可以彼此不容。一顆鑽石從不同的角度看有不同的形貌。神期望合一，不是劃一。我們可以彼此相交，而不需斤斤計較去解決每一件事情。

和好乃是專注在關係上；解決問題則專注在問題本身。

這並不表示你放棄尋求問題的解答，你可能需要繼續討論，甚至辯論，卻是在一種和諧的氣氛當中進行。和好的意思是把榔頭埋起來，而不是把問題埋起來。

讀完這章，你應該與誰聯絡？你需要與誰重修關係？不要遲延，現在就停下來告訴神與這人有關的事，然後拿起電話開始這些步驟。這七個步驟看似簡單，行出來卻一點也不容易。重建關係需要很多的努力。因此彼得勸勉我們說：「**竭力與其他人尋求和平。**」[26] 當你致力和好的工作時，正是做神要做的工，因此神稱使人和睦的人為祂的兒女。[27]

第 20 天
我的人生目的省思

思想要點：關係永遠值得我們去重建。

背記經文：「若是能行，總要盡力與眾人和睦。」
　　　　　（羅馬書十二章18節）

思考問題：目前我需要與誰重建關係？

網上信息：www.purposedriven.com/day20（英文）

維護你的教會

人與人之間要和平共處，
又要竭力保持聖靈所賜合一的心。

（以弗所書四章3節，NCV）

purposedriven.com/
day21

最重要的，讓愛來引導你的生活，
因為如此教會才能在完美的和諧當中，保持合一。

（歌羅西書三章14節，LB）

維護教會合一是你的責任。

教會裏的合一是如此重要，以至於新約聖經對於這一件事的注意，超過天堂或地獄。神深切地期望我們經歷彼此的和諧**合一**。

合一是團契之魂，摧毀它便如從基督身體中把心臟挖走。這是神要我們在教會中，共同經歷合一生活的核心。三位一體就是合一最佳的典範，聖父、聖子、聖靈是完全合而為一的。神犧牲的愛，謙卑虛己，以及完美和諧是我們最好的榜樣。

正如所有父母，我們在天上的父喜歡看到自己的兒女融洽相處。主耶穌在被捉拿前的最後一刻，仍懇切為我們的合一祈求。[1]在那最痛苦的時刻，祂最關心的也是我們的合一，可見這是何等重要。

神看重祂的教會過於世上一切。祂為教會付上最高的代價，祂要教會得到保護，尤其要保護它不因分裂、衝突和紛爭而遭蹂躪毀壞。你若是神家的一員，保守團契相交的合一便是你的責任。主耶穌基督委派你竭盡全力維持合一，保護團契相交，促進教會家庭以及所有信徒之間的和諧。聖經說：「用和平彼此聯絡，竭力保守聖靈所賜合而為一的心。」[2] 我們要怎麼做呢？聖經給了我們實際的建議。

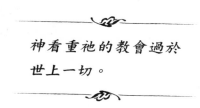

神看重祂的教會過於世上一切。

專注在我們的共同處而非相異處

保羅告訴我們：「務要追求和睦的事與彼此建立德行的事。」[3] 同為信徒，我們同有一位主，一個身體，一個使命，一位父，一位聖靈，一個指望，一信，一洗和同一的愛心。[4] 我們同受一樣的救恩，一樣的生命，一樣的將來，這一切比任何差異更為重要。我們應當專注於這些共同點，而非個人的分歧。

我們要牢記，是神選擇給我們每個人不同的個性、背景、種族和愛好，因此我們應當珍惜並享受彼此的不同，而不只是容忍不同。神要我們合一而非劃一。為了合一，我們絕對不能讓差異使我們分裂。我們必須專注於最重要的事，那就是學習像基督愛我們般地彼此相愛，並完成主給教會和我們個人的五個目的。

衝突通常是個示警，告訴我們，焦點已轉移到次要的事情上，就是聖經所謂的：「引起爭議的事情」[5]。當我們專注在個性、偏好、詮釋、風格或方法時，便產生分裂。但我們若專注於彼此相愛以及完成神的目的，便有和諧的結果。保羅勸勉眾人：「讓我們有真實的和諧好使教會不致分裂。我勸你們必須同心，在心意與目的上合一。」[6]

你的期望要合理

當你明白神對真正團契生活的心意時，很容易對**理想**與你自己教會的**現實**之間的差距感到灰心失望。即便教會不完美，我們仍必須熱切地愛教會。渴求理想、批評現實正是不成熟的表徵。而另外一種情況是，屈就現實卻不奮力追求理想乃是安逸自滿的表現。成熟是懂得如何活在這兩種張力之間。

> *即便教會不完美，我們仍必須熱切地愛教會。*

有些信徒**會**令你失望，這不應該成為你不與之團契相交的理由。即使他們的行為不像一家人，他們仍然是你的家人，因此你不能置之不理。神告訴我們：「**要彼此忍耐，以愛心互相寬容。**」[7]

人們對教會失望有許多可理解的原因，這些原因可以列成一張很長的清單：衝突、傷害、偽善、疏忽、心胸狹窄、律法主義和其他許多的罪。與其覺得震驚訝異，我們必須謹記：教會本就是由一群包括我們在內的罪人所組成的。正因為我們是罪人，便有意或無意地傷害彼此。故此，我們必須留下來，盡一切可能來努力尋求解決之道，而非離開教會。逃避沒有用，彼此和好才是邁向更堅強的品格、更深刻的團契相交之道。

稍遇失望或困惑便離開教會是不成熟的表現，神要教導你以及其他的人很多事情。再說，世上根本就沒有完美的教會，每間教會都有它的弱點和問題，因此，很快地你會再一次失望。

馬格羅（Groucho Marx）以一句話著稱，他說，他不會想要加入一個願意收他這種人為會員的俱樂部。如果有一間教會必須要完美才能使你滿意的話，它的完美會屏除你於會籍之外，因為你不完美。

潘霍華（Dietrich Bonhofer），一位為反抗納粹黨而殉道的德國牧師，曾寫了一本有關團契生活的書《團契生活》（*Life Together*）。書中他提到對教會幻想破滅是一件好事，因為這正好打破了我們對完美的錯誤期待。我們愈早放棄認為教會必須完美我們才能愛它的遐想，我們便愈快放棄偽裝，並開始承認我們**都**不完美，都需要恩典。這就是真正團契的開始。

每間教會都可以掛上一個牌子，寫上：「完美人士無須申請入會。此處只為承認自己是罪人、需要恩典、想要長進的人而設。」

潘霍華說：「愛個人理想中的團體過於基督團契的人，會把後者摧毀⋯⋯。如果我們每天沒有為自己所在的基督的團契而獻上感謝──即使是在沒有特別的經歷或立可兌現的富足，有的只是軟弱、小信與艱困時；或相反地，我們繼續不斷地抱怨，覺得每一件事都微不足道，那麼，我們便阻礙了神使我們團契成長。」[8]

選擇鼓勵而非批評

旁觀挑剔總是比參與貢獻來得容易。神再三警告我們不可彼此批評、比較和論斷。[9] 在你批評其他信徒憑著信心與誠心所做之工的時候，你就干預了神的工作。「**你有什麼權利去批評別人的僕人呢？只有他們的主人才可決定他們所做的是對或錯。**」[10]

保羅提醒我們切勿批評或輕視與我們看法不同的信徒：「**你為何要論斷你弟兄的行為，輕看他呢？我們各人終有一日都要站在主的臺前接受祂的審判，而非彼此審判。**」[11]

每當我們批評其他的信徒時，四件事情便立即發生：我們失去與神的團契相交，暴露出自己的驕傲和缺乏安全感，自招神的審判以及傷害教會的團契相交。批評的靈是代價極高的惡行。聖經稱撒但是「弟兄的指控者」[12]。那惡者的工作就是怪罪別人、抱怨和批評神家中的人。任何時候我們做這樣的事，我們便是受到愚弄為

撒但做工。請記得，別的基督徒，無論你多麼不同意他們的看法，他們並非真正的敵人。任何時候，我們花時間比較、批評其他信徒時，便是該花時間建立我們團契的合一的時候。聖經說：「讓我們致力尋求和睦，用言語彼此造就，不要專找錯處叫弟兄跌倒。」[13]

拒絕聽取閒言閒語

搬弄是非是指當你既非問題的當事人，亦非問題的解答時，仍將話傳來傳去。你若愛護你的教會，就應該明白散播流言是錯誤的，也不應該聽取閒言閒語。聽信閒話與接受贓物一樣，都有罪。

當有人向你搬弄是非時，你要勇敢對他說：「請停止，我無須知道這事。你已經與當事人直接對話了嗎？」今天向你搬弄是非的人，他日亦會向別人說你的不是，這等人是不可信任的。如你聽取閒言，神說你是惹是生非的人[14]。「行惡的人愛聽奸詐人的話。」[15]「這些便是單顧自己，分裂教會的人了。」[16]

可悲的是在神的羊群中，造成最大損害的不是豺狼，而是自己的羊。保羅要我們提防「同類相吃的基督徒」，他們「彼此吞噬」，破壞團契。[17] 聖經說，我們要避免這等惹是生非的人。「愛傳是非，洩露密事的人，不要與他結交。」[18] 要終止教會或小組的紛爭，最快的方法是用愛心面對說閒話的人，並堅持要他們馬上停止。所羅門王說：「火缺了柴就必熄滅；無人傳舌，爭競便止息。」[19]

以神的方法來平息衝突

除了上一章提出的原則外，耶穌教導教會一套簡易的三步驟：「如果有弟兄傷害了你，去與他面談，二人找出解決方法。若他肯聆聽，你便多了一位朋友。如果他拒絕，你便邀請一至兩位弟兄同往以作公證。他仍不聽就通知教會。」[20]

在衝突當中，人往往有向第三者投訴的試探，而不勇敢地以愛心與當事人說真心話；這樣做令事情變得更糟。我們應該直接與當事人說清楚、講明白。

私下當面解決總是第一步，並且要越快越好。如果兩人之間不能解決問題，下一步便是邀請一位或兩位見證人去確認問題並調解。若那人仍舊頑固堅持，你該怎麼辦？耶穌說把事情帶到教會去。若這人仍不肯聽，就把他當作非信徒看待了。[21]

支持你的牧者與領袖

世上沒有完美的領袖，但神賦予他們責任和權柄來維持教會的合一。排解人與人之間的糾紛是吃力不討好的工作。牧師往往必須為一些受傷、衝突或不成熟的信徒擔任中間人的角色；人們往往要求他們要面面俱到，皆大歡喜。這是一個連耶穌都辦不到的不可能的任務！

聖經清楚地教導我們如何與服事我們的人相處：「**你們要依從你的牧者。聽他們的勸告。他們是在神的監管下為你們的生命時刻警醒。你們應使他們在領導工作當中感到喜樂，而非乏味。你們何必要為難他們呢？**」[22] 牧者有一天要向神交出看顧我們的賬。「**因他們為你們的靈魂時刻警醒，好像那將來交賬的人。**」[23] 但你也有你的責任，你要向神交代你如何聽從你的領袖。

對於如何處置分裂團契相交的人，聖經給牧者非常明確的指示。首先要避免爭論，再以溫柔教導反對者，且不斷祈求他們能改變；警戒好爭議的，尋求和諧合一。譴責對領導者不敬的人，並且開除那些已被教會警告兩次，但仍企圖製造分裂的人。[24]

當我們尊敬照顧我們的領導者時，便是保護團契了。牧師與長

當我們尊敬照顧我們
的領導者時，便是保
護團契了。

執需要我們的禱告、鼓勵、珍惜與愛心。聖經命令我們：「**應敬重那勞苦的領導者，就是在主裏面治理你們，勸戒你們。要用愛心格外尊重他們。**」[25]

我在此向你挑戰，負起保護及推動教會合一的責任。全力以赴，神必喜悅。這並非易事，有時候為了基督身體的好處，你要稍作忍讓。這是神把我們擺在教會家庭中的理由之一——學習不自私。在群體當中我們學習說「我們」而非「我」，「我們的」而不是「我的」。神說：「**不要只求自己的益處，乃是尋求別的信徒的益處。**」[26]

神賜福合一的教會。在馬鞍峰教會，每位會友都要與教會立約，其中包括保護團契合一的承諾。結果教會從未發生導致分裂的紛爭。正因這是個相愛合一的團契，人人都樂於參與！過去七年中，受洗的信徒超過九千一百人之多。當神要生出一群初生信徒時，祂會尋找祂所能找到最溫暖的保育器。

你做什麼使你的教會更溫暖、更有愛心呢？在你的社區中，有許多人正在尋找愛和一個可歸屬的地方。事實上，**每個人**都需要愛和被愛，因此當人們發現了一所真誠相愛的教會時，恐怕你要鎖上門，才能阻止他們走進來呢！

第 21 天
我的人生目的省思

思想要點：維護教會合一是我的責任。

背記經文：「所以，讓我們一起致力於和睦的事，以及使團
　　　　　契成長的事。」（羅馬書十四章19節，Ph）

思考問題：目前我能做什麼事，去維護我教會的合一呢？

網上信息：www.purposedriven.com/day21（英文）

你被造是為了
像基督

要在基督裏扎根，建造，

使你能在主裏繼續成長，

並且在真理上更加穩固有活力。

（歌羅西書二章7節，LB）

被造是為了像基督

神從最起初就計劃了祂所要做的一切，
神定意要塑造那些愛祂的人，
使他們的生命與祂的兒子有相同的特質。
我們從祂看到我們生命的本質與原意。

（羅馬書八章29節，Msg）

purposedriven.com/
day22

從神兒子的身上，我們可以看到神創造萬物的本意。

（歌羅西書一章15節，Msg）

神創造你，要你像基督。

從最起初，神的計劃就是使你像祂的兒子耶穌。這是你的天命，也是你人生的第三個目的。神在創造之初便宣告了這個計劃：「**上帝說：『我們要照著自己的形像，自己的樣式造人。』**」[1]

在所有受造之物中，只有人類是照「神的形像」而造的，這是極大的特權與尊嚴。我們不完全理解神此話的意思，但我們確知其中幾點：如同神，我們是**靈類**——我們地上的身體會死，但我們的靈卻是不朽的；如同神，我們是**智性的**——我們能思想、理論、解決問題；如同神，我們**彼此相關**——我們能付出愛，也能接受愛；

如同神，我們有**道德意識**——我們能分辨善惡，因此我們必須向神負責。

聖經說所有的人，不只是信徒，都有部分神的形像，這就是為什麼謀殺與墮胎是不對的原因。[2] 但是這個形像已經因為罪的緣故而被損害扭曲了，因此，神差遣耶穌到世上來，使我們已經失落的形像能恢復完整。

究竟神完整的形像和樣式是什麼樣子？正像耶穌基督！聖經說耶穌是「**神本體的真像**」，是「**不可見的神的可見的形像**」，是「**神本質的表徵**」。[3]

「有其父必有其子」，這句話經常用來形容家人容貌相似。當別人說我的兒女像我，這就令我高興。同樣，神也要祂的兒女能像祂。聖經說：「**你們……被造為了像神，有真實的公義與聖潔。**」[4]

但我要直接明白地講：你絕對不能成為神，或甚至是一個神。這種狂妄自大的謊言是撒但最古老的試探伎倆。撒但向亞當和夏娃保證，若順從牠的指示去做，「**你們便如神**」。[5] 今天，許多宗教以及新紀元哲學依然推銷這老掉牙的謊言，要我們相信自己是神聖的，或相信自己可以成為神。

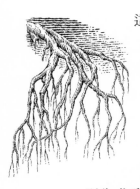

每當我們想要控制環境、未來、周遭的人時，這種想要作神的慾念就會出現。然而，我們身為受造之物，絕對不可能成為創造者。神不要我們成為神，神要我們敬虔像神——有祂的價值觀、態度與品格。聖經說：「**過一個全新的生活方式——一個屬神樣式的生活，一個從裏一直到外在行為都更新的生命，正如神已經確切將祂的品格重新塑造在你裏面一般。**」[6]

神為你所訂的人生終極目標不是安逸享樂，而是品格的塑造。祂要你的靈命不斷成長，成為像基督。「像基督」不表示失

去自己的個性，成為毫無個性的「複製人」。神造你是如此特別，祂必不願破壞祂的創造。像基督乃是品格不斷蛻變更新，而不是個性改變。

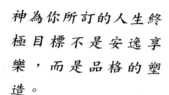

神為你所訂的人生終極目標不是安逸享樂，而是品格的塑造。

　　神要你培育的品格，就記載在耶穌的山上寶訓[7]、聖靈所結的果子[8]、保羅那偉大的愛的篇章[9]，以及彼得所列有果效且能結果子的生命特點[10]。每當你忘記品格是神給予你的人生目的之一時，你就會不滿你的境遇，甚至質疑神說：「為什麼這事會發生在我身上？為什麼我遭遇這麼大的難關？」有一個答案是，人生**本來**就是艱苦的！因為苦難能幫助我們成長。記得，此乃人間，而非天堂。

　　很多基督徒誤解耶穌應許的「**豐盛的生命**」[11] 為健康無恙、生活舒適、常常快樂、夢想成真、藉著信心與禱告，困難立刻解決。換句話說，他們期待基督徒的生活輕省容易，他們期待地上如天堂。

　　這種自以為是的見解，把神當作隨時隨地滿足個人私慾、聽候使喚的阿拉丁神燈。但神**不是**你的奴僕。假如你掉入這種思想的泥沼，以為人生是輕鬆容易的，就會因幻想破滅而大受打擊，甚至活在拒絕現實當中。

　　絕不要忘了生命的中心不是你自己！你乃是為神的目的而存在，不要本末倒置了。既然神已經為你在永恆裏預備了真實的一切，祂怎麼會將天堂供應在地上呢？神給我們在世上的時間，是用來建造增強我們的品格，準備過天堂的生活。

聖靈在你裏面動工

　　在你裏面製造像基督的品格是聖靈的工作。聖經說：「**主的靈**

在我們裏面動工，使我們愈來愈像祂，並反映祂的榮光。」[12] 這個改變我們更像基督的過程叫做「成聖」，也是人生的第三個目的。

你不可能憑個人的力量複製基督的品格。新年新願望、堅決的意志或百般的好意都沒用。惟有聖靈才有能力按照神的心意去改變我們的生命。聖經說：「**神在你們裏面做工，使你們有渴慕遵從祂的心志，並有行祂喜悅的事的能力。**」[13]

提到「聖靈的能力」，許多人就聯想到神蹟奇事或激情場面。其實大部分的時候，聖靈的能力往往是安靜、默默地釋放在你生命裏，你甚至沒有察覺或感覺到。祂常常以「**微小的聲音**」[14] 來提醒我們。

像基督的品格，不是由「模仿」而來，而是由「內住」而來。我們容讓基督藉著我們而活出來：「**這就是祕訣：『基督住在你們裏面。』**」[15] 此事怎麼發生？在於我們的選擇；我們選擇在各種情境做對的事，並信靠神的靈能給我們能力、愛心、信心和智慧去完成使命。由於聖靈住在我們心裏，只要我們求問祂，祂就會把這一切賜給我們。

我們必須與聖靈同工

整本聖經不斷地提到一個重要的真理，就是當你踏出信心的一步，聖靈就會「立刻」施展大能。當約書亞面對無法克服的障礙時，約旦河漲溢的水，在領袖們憑信心順服、把腳踏進急流之後，就立刻分開。[16] 順服是開啟神能力之門的鑰匙。

神等候你先行動，不要等到感到有信心或有能力時。在你的軟弱當中邁步向前，儘管你有恐懼與種種感受，仍然採取行動做該做的事，這就是與聖靈同工的方法，也是培育品格的方法。

聖經用種子、房屋及孩子成長來比喻靈命的成長。每個比喻都強調主動參與的重要性：種子需要栽種與澆灌、房屋必須被建造、

孩子需要飲食與運動才能成長。

得救雖不是由於我們努力，但靈命成長卻與努力有莫大關係。新約聖經至少八次要我們「盡所有的努力」[17] 使我們成長像基督。你不能只是坐等事情自動發生。

保羅在以弗所書四章22-24節，說明成為像基督我們有三個責任。首先，我們必須選擇放棄以往的行為模式。「**每一樣……與舊的生活方式有關的都要屏除，它們全都是腐壞的！**」[18]

第二，我們必須改變思想方式。「**讓聖靈改變你們的思想方式**」[19]。聖經說，我們因心意更新而「改變」[20]。希臘文的「蛻變」（transformed）是「變形、變質」（metamorphosis），（這個字使用在羅馬書十二章2節與哥林多後書三章18節）。今天，蛻變是形容毛蟲轉成蝴蝶的奇妙「改變」過程。當我們容許神引導我們的思想，發生在我們的屬靈上的改變就像一幅美麗的圖畫一般：我們從裏到外被改變，變得更美麗，也能自由翱翔到更高之處。

第三，我們必須藉著培養新而敬虔的習慣來「穿上」基督的品格。你的品格根本就是你習慣的總和，是你因著習慣產生的行動。聖經說：「**並且穿上新人，這新人是照著神的形像造的，有真理的仁義和聖潔。**」[21]

神用祂的話語、百姓和景況塑造我們

對於品格發展，這三樣全都不可少。神的話語是我們成長所需的**真理**，神的百姓是我們成長所需的**扶持**，景況是學習像基督所需的**環境**。你若讀聖經又實行聖經的教導，與其他信徒經常聯繫，遇到困難時學習信靠神，我敢保證你會愈來愈像耶穌。在以下幾章，我們將逐一討論這些成長的要素。

你的品格根本就是你習慣的總和。

很多人以為讀聖經和禱告靈命就會成長：但是人生中某些事情，光靠讀聖經和禱告是**永不能**改變的。神使用人，祂往往藉著人而非藉神蹟來工作，因為祂要我們互相倚靠，親密相交；祂要我們一起成長。

許多宗教中，被視為靈性最臻成熟的聖人，是那些離群索居、與世人隔絕、孤身住在山頂神廟裏的人。這實在是一個很大的誤解。成熟的靈命不是一個人獨力追求就能達到的！與人隔絕無法成長像基督。你必須處在人群當中與人相交往，投入教會，加入群體。為什麼呢？因為真正的靈命成熟是學像耶穌那樣去愛。與他人毫無接觸，無法學習像耶穌。請記得，一切都是關乎愛，愛神及愛人。

成為像基督是長期而緩慢的成長過程

靈命成熟不是一蹴可及，也不是自動達到的；而是窮你一生，循序漸進的發展過程。保羅說：「**它會一直持續，直至我們……成熟，正如基督一樣，那時我們將會完全像祂。**」[22]

你是一件半成品，培育像耶穌品格的屬靈蛻變需要花費你畢生的時間，即使如此，有些人在此生都未必能完成，只有等到你進天堂或耶穌再來時才能結束。在那時，你品格上未完成的工作將作個總結。聖經說，當我們見到完全的基督時，我們將會成為完全地像祂：「**我們甚至無法想像當基督再來時我們會是什麼樣子，但是我們確知當祂來時我們會像祂，因為會見到祂真正的樣子。**」[23]

基督徒生活中有許多困惑都因輕忽了一個簡單的真理，那就是神對於建立你的品格較諸任何其他一切都有興趣。當神對某些特別事件保持沉默時我們便擔憂，比如：「我該選擇哪一個職業？」事實是，**許多**不同的職業都有可能是神對你人生的旨意；但祂最關心的是，無論你做什麼，你以像基督的樣式來做。[24]

神關心你這個人遠勝於你做的事。因為我們是人（human beings），不是事（human doings）。神看重你的品格遠超過你的工作，因為你將帶著品格，而非工作進入永恆。

聖經警告說：「不要不加思索就調整自己去順應所處的文化，反要專注在神身上，你就會從裏到外被改變……神要從你裏面帶出那上好的，在你裏面栽培出成熟的特質來，不像你周遭的文化，總是拉扯你落入不成熟的層次裏。」[25]　你必須作反潮流的決定，專心學像基督。否則你的同儕、父母、同事及文化的壓力，會把你塑造成他們的模樣。

可悲的是，許多暢銷的基督教書籍都反映出，今日很多信徒已放棄為主偉大的使命而活，他們只追求個人成就與情緒安寧。這是自我陶醉，不是門徒訓練。主耶穌死在十架上，不是為了讓我們過舒適、暢順的生活。祂有更深遠的目的，祂要我們在進入天堂之前，能更像祂。這是我們極大的特權，我們的當務之急，也是我們的終極目標。

第 22 天
我的人生目的省思

思想要點：我被造是為了像基督。

背記經文：「我們……自己也漸漸變成了主的容貌一般，榮上加榮，這都是主的聖靈所做的奇工。」
（哥林多後書三章18節下，當代聖經）

思考問題：今天，我有哪些地方需要求聖靈的能力，使我更像基督？

網上信息：www.purposedriven.com/day22（英文）

如何成長

> *神要我們在各方面長進……像基督一樣。*
>
> （以弗所書四章15節上，Msg）

purposedriven.com/
day23

> *我們就不再是小孩子了。*
>
> （以弗所書四章14節上，現代中文譯本）

神要你長大。

天父的目標是要你日臻成熟，並且發展出耶穌基督的特質。可悲的是，幾百萬的基督徒只年事漸長卻沒有長大，靈性永遠滯留在裹著尿布、穿著娃娃鞋的嬰幼期，原因是他們根本無意成長。

靈命不會自動成長，需要刻意致力去達到。你必須**想要**成長、**決心**成長、**努力**成長，並**堅持**不斷地成長。作門徒是追求更像基督的過程，總是始於一個決定。耶穌呼召我們，讓我們回應：「耶穌對他說：『來作我的門徒。』馬太就起來跟從了祂。」[1]

當第一批門徒選擇跟隨耶穌時，他們並不完全明白這個決定的含意，他們只是回應耶穌的邀請。這就是開始所需要的：**決定**作主的門徒。

再沒有任何事比你所作的委身選擇更能影響你的一生。你的委身選擇可以建造你，也可以毀掉你；但無論是何者，它都會界定你。告訴我你委身何事，我就可以告訴你二十年後你會是怎樣的人；我們委身於什麼，就成為什麼人。

就在委身這一點上，大部分的人錯失了神給他們的人生目的。許多人害怕對任何事委身，便隨波逐流過一生。有些人在面對各種矛盾的價值觀

> 我們委身於什麼，就成為什麼人。

時，採取不置可否的態度，以致挫折重重，庸碌一生。另有人全然委身於屬世的目標，追求財富與名聲，結果換來失望與苦澀。每一個抉擇都有永恆的後果，因此你最好作出明智的抉擇。彼得就曾這樣警告：「**既然我們周遭的一切都將銷融，你們就應當知道該怎樣虔誠聖潔地過日子。**」[2]

神的責任和你的責任

像基督那樣地作決定，並倚靠祂的靈來幫助你成就那些決定，其結果就是像基督了。你一旦決定認真地學像基督，就必須開始以嶄新的方式來行事。你必須放棄一些舊習性，培養一些新的習慣，並且要刻意改變你的思考模式。你可以確定聖靈必會在這些改變中幫助你。聖經說：「**要繼續以恐懼和戰兢的心，去做出你的救恩，因在你心裏做工的神，必使你的思想和行動都能按照祂那美好的旨意。**」[3]

這段經文說明靈命成長的兩方面：「做出」與「做工」。「做出」是你的責任，「做工」則是神的角色。靈命成長是你和聖靈之間的合作，神的靈不只與我們同在，更與我們同工。

這段寫給信徒的經文不是關乎如何得救，而是如何成長。它沒

有說你要「賺取」救恩，因為耶穌已經成就一切，你無法再做什麼了。當你「鍛鍊」身體（physical workout）時，你是以運動來培養你的體魄，而不是去得到一個身體。

當你要「做出」一幅拼圖時，你已經擁有所有小拼塊，你只需把它們拼湊起來。農夫「耕作」土地，不是**種得**土地，乃是在既有的土地上開墾而已。神已經給你新的生命，你的責任是「戰戰兢兢」地努力操練，也就是認真看待你靈命的成長！人若輕看自己靈命的成長，即表示他們不了解其永恆的含意（參看第四天及第五天）。

更換你的自動導航器

要改變你的人生，首先要改變思想的方式。你所做的每一件事情背後都有一份思想；每一個行為都受一份信仰所驅使，每一個行動都由某種心態來帶動。遠在心理學家發現這些定律之前，神早已這樣說：「**所思所想要謹慎，因為生命是由思想塑造的。**」[4]

想像你乘坐一艘快艇在湖中飛馳，快艇以自動導航器操作，正朝東方前進；倘若你決定要改向西行，有兩個方法：一是緊握舵盤，竭力扭轉，**迫使**快艇反向而行。憑著你的意志力，你可能戰勝自動導航器，但你會感覺到持續的阻力，你的手臂最後會因壓力而疲乏，你會鬆手放開舵盤，快艇便立刻再被自動導航器操縱，恢復向東行進。

當你嘗試以意志力改變你的人生時就如同這樣，你說：「我要**強迫**自己少吃……多運動，……不再散漫和遲到。」的確，意志力**可以**帶來短期的改變，但因為你沒有先處理問題的根源，結果反而引起內在持續的壓力。這樣的改變來得不自然，你很快就會放棄，不再節食，不再運動，不久便一切又恢復原狀。

其實要改變方向，有一個更好、更容易的方法：更換你的自

動導航器——你的思考模式。聖經說：「**讓神改變你們思想的方式，改造你們成為新人。**」[5] 你靈命成長的第一步，就是改變你的想法。改變總是由心思開始，你的**思想**方式決定你的**感覺**；你的感覺則影響你的**行為**。保羅說：「**你們的思想與態度必須有一個屬靈的更新。**」[6]

> 你的思想方式決定你的感覺；你的感覺則影響你的行為。

要像基督，必得培育如同基督的心思。新約聖經稱這種心理的改變為**悔改**，希臘文直譯的意思為「改變你的心意」。每一次當你改變自己的想法，而代之以神的想法，無論是對自己、對罪惡、對神、對人、對生命、對將來、對一切其他事物，你是在悔改，你已經換上了基督的眼光和看法。

我們受命要「**我們的意念與基督耶穌的心思相同**」[7]。這可以分為兩部分：第一部分是停止**不成熟**，即自私自利的想法。聖經說：「**不要再像小孩子那樣思想。在惡事上要作嬰孩，但在思想上卻要作成年人。**」[8] 嬰孩的本性是全然自私的，他們只想到自己和自己的需要，他們無力付出，只能接受；這是不成熟的想法。可惜很多人只停留在這種思想中。聖經說自私的想法是罪惡的根源：「**依從罪惡本性而活的人，只思想那些滿足自己罪慾的事。**」[9]

第二部分是**開始成熟地**思想，就是把焦點從自己轉移到別人身上。在論及真愛的偉大篇章裏，保羅總結出為人設想是成熟的標記：「**當我還是孩子的時候，我說話像孩子，思想像孩子，理解像孩子。當我長大成人，就把幼稚的行徑丟棄了。**」[10]

今天許多人以為屬靈成熟度乃根據你對聖經和教義的知識多寡而定。知識是衡量靈命成熟的準則**之一**，但卻非全部。基督徒的生命遠不僅止於教義與信念，還包括行為與品格。我們的行為應當與

我們的教義相符，我們的信仰必須有像基督的行為來支持。

基督信仰不是一個宗教，也不是一種哲理；乃是一份關係，一種生活型態。這種生活型態的核心是像耶穌一樣地為別人設想，而不是為自己著想。聖經說：「**我們應當為別人的好處想，藉著行別人所喜悅的事來幫助他們。即使是基督也不求自己的喜悅。**」[11]

為別人設想是基督徒品格的中心，也是靈命成長的最佳表徵。這個作法看似反常、不合文化、稀有少見、也是難行的；可幸的是我們並非無助：「**神已經賜下祂的靈給我們，因此我們所想的就與世人所想的不一樣。**」[12]在以後幾章，我們會探討聖靈使用來幫助我們成長的工具。

第 23 天
我的人生目的省思

思想要點：開始追求靈命成長永遠不會太遲。

背記經文：「**讓神完全改變你的思想，藉此來改變你的內心。然後你便能認識神的旨意－什麼是好的，是祂所喜悅的，並且是完全的。**」
（羅馬書十二章2節下，TEV）

思考問題：我應該在哪一方面放棄自己的想法，而代之以神的想法？

網上信息：www.purposedriven.com/day23（英文）

真理使我們蛻變

人活著，不是單靠食物，
乃是靠神口裏所出的一切話。

（馬太福音四章4節）

神恩典的話語能使你成為祂要你成為的樣式，
並賜你一切所需的。

（使徒行傳二十章32節，Msg）

purposedriven.com/
day24

眞理使我們蛻變。

靈命的成長是以真理代替謊言的一個過程。主耶穌禱告說：
「求祢用**真理使他們成聖；祢的話就是真理。**」[1] 成聖需要啟示。神
的靈以神的話使我們像神的兒子。要像耶穌，我們的生命就必須充
滿神的話。聖經說：「**藉著神的話，我們被召聚、受裝備，為要完
成神給我們的任務。**」[2]

神的話與任何其他話都不同，是有生命的[3]。主耶穌說：「**我
對你們所說的話就是靈，就是生命。**」[4] 神說話，事物就改變。環
繞我們的所有被造之物得以存在，皆因「神說」。祂說有就有。沒
有神的話，你根本就沒有生命。使徒雅各說：「**神定意藉著真理的**

> 神的靈以神的話使我
> 們像神的兒子。

話來賜給我們生命，以致我們在祂所造的萬物中得以居首。」[5]

聖經不單是一本教義指引，神的話孕育生命、建立信心、產生改變、擊退魔鬼、施行神蹟、醫治創傷、建立品格、改變環境、傳遞喜樂、克服逆境、戰勝誘惑、充滿希望、釋放能力、潔淨心靈、成就萬事，是我們對將來的確據！沒有神的話，我們就不能存活！**千萬不要**輕忽神的話；要將神的話看得如食物對生命一樣重要。約伯說：「**我看重祂口中的言語，過於我需用的飲食。**」[6]

神的話是你活出人生目的所必需的靈糧。聖經被稱為我們的「靈奶、麵包、主食和甜品」[7]。這四道菜就是聖靈使我們靈命長進、強壯的菜單。彼得勸勉我們：「**要愛慕那純淨的靈奶，叫你們能在救恩上長進。**」[8]

住在神的話語中

今天是有史以來聖經印刷數量最多的時代，但一本只放在書架上的聖經是毫無價值的。千萬信徒都患了靈命厭食症，靈命營養不良，瀕臨餓死。要做耶穌健康的門徒，被神的話餵養應當是你的首要之務。主耶穌稱之為「住在」，祂說：「**你們若住在我的話裏面，就真是我的門徒了。**」[9] 在日常生活中，住在神的話裏面包括三個舉動。

我必須接受神話語的權威

聖經必須成為我生命的權威標準，是我生命方向的指南針，協助我作明智決定的顧問和衡量事物的準則。聖經的標準一定是我最

優先的考慮和作最後決定的依歸。

　　我們許多的人生困境之所以發生，皆因為我們根據許多不可靠的權威來作抉擇；這些權威包括文化（「人人都這麼做」）、傳統（「我們一向都這樣做」）、理智（「似乎合邏輯」）、或情緒（「感覺不錯」）。但是這四種權威全都因人的墮落而有了缺陷。我們所需要的乃是一個永遠不會帶錯方向的完美標準，惟有神的話滿足這個需要。所羅門提醒我們：「**神的言語句句都是無瑕疵的。**」[10]　保羅也解釋說：「**聖經都是神的話，對於教導真理，幫助人，糾正過錯，指示人生正路，都有益處。**」[11]

　　葛理翰在傳道初期，有一段日子他對聖經的準確性和權威性起了懷疑。在一個月明之夜，他跪下帶淚向神承諾，雖然他不明白聖經中某些令人困惑的章節，但決心從那一刻開始，完全接受聖經為他生命和事工的惟一權威。就從那天開始，葛理翰的生命被神賜福，充滿了非比尋常的能力和果效。

　　今天你所能做的最重要的決定就是決定什麼是你生命中最高的權威。不論文化、傳統、理智或情緒如何，你選擇聖經為最終權威。當你作任何決定前，決心先問：「聖經怎麼說？」下定決心當神要你做某件事時，無論你覺得有沒有道理或想不想做，你會信靠神的話去做。學像保羅一樣的確信：「**我相信合乎律法和先知書上一切所記載的。**」[12]

我必須被真理同化

　　單單相信聖經還不夠，我的心思必須被聖經的話語所充滿，以致聖靈能以真理改變我。要這樣做有五種方法：領受、閱讀、研究、背記以及深思回想。

　　首先，以開放和受教的態度去**領受**神的話。撒種的比喻說明，我們領受的態度會決定神的話語能否在我們生命中扎根結果。主耶穌指出三種不接納的態度——封閉的心思（硬土）、膚淺的心思（淺土）和散漫的心思（有荊棘的泥土），祂接著說：「**你們應當小心怎樣聽。**」[13]

　　每當你覺得從聽道或聖經教師那裏沒有學到什麼時，就應當檢討自己的態度，特別是自己是否驕傲。因為如果你肯謙卑受教，神能透過最沉悶的老師來教導你。雅各說：「**要存謙卑（溫柔、謙虛）的心，領受那栽種在你們心裏救你們靈魂的道。**」[14]

　　第二，在二千年的教會歷史中，大部分時間只有神職人員能夠**直接閱讀**聖經，但現今大部分人都可以讀到。儘管如此，很多信徒每天讀報紙比讀聖經更忠心，怪不得我們靈命不成長。花三小時看電視卻只花三分鐘讀經，無法期望靈命長進。

　　很多自稱「從頭到尾」都相信整本聖經的人，根本不曾「從頭到尾」讀完整本聖經。但如果你願意每天用十五分鐘讀經，一年內你就能把整本聖經讀完。如果你每天少看三十分鐘電視，你便能在一年內把整本聖經讀過兩遍了。

　　每天讀經能使你聽到神的聲音，這就是為什麼神吩咐以色列王務要把律法書帶在身邊：「**他要把經卷放在身邊，終生每天誦讀。**」[15] 但是不單放在你身邊，還要經常誦讀！一個簡單而有益的方法是採用每日讀經計劃，這樣，你便能避免隨意選讀一些經文而忽略了其他。你若想要一份個人讀經計劃表，請看附錄**2**。

> 很多自稱「從頭到尾」都相信整本聖經的人，根本不曾「從頭到尾」讀完整本聖經。

　　第三，**研究**或查考聖經是住在神話語的另一個實際方法。研經與讀經

的不同之處，在於研經時你必須就內容提出問題，並記下讀後感。除非在紙上或電腦上記下你的想法，就不能算是研讀聖經。

限於篇幅，我未能詳述各種研經方法。研經的方法有一些很有幫助的書籍，包括我在二十年前所寫的一本書[16]。研經的祕訣在於學習提問正確的問題，不同的方法使用不同的問題。只要經常停下來問一些簡單的問題，例如：何人？何事？何時？何處？為何？如何？你會有更多的發現。聖經說：「**惟有詳細察看那使人自由、全備的律法，並且時常遵守的人，他不是聽了就忘記，而是實行出來，就必因自己所做的蒙福。**」[17]

住在神話語裏的第四個方法就是要**背記**。你的記憶力是神給的恩賜，你可能認為自己記憶力差，事實上，你已把千萬思想、真理、事實和數據牢記了，你會記住對你**重要**的事。如果神的話語是重要的，你就會花時間去背記。

背記經文有很多好處，能幫助你抵擋試探、作明智的決定、減少壓力、建立信心、提供忠告並且能與別人分享你的信仰。[18]

你的記憶力像身體的肌肉一樣，愈使用便愈強壯，背記經文便越來越容易。你可以從這本書裏所載感動你的聖經經文開始，把經文抄在小卡片上，隨身攜帶，整天**大聲**複誦，隨處背記，無論是工作或運動或開車或等候別人或睡前都可以。背記經文的三大要訣是：複習、複習、再複習！聖經說：「**當謹記基督的教訓，讓祂的話語豐富你們的生命，並使你們有智慧。**」[19]

第五個住在神話語裏的方法是**深思回想**，聖經稱為「默想」。很多人以為默想就是放空思潮，任其隨意遊蕩。這正與聖經所說的默想相反：默想是**集中的**思想，默想必須認真用心；選擇一節經文，然後一次又一次地在你的心裏深思回想。

我在第十一章裏提過，你如果知道怎麼憂慮，你便懂得如何默想。憂慮是將思想集中在一些消極的事上。默想正是做同樣的事，

只是專注的是神的話語。

　　沒有任何習慣比每天默想經文更能使你的生命蛻變、使你更像耶穌。當我們用時間定意在神的真理上，認真回想基督的榜樣，我們便「蛻變成為祂的樣式，榮耀日漸加增。」[20]。

　　你若查看聖經，每次神說到默想時，祂應許給那些終日不停思想祂話語的人的好處，定會令你驚訝不已。神稱大衛為「合我心意的人」[21]，原因之一便是大衛喜愛思想神的話語。大衛說：「我何等愛慕祢的教導，終日不住地思想。」[22] 認真深思回想神的真理是禱告得應允的關鍵，也是成功生活的要訣。[23]

我必須實行聖經的原則

　　單單領受、閱讀、研究、背記以及深思回想，卻不實行聖經的教訓，我們所做的便都徒然。我們一定要成為「行道的人」[24]。這是最難的一步，因為撒但極力攔阻我們，撒但不怕我們去參加查經班，只怕我們實行所學到的。

　　若只因聽過、讀過或研究過某個真理，我們便以為具備了這份真理，這是愚弄自己。其實你可能總是忙於參加下一個課程、講座或聖經研討會，以致沒有時間去實行你學到的真理。在前往參加下一個聚會時便已經把它忘得一乾二淨了。若不實行，我們所有的查經都是徒然。耶穌說：「所以，凡聽見我這話就去行的，好比一個聰明人，把房子蓋在磐石上。」[25] 耶穌也告訴我們，神的賜福來自遵行真理，而不只是因為你認識真理。祂說：「你們既知道這事，若是去行就有福了。」[26]

> 真理會使你得自由，但起初可能先令你感到悲慘！

　　我們逃避實行神話語的另外一個原因是去實行有可能會是困難甚或痛苦的。真理會使你得自由，但起初可能先

令你感到悲慘！神的話語揭穿我們的動機、指出我們的錯處、責難我們的罪，並且期待我們改變。人的本性抗拒改變，所以實行神的話語是困難的。因此，與別人一起討論你個人的實行非常重要。

參加查經小組是非常有價值的，我們往往可以從別人身上學到一些獨自查經所不能領會到的真理。別人可以提供你所忽略的洞見，並幫助你實際地實踐神的真理。

成為「行道的人」最好的方法是在研讀和思想完神的話語後，寫出實行的步驟；養成習慣，把預備要去行的寫下來。實行步驟必須是**個人的**（包括你）、**實際的**（你可以**做到**），和**可評估的**（有完成**限期**）。每一項要實踐的行動都應該是有關你與神的關係，或你與別人的關係，或你自己的品格。

在你讀下一章之前，花點時間想想這個問題：有哪些是神藉著祂的話語**已經**吩咐你去做而你還未做的？接著請寫下一些你會採取的行動，你可以與一位朋友分享你的決定，使他可以督促你。正如慕迪先生說的：「聖經不是用來增加我們的知識，乃是用來改變我們的生命。」

第 24 天
我的人生目的省思

思想要點：真理使我蛻變。

背記經文：「你們若常常遵守我的道，就真是我的門徒；你們必曉得真理，真理必叫你們得以自由。」
（約翰福音八章31-32節）

思考問題：有哪些是神藉著祂的話語已經吩咐我去做而我還未做的？

網上信息：www.purposedriven.com/day24（英文）

苦難使我們蛻變

因為那些輕微和短暫的患難，
要叫我們得著永遠的榮耀，
它們便顯得微不足道了。

（哥林多後書四章17節，NIV）

purposedriven.com/
day25

神性的光輝是由苦楚的火燄中提煉出來的。

——蓋恩夫人（Madame Guyon）

每個困難後面都有神的目的。

神用環境來塑造我們的品格。事實上，祂用環境多於透過我們的讀經使我們像耶穌；明顯的理由是：你一天廿四小時都面對不同的環境。

耶穌警告我們，在世上我們會有困境難題[1]，無人能免於苦痛，或與受苦隔絕，沒有人能一帆風順過一生。人生本就是一連串的困難；你剛解決了一椿，另一椿又會接踵而來。雖然不一定都是大麻煩，但都是神幫助你成長的重要環節。彼得向我們保證困難是正常的，他說：「**那如火一般的熬煉臨到你們的時候，不要驚奇懼怕，以為發生了什麼非常的事。**」[2]

神用困難使你更親近祂，聖經說：「**耶和華親近心靈破碎的人；祂拯救那些心靈被壓傷的人。**」[3] 你最深沈熱烈的敬拜經歷可能就是在人生最黑暗的時刻——當你心碎，覺得被棄，走投無路，最痛苦之時——你只有轉向神。總是在受苦當中，我們學會最誠實、真摯向神的禱告。在苦楚中，我們沒有精力做華而不實的祈禱。

玖尼（Joni Eareckson Tada）說：「人生繁花似錦時，我們輕滑過人生歲月，錯過認識耶穌、效法祂、引述祂、談論祂；但惟有在受苦當中，我們才真正**認識**耶穌。」在受苦中，我們所學到關於神的事是無法由其他途徑學到的。

神絕對能使約瑟免於牢獄之災[4]，助但以理脫離獅子坑[5]、免耶利米陷在淤泥中[6]、讓保羅避過三次沉船之難[7]，並叫三個希伯來青年不被拋入烈火洪爐中[8]。但祂讓這些苦難發生，結果這些人都因而更親近神。

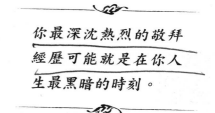

你最深沈熱烈的敬拜經歷可能就是在你人生最黑暗的時刻。

苦難迫使我們轉向神，倚靠祂，不靠自己。保羅為此見證說：「**我們認定自己是必死的，深刻體會到我們是何等地無力自救；但這是好的，因惟有這樣，我們才會將一切交回神的手中，惟有祂才能救我們。**」[9] 當你僅有神的時候，你才知道祂是你惟一所需。

不管你的困難是由什麼引起的，沒有神的許可，它們都不會發生。每一件發生在神兒女身上的事情都經過**父神過濾**，即使撒但以及其他的人企圖毀壞，祂卻刻意使用來使你得益。

因為神有最高主權，意外事件只是神對你的計劃當中的一件事罷了。因為在你還未出生前，神已把你在世的每一日寫在祂的日曆上，[10] 發生在你身上的**每一件事**，都有重要的屬靈意涵。羅馬書解釋說：「**我們知道，神使萬事一同效力，為著那些愛神，並按祂**

旨意被召的人得到益處。因神預先知道祂的百姓，且揀選他們去變得像祂的兒子。」[11]

明白羅馬書八章28-29節

這是聖經中最常被誤解和濫用的章節之一。它並非說：「神使萬事按照我的意思進行」，顯然事實並非如此；它亦沒說：「神使萬事在地上有一個快樂的結局」，因為人生在世本就有許多不如意的結局。

我們活在一個墮落的世界，只有在天堂才會萬事如神預定般完美。這就是為什麼我們被教導要禱告說：「**願祢的旨意行在地上，如同行在天上。**」[12] 要完全明白羅馬書八章28-29節，你必須逐句細讀。

> 發生在你身上的每一件事，都有重要的屬靈意涵。

「**我們知道**」：在困難的時刻，我們的希望並不是建立在積極思想或樂觀的想法上，而是建立在神掌管宇宙萬物以及神愛我們的真理上。

「**神使**」：萬事萬物後面有一位偉大的設計者。你的生命絕非出於偶然、機緣、命運或運氣，而是一個總體計劃。英文「歷史」（History）一字拆開來，就是**祂的故事**（His story）。一切都是神安排佈置好的。我們會犯錯，神卻永遠不會。神**不可能**犯錯，因為祂是神。

「**萬事**」：神對你生命的計劃包括了你生命中的**一切**，包括你的錯誤，你的罪以及你的傷痛。萬事還包括疾病、債務、災禍、離婚以及所愛的人過世。神可以使一切禍患變成祝福，正如祂在加略山所成就的。

「**一同效力**」：不是個別獨立運作。你生命中的每一件事在神

的計劃中**一同效力**，它們不是個別行動，乃是在整個過程當中彼此依存，使我們更像基督。烤蛋糕需用麵粉、雞蛋、糖和油；假若分別品嚐，這些材料的味道實在難以下嚥。但混合在一起烤時卻變得美味無窮。你若願意向神傾出你各樣難以下嚥的苦痛經歷，祂必把這一切化為甘甜美好。

「**得益處**」：這並不是說人生中萬事都美好。現實世界充滿敗壞。但是，神最擅長從中帶出美善來。在耶穌基督的族譜中，[13] 提到四位婦女：她瑪、喇合、路得和別示巴。她瑪引誘她的公公而受孕；喇合是一名妓女；路得是外邦人，卻犯了律法，嫁給猶太人；別示巴與大衛通姦，害她丈夫被謀殺。神能化腐朽為神奇，讓這些名譽掃地的人成為耶穌的先祖。神的旨意遠比我們的問題、痛苦甚至罪過還要大。

「**愛神的、被呼召的人**」：這應許只給神的兒女，不是給所有的人。與神為敵、隨心所欲生活的人，萬事互相作用，令這些人收取敗壞。

「**按祂旨意**」：祂的目的是什麼？就是要我們「**變得像祂的兒子**」，你生命中所發生的一切，都是神所容許的，為要成就祂的目的。

建立像基督的品格

我們有如寶石，需要經過苦難的錘鑿來雕琢。若首飾匠的細錘無法除去我們的稜角，神便動用大錘。如我們仍冥頑不靈，祂就會使用電鑽了。祂會用盡一切方法。

每個難題都是造就品格的機會，難度愈高，就愈有潛力建立強壯的靈命和道德思想。保羅說：「*我們知道患難生忍耐，忍耐生品格……*。」[14] 你的人生中，外面發生的事遠不及在你內心發生的事

> 你的人生中，外面發生的事情遠不及在你內心發生的重要。

重要。環境只是暫時的，品格卻存到永遠。

聖經常用金匠煉淨雜質的爐火來比喻考驗。彼得說：「百般的試煉可使你的信心更純淨。純淨的信心比金子還可貴……。」[15] 有人問一位銀匠：「你怎麼知道銀要煉到何時才算純淨呢？」他回答：「當我看到自己的倒影時。」當你被試驗熬煉純淨，人們便能從你身上看到耶穌的倒影。雅各說：「在壓力下，你的信心生命便被逼要打開，顯露它的本相。」[16]

神要我們像耶穌，祂會帶你經歷耶穌所經歷的，包括孤寂、誘惑、壓力、批評、拒絕及其他問題。聖經說耶穌「因苦難而學會順服」並且「因苦難而變得完全」，[17] 若神容許祂的兒子經歷這一切，我們又為什麼可以免於這樣的經歷呢？保羅說：「我們要經歷基督所經歷的一切。我們若與祂一同經歷艱難的時刻，那麼，就當然可以與祂一同經歷美好的時刻！」[18]

如同耶穌一般地回應難處

苦難不會自動成就神的目的。很多人不但沒有因苦難而成長，反而變得苦毒。因此，你必須像耶穌一般的回應難處。

要記得神的計劃總是美好的

神為你著想，並且知道什麼對你是最好的。神對耶利米說：「我知道我向你們所訂的計劃是要使你昌盛，不是要降災禍於你，這個計劃使你有希望，有將來。」[19] 約瑟明白這個道理，所以對賣他為奴的兄弟說：「你們的本意是要害我，但神的心意卻是為我

好。」[20]　希西家對於那危及他生命的疾病，感傷地說：「這樣困苦的時刻乃是為我的好處。」[21]　每當神對你祈求解脫的禱告說「不」時，「神現在所做的，是為了我們的最大得益，鍛鍊我們去活出神至高的聖潔。」[22]

專注於神的計劃是很重要的，不要專注在自己的痛苦或問題上。這就是為什麼耶穌能夠忍受十字架的痛苦的原因，這也正是我們被勸促跟隨的榜樣：「**要定睛仰望那位作我們領袖和導師的耶穌。祂甘願羞恥地死在十架上，因為祂知道將來必得著喜樂。**」[23]　曾在納粹黨死囚營內受苦的彭柯麗（Corrie Ten Boom）解釋這種專注的力量說：「定睛於世界，你會變得抑鬱；注視內心，便會沮喪；但若仰望基督，你就可得安息！」你所專注的會決定你的感覺。

忍耐的祕訣是謹記你的痛苦是短暫的，而獎賞則是永遠的。摩西忍受一生的困苦，「**因他想望所要得的賞賜。**」[24]　保羅同樣地忍受苦楚，他說：「**我們這至暫至輕的苦楚，要為我們成就極重無比、永遠的榮耀。**」[25]

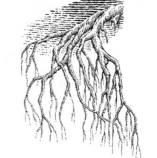

不要屈服於目前的想法，要注目於最後的結果：「**如要與祂同享榮耀便要與祂一同受苦。然而兩者比較起來，那苦楚便不足介意了。**」[26]

喜樂與謝恩

聖經告訴我們：「**在一切的景況當中謝恩，因為這是神在基督耶穌裏向你們所定的旨意。**」[27]　怎能如此？請留意，神要我們在一切的景況當中謝恩，而不是為一切的景況謝恩。神並不期待你為邪惡，為罪，為受苦，或為它們帶來的結局而感恩；神只要你感謝祂

利用各樣的難題，來成就祂的目的。

聖經說：「**要常常在主裏喜樂。**」[28] 並沒說：「為你的苦痛喜樂。」那是被虐狂。你**在主裏喜樂**，無論發生什麼事，你都可以在神的愛中、看顧中、智慧中、能力中以及信實當中喜樂。耶穌說：「**那時要充滿喜樂，因為天上已有大賞賜正等著你們。**」[29]

我們也可以因著神與我們同經痛苦而喜樂。我們並不是服事一位疏離遙遠、只在場邊喊些陳腐慰藉之詞的神。我們的神乃是進入我們的受苦當中。耶穌以道成肉身的方式來表達，祂的靈此刻便與我們同在，祂永不離棄我們。

拒絕放棄

要忍耐堅持。聖經說：「**……讓這個過程繼續下去，直到你的忍耐建立完全，你會發現你成了品格成熟的人……毫無軟弱的瑕疵。**」[30]

品格的建立是緩慢的過程。每當我們嘗試逃避人生的困難時，便會阻礙進度、延緩我們的成長，結果卻陷入最大的痛苦中——那伴隨著否認和逃避的痛苦。當你領悟到品格成長所帶來的永恆結果時，便會減少向神求「安慰我吧」（令我感覺好一些）；而會多求「使我順服」（使我更像祢）。

當你開始看見神的手在雜亂無章、千篇一律、漫無目標的生活中帶領你的時候，你便知道自己正日趨成熟。

假如你正在面對難處，不要問：「為什麼是我？」反而要問：「你要我學習什麼功課？」然後信靠神，並繼續做你應該做的。「**你們需要忍耐，繼續跟隨神的計劃，以致你們可以在場親身見證應許的成就。**」[31] 不要放棄，努力成長吧！

第 25 天
我的人生目的省思

思想要點：**每個困難的後面都有一個目的。**

背記經文：「*我們曉得萬事都互相效力，叫愛神的人得益*
處，就是按祂旨意被召的人。」
（羅馬書八章28節）

思考問題：**什麼困難讓我的生命成長最多？**

網上信息：www.purposedriven.com/day25（英文）

在試探中成長

> 當受試探卻不屈服而做錯事，那人是幸福的，
> 因為他經過考驗之後，必得著生命的冠冕，
> 這冠冕是神應許給愛祂的人。
>
> （雅各書一章12節，LB）

> 試探是我成聖路上的鞭策者。
>
> ——馬丁路德

purposedriven.com/
day26

每個試探都是行善的機會。

在通往屬靈成熟的路徑上，即便是試探，也能成為踏腳石而不是絆腳石，只要你了解它不過是個或行善、或作惡的機會。試探僅僅提供選擇而已。縱使試探是撒但用來摧毀你的主要武器，神卻要用試探來幫助你成長。每次當你選擇行善而不犯罪，你就在基督的品格當中成長了一步。

要了解這一點，必須先認識耶穌品格的特質。對祂品格最精簡的描述之一是聖靈的果子：「當聖靈掌管我們的生命，祂就會在我們裏面生出這種果子：仁愛、喜樂、和平、忍耐、恩慈、良善、信實、溫柔和自律。」[1]

　　這九個特質是耶穌給我們「偉大誠命」的延伸，也是對耶穌基督美麗的描述。耶穌是**完美的**愛、喜樂、和平、忍耐，以及其餘所有果子也都集於一身的具體呈現。要擁有聖靈的果子就是要像基督。

　　那麼，聖靈如何在你的生命裏結出這九種果子呢？祂立刻便造出這些果子嗎？難道是有一天你醒過來便發現這九個特質突然完全成就在你身上了嗎？不是的，果子是要**慢慢**成熟的。

　　以下這一句話將是你所學最重要的屬靈真理之一：神在你生命中培育聖靈的果子，所藉的方式是，讓你經歷會想去表現<u>正好相反的特質</u>的環境。品格的建立通常包含抉擇，而試探提供這樣的機會。

　　例如：神將**不可愛**的人放在我們四周來教導我們去**愛人**，因為去愛可愛的人或愛你的人，不需要任何品格也做得到。在憂傷中，當我們轉向神時，祂會教導我們真正的**喜樂**。快樂憑藉外在的景況，喜樂則源自與神的相交。

　　神在我們裏面建立真正的**平安**，不是藉著使事情照我們計劃而行，而是允許我們經歷混亂困惑。在觀賞美麗的日落、享受度假的輕鬆當中，誰都可以感到平靜安穩；但是真正的平安卻是透過在落入憂慮懼怕的試探時，選擇信靠神而來的。同樣地，**忍耐**也是要在等候、忿怒和急躁中學習的。

　　神以屬靈果子反面的景況來讓我們作出選擇。假若你未曾被引誘去做惡，就不能說自己是好人；你若未曾遇過不忠的誘惑，你不能說自己是忠心的。正直是建立在擊敗不誠實的試探；謙卑乃是在我們拒絕驕傲當中成長的，堅忍是在每一次你拒絕放棄的試探裏建立起來的。每一次你擊敗一個試探，便更像耶穌！

> 神在你生命中培育聖靈的果子，所藉的方式是，讓你經歷會想去表現正好相反的特質的環境。

試探是怎麼回事？

好在撒但的工作是完全可以預測的。從創世以來牠一直用同樣的伎倆，所有的試探都有同樣的模式，所以保羅說：「……**我們對撒但的詭計知道得很清楚。**」[2] 從聖經中，我們知道試探有四個步驟，撒但亦用此來試探亞當、夏娃及耶穌。

第一步：撒但看出你裏面的**慾念**，可能是一份罪的慾念，例如想要報復或控制別人，或甚至是一個合理、正常的慾望，例如被愛、被珍惜或感到歡愉的慾望。試探始於當撒但提議（藉著一個想法）你向一個邪惡的慾念降服時，或是提議你以不正當的方法或時刻去滿足一個正當的慾念時。總是要小心捷徑，那往往是試探！撒但向我們耳語道：「這是你應得的！現在你應擁有它！這會帶來刺激……安慰……或使你感到好受些。」

我們以為誘惑是在我們四周，但神說它發自我們心內。如果你沒有私慾，沒有誘惑能吸引你。試探往往始於我們的意念，而非始於環境。耶穌說：「**因為從裏面，就是從人的心裏，發出惡念、淫亂、偷盜、兇殺、姦淫、貪心、邪惡、詭詐、放蕩、嫉妒、毀謗、驕傲、愚妄；這一切惡事，是從人裏面出來的，……**」[3] 雅各告訴我們：「**在你們裏面有一整團軍隊的私慾。**」[4]

> 我們以為誘惑是在我們四周，但神說它發自我們心內。

第二步：**懷疑**。撒但試圖讓你懷疑神對罪的定義：「這真是錯的嗎？」「神真的說不可以這樣做嗎？」「難道神禁止這事的意思不是針對別人嗎？」「難道神不喜歡我快樂嗎？」聖經警告我們：「**……你們要當心！不要讓邪惡的意念和疑心，使你們離棄了永活的上帝。**」[5]

第三步：**欺騙**。撒但沒有能力說出真理，所以被稱為「謊言之父」[6]，牠告訴你的都是謊話或半真半假的話，用以取代神的話。撒但說：「你不會死，你只會像神一樣更有智慧。你不會受罰，沒有人會知道。這樣做會解決你的問題。人人都這樣做，這只是很小的罪。」但是很小的罪就像婦人懷胎一般，至終會顯露出來。

第四步：**不順服**。你在意念中把玩的思緒終會化作行動。一份想法孕育成行為。你降服於誘惑。你相信撒但的謊言，以致墮入雅各所說的陷阱：「*一個人受試誘，是被自己的慾望勾引去的。他的慾望懷了胎，生出罪惡；罪惡一旦長成就產生死亡。我親愛的弟兄姊妹們，不要被愚弄了。*」[7]

勝過試探

了解試探固然重要，但你更需要有明確的方法去勝過它。

不受威嚇

很多基督徒被誘惑的思想所驚嚇而頹喪，為自己沒有「超越」試探而覺得有罪惡感。他們只因受誘惑便感到慚愧。這是對成熟的誤解，因你**永遠不能**免於試探。

就某個層面而言，試探可以是一種讚賞。撒但不必去誘惑那些已隨從牠做惡事的人，他們已是屬於牠了。試探是撒但憎恨你的一種表示，而不是軟弱或屬世的表徵；試探亦是人活在敗壞的世界中所要面對的正常現象。不要因試探而驚訝或氣餒，試探既是不可避免的，讓我們實際一點：你永遠無法完全避免試探。聖經說：「當

你受試探時⋯⋯」，而非「如果你受試探」。保羅忠告我們：「**要記著，你生命中所遇到的試探，無非是他人也遇到的。**」[8]

受試探不是犯罪，耶穌也曾被試探，只是祂沒有犯罪。[9] 只有當我們降服於試探時，試探才成為罪。馬丁路德說：「你不能叫雀鳥不從你的頭上飛過，但你能阻止牠們在你的頭髮上築巢。」同樣，你不能叫魔鬼不用惡念引誘你，但你能選擇阻止惡念纏繞你，不讓惡念付諸行動。

試探是撒但憎恨你的一種表示，而不是軟弱或屬世的表徵。

舉例來說，很多人不懂外表的吸引力或性吸引和色慾的分別，二者**並不**相同。神造每個人都是性感的個體，這是好的。被美麗的外表、異性吸引或心動，是神賜人的自然、天生的反應。然而，色慾卻是一種**蓄意的行動**，選擇去思想或用身體去做慾念想做的事。你可以被吸引，甚至感到興奮，卻無須選擇沉迷於色慾而犯罪。很多人，特別是男性基督徒往往對於神給的荷爾蒙作用覺得罪惡感。當他們不自覺地注意到吸引人的女人，他們便以為是色慾而覺得羞恥可咒。但是吸引力並非色慾，除非你開始駐足於那樣的想像。

事實上，你愈接近神，撒但就愈想引誘你。在你成為神的兒女的那一刻，撒但就像刺客，要置你於死地。你是牠的死對頭，牠設計謀害使你墮落。

有時你禱告，撒但會用荒誕而邪惡的思想，來讓你分心並感到羞恥。不要恐慌或慚愧，要明白撒但因害怕你禱告而用盡方法阻止你，與其以「為何我竟有如此惡念？」來責備自己，反要認定這是撒但令你分心的詭計，並立即轉移注意力回到神身上。

認識自己被試探的模式，準備應對

在某些情況下，你會較易被試探引誘，甚至立刻跌倒；而另一些情況誘惑卻未必令你動心。令你跌倒的情況通常就是你的弱點，你需要辨認它們，因撒但必定知道它們的存在。牠**完全**知道什麼會絆倒你，也就不斷地引誘你落入那些境況。彼得警告我們：「**要警醒。魔鬼正作勢突襲，沒有一件事比擒獲打盹的人更令牠高興。**」[10]

問問自己：「什麼時候我最易被誘惑？在一週內的哪一天？在一天中的什麼時間？」又問：「在哪裏我最易被誘惑？在工作地點？在家中？在鄰居的家？在酒吧？在機場或在旅館？」你要問：「我跟誰在一起時最易受誘惑？朋友？同事？一群陌生人？或是獨處的時候？」還要問：「當我最易被引誘時，我通常有什麼感受？」可能是當你感到疲倦、孤單、苦悶、沮喪、或在壓力之下，也可能是當你感到傷心、忿怒、憂慮，又或者是大功告成之後，甚至是經歷到靈性高峰之後。

你應當辨認出你最易被試探的典型模式，然後準備盡量避開這些情況。聖經多次告訴我們要警醒，免得陷入試探[11]。保羅說：「**不可讓魔鬼有機可乘。**」[12] 有智慧地計劃生活能減少試探。請聽從箴言的忠告：「**要小心策劃你所做的事……務要遠避惡事，朝著前面直走，不要離開正路一步。**」[13] 「**屬神的人遠離邪惡，謹守己路，就能保守自己。**」[14]

求神幫助

天堂設有廿四小時緊急熱線，神要你在需要克服試探時向祂求援。祂說：「**在患難的時候呼求我。我必拯救你，而你必尊榮我。**」[15]

「神啊！幫助我！」「救命！」我稱這些禱告為「微波爐式」

禱告，因為它快且短。當試探臨到時，你沒有時間長篇大論地禱告，你只能立即呼求。這也是大衛、但以理、彼得、保羅，以及成千上萬的人遇到困難時的即時禱告。

聖經保證我們的呼求必蒙垂聽，因為耶穌同情我們的掙扎，祂也曾面對同樣的試探，祂「**能體恤我們的軟弱，因為祂與我們一樣面對各樣的試誘，只是祂從來沒有犯罪**」[16]。

若神期待幫助我們勝過試探，為什麼我們不時常仰望祂呢？坦白說，有時我們根本不想求助！縱然我們明知道不對，卻仍想屈服於誘惑；在那些時刻，我們自以為比神更知道什麼對自己是最好的。

又有時，我們因經常墮入同一試探而羞於向神求助，但神永不會因我們一次又一次的求助而感到惱怒、厭煩或失去耐性。聖經告訴我們：「**所以，我們只管坦然無懼地來到施恩的寶座前，為的是要領受憐憫，得到恩惠，作為及時的幫助。**」[17]

神的愛永遠不變，祂的忍耐永遠長存。即使你一天必須呼求祂兩百次來擊敗某一個試探，祂依然熱切地賜下憐憫與恩典；因此，當勇敢地仰望祂，求祂賜下正確處理事情的能力，並相信祂確能賜你力量。

試探幫助我們不斷倚靠神。就像樹在風吹雨打之後便長得更強壯一般，你每次抵擋試探，就更像耶穌。當你絆倒——這是一定會的，不會致命的。與其屈服或放棄，要仰望神並期待祂幫助你，記得賞賜正等待著你：「**當人受試探，仍能保持剛強，他們必然是快樂的。他們證明他們的信心之後，神必賞賜他們永生。**」[18]

第 26 天
我的人生目的省思

思想要點：*每個試探都是行善的機會。*

背記經文：「忍受試探的人是有福的，因為他經過試驗以後，必得生命的冠冕；這是主應許給那些愛祂之人的。」（雅各書一章12節）

思考問題：若勝過我最常面對的試探，可以培養出哪一種像基督的品格？

網上信息：www.purposedriven.com/day26（英文）

戰勝試探

你要逃避那些令你產生邪惡思想的事物⋯⋯
但要緊靠那些使你有正確思想行為的事物。

（提摩太後書二章22節，LB）

要謹記：你們所遭遇的試探和別人所遭遇的並無不同，
神是信實的，祂不會容許你們受試探過於你們能抵受的，
在你們受試探的時候，祂必給你們一條出路，
使你們不至降服於誘惑。

（哥林多前書十章13節，NLT）

purposedriven.com/
day27

總有一條出路。

有時你會覺得試探實在難以抗拒，這是撒但的謊話。神已經應許不讓在你身上的試探，超過祂放在你**裏面**的力量，祂不會容許你受試探過於你能擔當的。然而，你也要盡自己的本分，藉著實行四個聖經的要訣去戰勝試探。

轉移注意力於其他事上

這可能令你訝異：整本聖經**沒有**告訴我們要「抵擋試探」，乃是要我們「**抵擋魔鬼**」[1]，這兩者**大**不相同，我稍後會詳加解釋。聖經勸我們要把注意力重新調整，因為抵擋心思意念是行不通的，

這只會加強它的吸引力，令我們更將焦點放在錯誤的事情上。讓我解釋：

每次你企圖阻止一個意念在腦海出現，只會將它記得更牢。抗拒它等於強化了它，這事在試探上特別真確。與感覺交戰無法勝過試探。越打擊感覺，便越消耗並控制你。每一次你想到它便更強化它。

試探既是從意念開始，轉移你的注意力是抵消誘惑最快的方法。不要與意念苦戰，只要改變你的思路，轉移你的興趣，這是擊敗試探的第一步。

與罪惡的爭戰，勝負在於心思。你往往被你注意的事所俘擄。因此，約伯說：「**我跟自己的眼睛立了約：絕不貪看女色。**」[2] 大衛亦禱告說：「**保守我，不要讓我注意無價值的事物。**」[3]

你是否曾看見電視食品廣告而突然感覺肚子餓？你是否曾聽到某人咳嗽便立刻覺得也想清清喉嚨？是否曾看到別人打哈欠便也覺得想打哈欠？（你讀到此時，可能便想打哈欠！）這就是誘發的力量。很自然地，我們的思想行為會朝向那吸引我們注意力的事物上，你愈思想某事，你愈會被它控制。

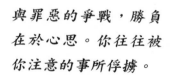

> 與罪惡的爭戰，勝負在於心思。你往往被你注意的事所俘擄。

因此，重複說「我要節食……或戒菸……或禁慾」是適得其反的策略，這樣的作法會不斷使你集中思想於你不想做的事。這就像宣告「我絕對不步上我母親的後塵」一樣，你便是對自我宣告去重蹈覆轍。

很多人節食都不見成效，因為他們時常記掛著食物，令自己更感飢餓。同樣地，不斷提醒自己不要緊張的演講者，會導致自己緊張；他應集中注意力於其他事——在神身上、在他的演說的重要性

上、或在聽眾的需要上。

試探始於抓住你的注意力。得到你的注意力就能喚起你的情緒，情緒再帶動你的行為，你便按著感覺採取行動。你愈集中思想於「我不做這事」，就愈墮入試探的網羅。

對試探不加理會遠比與它鬥爭更為有效，當你思想其他事情時，試探便會失去力量。所以，當試探打電話給你時，不要和它爭論，掛掉就是了！有時，這意味著要離開試探的處境，在這情況下逃跑是對的。

起來關掉電視機、離開談論是非的人、半途離開戲院。為免被刺，遠離蜜蜂。盡你所能地將注意力轉移到其他事情上。

在屬靈意義上，你的心思是最脆弱的器官。為減少試探，你要讓神的話語佔滿你的心思，用美善的思想擊敗不良的思想。這就是取代的原則，以善勝惡[4]。當你全神貫注在某事上，撒但便無法吸引你的注意力。故此，聖經重複地提醒我們：「……你們應該思想耶穌」[5]，「要時常記著耶穌基督」[6]，「你們要時常思念美善和值得讚揚的事：就是真實、高尚、公正、純潔、可愛、和光榮的事」[7]。

假若要認真對付試探，你必須管理你的心思並監視你所吸收的傳媒。世上最有智慧的人警告說：「要謹慎你的思想：你的心思將影響你的一生。」[8] 不要允許垃圾隨意進入你的心思，要謹慎地選擇你所想的事。效法保羅的模式：「把一切心意奪回來，順服基督。」[9] 這需要一生去操練，但聖靈可以幫助你重整你的思想方式。

將你的掙扎與扶持小組以及敬虔的朋友分享

你不用把你個人的掙扎公諸於世，但你必須至少與一個人作

坦誠的分享。聖經說：「**有朋友總比獨處更好……如果你跌倒，你的朋友可以扶你起來；但如果你跌倒而沒有朋友在附近，你就麻煩了。**」[10]

讓我清楚地說：如果在對抗壞習慣、惡癮、試探的爭戰中，你正節節敗退，落入那種出於善意，卻墮入失敗中，產生罪惡感的惡性循環裏，那麼，獨自掙扎是無益的！你需要別人的幫助。有些試探只有靠著同伴的<u>幫助才能克服</u>，他可以為你祈禱、鼓勵你並督促你。

神對你成長和得自由的計劃中，還包括其他的基督徒。真摯、誠實的相交是你在孤單掙扎對付頑強試探時的解藥。神說這是重獲真自由的惟一方法：<u>「**所以你們要彼此認罪，互相代禱，好叫你們得到醫治。**」[11]</u> 你真的想要從持續令你跌倒的試探得醫治嗎？神的解決方法很簡單：不要壓抑，要坦誠分享！不要隱瞞，要透露出來。表露你的感受是痊癒的第一步。

隱瞞你的傷痛只會加深痛楚。難題在暗處會變大，但在真理的光照下，它便縮小。越是嚴守祕密越是令你生厭，因此除去你的面具，不要再假裝完美，大步踏向自由。

在馬鞍峰教會，我們目睹這個原則的奇妙大能。透過我們建立的一個叫做「歡慶復原」的事工，打破看起來似乎完全無望的惡癮與無法脫離的試探的權勢。這個事工是一個合乎聖經教導，一共八個步驟的復原計劃，它根據耶穌的八福，以小組方式來建立。在過去的十年裏，超過五千個生命從各種惡習、傷害以及惡癮當中得釋放。今天，數千個教會使用這個事工。我極力推薦你的教會使用這樣的事工。

撒但要你以為自己的罪和試探是獨有的，所以你必須隱瞞它。其實我們都是同病相憐，都在抗拒同樣的試探[12]，並且「**世人都犯了罪**」[13]，無數人有你現有的感受，也面對你目前的掙扎。

驕傲的緣故令我們隱瞞過失。我們想要別人以為我們凡事都在掌握之中，沒有問題。事實上，任何你不能談論的問題，便已經是你生命裏失控的事：你的財務、婚姻、孩子、思想、性生活、祕密習慣等等。要是你能自己處理這些問題，你早已把它們解決，但是你不能！單憑意志力和決心是不足夠的。

> 事實上，任何你不能談論的問題，便已經是你生命裏失控的事。

有些問題太根深柢固、太積習難改、也太大了，不是你自己能解決的。你需要一個小組或負責任的夥伴來鼓勵你、扶持你、為你禱告、無條件地愛你，並且監督你為自己的行為負責。同時，你也相同地以此回報他們。

每當某人向我吐露心聲：「我至今從未把這事告訴任何人。」我總是為這人感到興奮，因為知道他將要經歷釋放與自由。壓力的閥門即將鬆開，而他們將首度看見未來希望的曙光。當我們按照神的吩咐，向敬虔的朋友承認自己的掙扎時，這樣的事就會發生。

讓我問你一個難題：在你的生命中，有什麼事你假裝不是問題？你害怕談論什麼？你無法獨自解決這些難題的。不錯，向人承認軟弱讓我們覺得謙卑屈尊，但欠缺謙虛的態度正是阻礙我們被醫治原因。聖經說：「神敵擋驕傲的人，施恩給謙虛的人，故此在神面前要謙卑。」[14]

要抵擋魔鬼

當我們謙卑自己並順服神後，要抗拒魔鬼。雅各書四章7節後半說：「抵擋魔鬼，魔鬼就逃避你們」（聖經新譯本）。我們並非被動地任由魔鬼攻擊，我們要反擊。新約聖經常常將基督徒的生命

描寫為對抗邪惡勢力的屬靈戰爭，並用戰爭的術語，例如：作戰、征服、鬥爭和戰勝，基督徒常常被喻為在敵方陣地作戰的士兵。

我們要怎樣抵擋魔鬼呢？保羅說：「**並且要戴上救恩的頭盔，拿起聖靈的寶劍，就是神的道。**」[15] 我們首先要接受神的救恩，除非你已對基督說「是」，否則你不能對魔鬼說「不」。沒有基督，我們無力防禦魔鬼的攻擊；但有救恩的頭盔，我們的心思便有神的保護。請記得：如果你是信徒，撒但不能迫使你做任何事，他只能夠給你意見。

其次，你必須使用神的話語作為與撒但爭戰的武器。耶穌在曠野被試探時，祂給了我們榜樣。每次撒但提出誘惑時，耶穌就引用聖經反駁，當祂被引誘去用祂的大能滿足個人需要時，祂沒與撒但爭論，祂沒說：「我不餓。」祂只憑記憶引用聖經。我們也需要這樣做，神的話語滿有能力，是撒但所懼怕的。

絕不要與魔鬼爭論，因為牠比你更擅長，牠已經練習幾千年了。你不能用邏輯或意見嚇唬撒但，但你能用神的真理令牠發抖。因此，熟背聖經經文是擊敗試探絕對必要的。當你被試探時，可以立即用聖經回應。像耶穌一樣，你把真理儲藏在心裏，準備隨時應用。

沒有背熟任何經文的人，就如槍未裝上子彈！讓我給你一個挑戰，在以後的日子，每週背熟一節經句。想想你會變得多麼強壯！

> *絕不要與魔鬼爭論，因為牠比你更擅長，牠已經練習幾千年了。*

認識你的弱點

神警告我們絕不可自高過於自信，那是招致災難的處方。耶利米說：「**人的心比萬物更詭詐，根本是無可救藥。**」[16] 這是說我們容易自欺欺人，只要環境適合，我們每個人都會犯罪，因此絕不要

放鬆警覺，自以為能免於試探。

不要隨便讓自己落在試探的情況中，要避免這樣的情況。[17] 記住，躲避試探比擺脫試探容易。聖經說：「**不要那麼天真和自信，你不是免疫的，正如其他人一樣，你也會跌得四腳朝天！忘記自信，它是無用處的，反要建立對神的信心。**」[18]

第 27 天
我的人生目的省思

思想要點：總有一條出路。

背記經文：「**神是信實的，必不叫你們受試探過於所能受的；在受試探的時候，總要給你們開一條出路，叫你們能忍受得住。**」（哥林多前書十章13節下）

思考問題：我可以找誰成為屬靈夥伴，為我祈禱、幫助我戰勝一個頑強的試探？

網上信息：www.purposedriven.com/day27（英文）

成長需要時間

> 世上萬物都有自己的時間和季節。
>
> （傳道書三章1節，CEV）

> 我深信，在你們心裏動了善工的神
> 必繼續在祂的恩典中幫助你們成長，
> 直至祂在你們心裏的工作
> 在耶穌基督再來的那日最終得以完成。
>
> （腓立比書一章6節，LB）

purposedriven.com/
day28

邁向成熟是沒有捷徑的。

我們長大成人需要經年累月，果子成熟亦要經過整個生長季節。屬靈的果子也是這樣。要建立基督的品格不是一蹴可及；靈命的成長與身體成長一樣，需要時間。

若我們提早採收果實，只會令它們失去原本味道。在北美，蕃茄往往還未成熟就被摘下，以免在運送到商店的過程中被壓爛。然後在出售前，這些綠色的蕃茄就會被噴上一層二氧化碳氣體，令它們立時轉為紅色。這些被氣化的蕃茄是可以食用的，但味道卻無法

與自然成熟的蕃茄相提並論。

　　當我們為自己成長的**速度**擔憂之際，神所關心的卻是我們成長的**強度**。神是從永恆的角度和意義察看我們的生命，所以祂從不匆促。

> *當我們為自己成長的速度擔憂之際，神所關心的卻是我們成長的強度。*

　　藍亞當（Lane Adams）曾將靈命的成長過程，喻為二次世界大戰盟軍解放南太平洋島嶼的策略。首先他們會「軟化」該島，以離岸船艦發射砲彈摧毀敵人的防線，削弱他們的守衛。其次是以一小隊海軍陸戰隊進攻，建立灘頭陣地，成為自己的根據地；接著便逐一解放島上其他地方，最後將整個島佔領，過程中當然少不了一些硬仗。

　　藍亞當作這比喻：在我們未悔改被主佔領生命之前，祂有時會容讓一些我們不能處理的難題來「軟化」我們。有些人可能在主第一次叩門時就打開心門接受主，但大多數人堅拒不接受。在我們回轉向神之前，主往往要對我們說：「看吧，我要炸開你的心門！」當你接受主進入你心裏，神在你生命中就建立了「灘頭陣地」。或許你以為自己已經完全降服，但事實上，你對自己的生命尚有未盡了解的地方；你只能將當時你所明白的奉獻給神，這也無妨，因為當主在你心中有了據點，祂會開始逐步佔領，直至你的生命完全屬祂。這過程中會有掙扎，但結果是不容置疑的。主曾應許：「**我深信，在你們心裏動了善工的神必繼續在祂的恩典中幫助你們成長，直至祂在你們心裏的工作在耶穌基督再來的那日最終得以完成。**」[1]

　　門徒訓練是順服主的過程，聖經說：「**我們要達到真正的成熟——要用『基督的完全』來作為衡量成熟的標準。**」[2] 你終極的目的是要完全像主，但這個旅程需要耗費一生之久。

　　到目前為止，這個旅程包括相信（透過敬拜）、歸屬（透過團

契相交）和改變（透過門徒訓練）。神要我們每一天更像祂：「**你已開始過新生活，你是新造的人，愈來愈像創造你的主。**」[3]

　　現代人力求速度，神卻看重實力和穩定性。我們求速決、捷徑與即時的結果，期望有一場講道、研討會或一次經驗，可以馬上解決所有問題、除去一切試探，挪走成長的痛苦。但是，無論這經歷多有能力、多感動人，真正的成熟絕不是單一經驗的結果。成長是漸進的，聖經說：「**隨著神進入我們的生命和我們變得像祂，我們的生命便逐漸變得更加光明和更加美麗。**」[4]

為何需要這麼久？

　　雖然神能夠立時將我們改變，祂卻選擇讓我們慢慢成長。耶穌訓練門徒是慎重而有計劃的；正如神容許以色列人「**一點一點地**」接管應許之地[5]，以免他們負荷不來。神選擇循序漸進地在我們的生命裏動工。

　　為何改變和成長需要那麼長的時間？原因有幾個。

我們是進度遲緩的學生

　　我們往往需重複一項功課四、五十次，才能真的學會。當問題一再出現，我們會想：「又來了！我已經學過了！」但神比你更清楚。以色列人的歷史明顯告訴我們，人是何等容易忘記神的教導，並且很快地故態復萌，所以我們需要反覆學習。

我們要除掉老我

　　很多人帶著積累**多年**的個人或與別人相處的問題去見協談者，

對他說：「我需要你解決我的問題，但我只有一個小時的時間。」
這些人天真地以為那些長年累月和根深柢固的問題可以即刻解決。
由於我們大部分的問題與所有的壞習慣都非一夕之間養成，要馬上
擺脫它們根本是不切實際的。沒有任何的靈藥妙方、禱告或理論能
立即修復經年累月所造成的損壞。這需要費力地剷除與替換。聖經
稱之為「脫去舊人」和「穿上新人」。[6] 在你悔改的一刻，神已賞
賜你新的生命，但你仍然有老習性、老模式與方法需要被除去、被
取代。

我們害怕謙卑地面對自我的真相

我已經說了，了解真相往往讓我們得釋放，但卻會先帶來苦
惱。當我們誠實地去面對個人性格的缺陷時，我們會害怕面對真
相，因此我們寧願活在否認的牢籠中。只有讓神以真理光照我們的
過錯、失敗和困擾，我們才能開始對付它們。這正是為什麼我們要
存謙卑受教的態度才能成長的原因。

成長往往有痛苦與害怕

成長路上必有改變，改變過程必有恐懼與失落，失落必有痛
苦。每一個改變都免不了失去一些東西：你必須放棄舊方式才能嘗
試新事物。我們都害怕失去，即使老方式使自己蒙受打擊；因為就
如同我們穿慣的舊鞋，至少是舒適熟悉的。

人往往將自我的身分建立在他們的短處上。我們會說：「這就像我是
……」以及「我就是這個樣子。」潛意識裏我們擔憂：如果我放棄原來的
習慣、傷痕或困擾，那麼我會是誰？

> 成長路上必有改變，
> 改變過程必有恐懼
> 與失落，失落必有痛
> 苦。

這恐懼無疑會延遲你的成長。

習慣需要時間去培養

請記著，你的品格是你所有習慣的總和。除非你**習慣性**仁慈，也就是無須思考便表現仁慈，否則不能聲稱自己仁慈。除非誠實是你的習慣，否則就不能聲稱自己正直；如果丈夫只是大多數時候忠於妻子，他根本就不算忠實！你的習慣定義你的品格。

培養出像基督的品格習慣只有一種方法：你必須要去**實行**——而實行是需要時間的！沒有立即養成的習慣。保羅督促提摩太：「**要去實行這些事，將你的生命奉獻在其上，使每個人都能看出你的長進。**」[7] 任何事長久實行就會得心應手，重複練習會培養品格和技巧。這些建立品格的習慣常被稱為「**屬靈紀律**」。有成打的好書可以教導你如何去做，請看附錄 **2** 所列的屬靈成長的書單。

不要操之過急

在邁向靈命成熟的過程中，我們有幾個與神合作的方法。

即使沒有感覺到，仍然相信神正在你生命裏動工

有時候，靈命成長是冗長沉悶的工作，一次一小步。只能期望逐步進展。聖經說：「**世上萬物都有自己的時間和季節。**」[8] 同樣地，你的屬靈生命也有季節，有時在短暫和蓬勃的生長季節（春天）過後，便是一段穩定和受考驗（秋冬）的日子。

至於那些你想神奇地除掉的難題、習慣和傷痕又怎樣呢？你可以祈求神蹟發生，但假若答案需要經過慢慢的轉變才見到，千萬不要失望。時間讓小溪可以將堅硬的大石磨蝕為鵝卵石，時間也能讓嫩芽長成三百五十呎高的紅杉木樹。

將學到的功課記下來

這筆記不是日程表，而是你的學習記錄。記錄神對你、對生命、人際關係，以及其他一切事件的洞見與教導，可作為你日後的反省和回憶，並傳承給下一代[9]。因為健忘之故，我們要不斷地重新學習；定時回顧靈修記錄會避免很多不必要的痛苦和煩惱。聖經說：「堅守我們所學的真理非常重要，能使我們不至逐流偏離。」[10]

耐性地對待神和自己

人生中令人氣餒的事之一，是神的時間表常與我們的不同。我們常匆匆忙忙，神卻不是。眼見自己的進度緩慢你或許感到沮喪，請記著：神永不匆忙，祂一向準時；祂要你以一生的時間去為你永恆的角色作預備。

> 神永不匆忙，祂一向準時。

聖經裏充滿了神如何使用冗長的過程來建立品格，特別是訓練領袖的例子。祂用八十年預備摩西，其中四十年在曠野；有一萬四千六百天，摩西不斷地等待、並納悶說：「時候到了嗎？」但神仍是說：「還沒有。」

與很多暢銷書名正好相反的，沒有所謂的成長捷徑或立時成聖的祕訣。神會以百年栽種一棵巨大的橡樹，卻僅以一天的時間讓蘑菇長成。培養偉大的心靈，是要經歷掙扎、風暴和苦難；所以只管忍耐等候。雅各曾說：「不要在事情未成熟前中途放棄，讓它循序漸進，使你們得以成長和完全。」[11]

不要灰心氣餒

當先知哈巴谷以為神未如期動工，而感到意志消沉時，神這樣

說：「我所計劃的這些事不會即時發生。隨著時間慢慢、平穩和穩步趨近，這異象必定成就。縱使好像很慢，但不要灰心，因這些事必定應驗。只要忍耐！它們必不延誤一天！」[12]　延遲，不是神的否定。

請記得你在靈命成長上已達到的進度，不要只記掛著未做到的事；或許你還未達到目標，但事實上，你已經不是停留在原地了。多年前，人們流行寫著PBPGINFWMY的胸針，意謂：「請忍耐，神在我身上尚未完工。」（Please Be Patient, God Is Not Finished With Me Yet.）同樣，神在你身上亦未完工，所以請繼續向前邁進。就算是蝸牛，只要有毅力，也可以走進方舟！

第 28 天
我的人生目的省思

思想要點：邁向成熟是沒有捷徑的。

背記經文：「我深信那在你們心裏動了善工的，必成全這工，直到耶穌基督的日子。」
　　　　　　（腓立比書一章6節）

思考問題：在我的靈命成長中，有哪些方面是需要更多的耐性和堅持？

網上信息：www.purposedriven.com/day28（英文）

你被塑造
是為服事神

我們不過是神的僕人……

我們每個人都是按照主所分派地做工：

我栽種，亞波羅澆灌，但是神使它成長。

（哥林多前書三章5-6節，TEV）

接受你的任命

神是我們的創造者，
祂藉著基督耶穌給了我們新的生命，
並且早已為我們訂下計劃，
要我們以生命去幫助別人。

（以弗所書二章10節，LB）

我在地上已經榮耀祢，
祢交給我的工作，我已經仔細完成了。

（約翰福音十七章4節，Msg）

purposedriven.com/
day29

你來到這個世界是要做出貢獻。

神造你不是只為了消耗資源——吃喝、呼吸和白佔地土。神特意造你，要透過你的生命在世上帶來改變。很多暢銷書籍建議人如何盡量從生命「**多取**」，但這不是神造你的目的。你被造是要在地上為生命**添加**東西，而不只是從生命取走東西。神要你給些東西回去。這是神給你的第四個人生目的，就是你的「事工」，或服事。聖經為我們提供了詳情。

神創造你，為要事奉祂

聖經說：「神創造我們，要我們行善；這是祂預先所安排

」就是你提供給世界的服事。每當你服事人，其實

並成就你的人生目的之一。在以下兩章，你會看到

的用心地**塑造**你。神對耶利米說的話也可以應用在你身上：「我還沒有使你在母胎成形之前，我已選召你；你還未出生前，我已為了特別職務把你分別出來。」[3] 你被安置在這個星球上是為了一項特別的任命。

神救贖你，要你事奉祂

聖經說：「神拯救了我們，又選召我們做祂的聖工，並不是因為我們配，乃因為這是祂的計劃。」[4] 神救贖你，以致你可以為祂做「聖工」。你被拯救不是因為你的服事，你被拯救乃是為要去服事。在神的國度裏，你有你的位分、使命、角色和功能。這些賦予你生命極大的價值與意義。

主耶穌以自己的生命來買贖你的救恩，聖經提醒我們：「因為祂用重價買了你們，所以，你們要用身體來榮耀神。」[5] 我們事奉神不是出於罪咎感、恐懼或責任，乃是因為祂為我們所做的，叫我們感到喜樂與感激；我們的生命是祂的。藉著救恩，我們的過去已蒙赦免，這一刻有了意義，對將來也有把握。基於這些令人難以置信的好處，保羅總結：「既然神這樣憐恤我們，我勸你們把自己當作活活的祭物獻給神，專心事奉祂……。」[6]

使徒約翰教導我們，愛心的服事表明我們是真正得救。他說：「我們若能彼此相愛，就能證明我們已出死入生。」[7] 若我對人缺乏愛心、無意服事別人、只顧自己的需要，我應捫心自問：基督是否確實活在我生命中。已被拯救的心靈自然想去服事人。

另一個被多數人誤解服事神的名詞是「事工」。聽到這名詞，多數人就聯想到牧師及專職神職人員；但神說祂家裏每一個成員都是事奉祂的人（minister）。在聖經裏，**僕人**（servant）和**事奉者**

（minister）是同義詞；**服事**和**事工**亦然。若你是基督徒，你就是事奉者，在你服事的時候，你已經是在參與事工了。

　　彼得的岳母被主醫治後，立刻用她剛得到的健康「**起來服事耶穌**」。[8]我們也當如此。我們被醫治為要幫助別人；蒙祝福為要成為別人的祝福；蒙拯救為要去服事，而不是閒坐等待上天堂。

　　你曾否納悶為什麼神不在我們接受救恩的一刻就將我們接到天家？祂為何留下我們在這沉淪的世界？祂把我們留下來乃是為要成就祂的目的。你一旦得救，神便定意為祂的目標來使用你。神在祂的教會有一個**事工**要給你，在這世上有一個**使命**等著你。

神呼召你，要你事奉祂

　　成長當中，你可能曾經想過，「蒙召」只是宣教士、傳道人、修女或其他全職教牧同工才會經歷到的，但聖經說，每一位基督徒均蒙召事奉[9]。你蒙召得救也包括了蒙召事奉，兩者是一回事。不論你從事何種職業，你已被呼召作**全時間**的基督徒事奉，「不事奉的基督徒」這一個詞本身就是矛盾的。

　　聖經說：「**神拯救我們，呼召我們作祂的子民，並不是因為我們有什麼好行為，而是出於祂的旨意……。**」[10]彼得亦說：「**你們被揀選，為要宣揚那呼召你們的神的大德。**」[11]每次你用神給你的恩賜幫助人，你就是在回應神的呼召。

　　聖經說：「**現在你們屬於神……使你們能夠好好地事奉神。**」[12]在事奉神這方面，你究竟有多少時候是有益的？在中國有些教會，他們在歡迎初信者時，會說：「主耶穌又加添了新的眼睛去觀看、

新的耳朵去聆聽、新的助手去辦事，和新的心靈去愛人。」

我們需要加入教會，其中一個原因是為要切實地回應神的呼召去服事人。聖經說：「**你們共同成為基督的身體，每人各自不同，各有功用。**」[13] 在主的肢體（教會）裏，你的事奉是極為需要的。我們每人都有自己的角色，而每個角色都是重要的；在神眼中，沒有微不足道的事奉，每個事奉都重要。

同樣地，教會裏亦沒有不重要的事工。有些事工很顯目，有些事工隱藏在幕後，卻全都寶貴。小而隱藏的事工往往發揮最大的功效。在我家，最重要的燈並不是餐廳那盞大型的琉璃吊燈，而是那盞小小的夜燈，防止我夜裏起來時絆倒。事工的大小與重要性無關；每一個事工都重要，因為我們都互相依賴才能發揮功效。

如果我身體的某一部分不作用會怎樣？那一定生病，身體的其他部分也會受苦。試想，假如肝臟決定我行我素：「我累了！不想再服事這身體了，我要休息一年，只吃不做，讓其他器官補上吧！」結果如何？你的身體會死去。今天很多教會瀕臨死亡，因為信徒不願意事奉，只袖手旁觀，叫主的身體受苦。

你受命服事神

主耶穌不容置疑地指出：「**你們的心態要像我一樣，我，彌賽亞，不是要別人服事，乃是服事別人，並且要捨命。**」[14] 對基督徒來說，事奉不是任君挑選、有空時才列入時間表內的東西，而是我們生命的核心。主來是「服事」和「付出」──這兩個動詞應是你人生的定義，也總括了神給予你的第四個人生目的。德蕾莎修女曾說過：「帶著笑容為主做工，是聖潔生活的一部分。」

主耶穌教導我們，靈命成熟本身不是最終的目的，靈命成熟

是為了事工！我們長大才能付出。持續不斷地學習還不夠，我們必須將所知、所信行出來。有觀念但缺乏表達會引致抑鬱；學習但沒有事奉只會令你靈命停滯不前。正如加利利海和死海的比較：加利利是生氣盎然的湖泊，因為它接收水亦排出水。反觀死海卻死氣沈沈，因為它的水沒法流出，這湖是腐濁的。

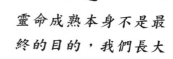

靈命成熟本身不是最終的目的，我們長大才能付出。

對很多信徒而言，他們**最不應該**做的事是，參加更多的查經班，他們所知的遠超過所行的，他們需要的乃是**服事的**經驗，鍛鍊一下他們的屬靈肌肉。

服事與我們的本性是相左的，我們往往對**服事自己**比**事奉**更感興趣。我們想：「我要找一間可以滿足我的需要和祝福我的教會。」而不是說：「我要尋找能夠事奉和祝福別人的地方。」我們期望得到服事，不過當我們在主裏成長時，生命的焦點應該逐漸轉向事奉的人生。一個成熟的耶穌跟隨者不應再問誰會滿足我的需要，而應問：「我能滿足誰的需要？」你**曾否**這樣問自己？

為永恆作準備

在世的生命結束後，你將要站在神的面前，那時祂會對你服事人的表現作出評價。聖經說：「**我們各人都要把自己的事向神交代。**」[15] 想想這所指為何。有一天，神會將我們放在自己身上和投資在服事別人所花的時間和精力作一比較。

到那時，我們所有出於自私的藉口：「太忙碌」或「我有自己的目標」或是「我太忙於工作、享樂或為退休作準備」都變成空談。神會對你說：「對不起，答錯了。我造你、救你、召你及命令

你過事奉的生活；究竟你不明白哪一方面？」聖經警告不信者說：「**神的震怒和忿恨要臨到那些自私過活的人。**」[16] 但對基督徒來說，那意味著損失永恆的獎賞。

只有當我們幫助人的時候，我們的生命才是生氣勃勃的。主說：「**凡想救自己生命的，必喪掉生命；但為我和福音犧牲生命的，必知道真正生命的意義。**」[17] 這個真理實在太重要了，因此福音書裏重複出現了五次。你若不服事，你便只是生存，因為生命就是為了事工。神希望你學習無私地愛人、服事人。

事奉的重要性

若你將為某件事付出生命，會是哪一樁呢──職業、運動、嗜好、名聲或財富？這些沒有一個有永恆的意義。事奉是通往一個真正有意義人生的途徑。聖經說：「**我們在基督裏成為一個身體，各人找尋自己的生命意義和功用。**」[18] 當我們在神家裏一同事奉，生命就有永恆的意義了。保羅說：「**正因為你是（基督）肢體的一部分，我要你思想所有這事如何令你更重要，而不是無足輕重。**」[19]

> 事奉是通往一個真正有意義人生的途徑。

神要使用你去改變世界，祂要藉著你來做工。生命不在乎**長短**，而是在於有何**貢獻**；不是你活**多久**，而是你**怎樣**活。

若你現在沒有投身事奉，藉口是什麼？亞伯拉罕年老、雅各缺乏安全感、利亞不吸引人、約瑟被虐待、摩西口吃、基甸貧窮、參孫太依賴、喇合不道德、大衛有婚外情和家庭問題、以利亞有自殺傾向、耶利米抑鬱、約拿不順服、拿俄米是寡婦、施洗約翰怪異有加、彼得衝動暴躁、馬大憂慮重重、撒瑪利亞婦人多次婚姻失敗、

撒該不受歡迎、多馬多疑、保羅體弱、提摩太怯懦。各式各樣的不配，但神卻使用他們成就事工。只要你不再製造藉口，祂也必同樣使用你。

第 29 天
我的人生目的省思

思想要點：服事不是隨你選擇要或不要的。

背記經文：「我們原是祂的工作，在基督耶穌裏造成的，為要叫我們行善，就是神所預備叫我們行的。」（以弗所書二章10節）

思考問題：是什麼妨礙我接受神的呼召去事奉祂？

網上信息：www.purposedriven.com/day29（英文）

被塑造是為服事神

祢的手塑我造我。

（約伯記十章8節，聖經新譯本）

purposedriven.com/
day30

就是我為自己所造的子民，

好使他們述說讚美我的話。

（以賽亞書四十三章21節，聖經新譯本）

你被塑造為要服事神。

神造地球上每種生物時，都賦予特別的技能。有些動物能跑、有些能跳、有些能游、有些能挖洞、有些則能飛。每種生物都因著神的塑造而在世上有其獨特的角色。神造人亦是如此，我們每人均為天父精心設計，或「被塑造」以各司所職。

在建築師設計新建築物前，他們會先問：「這建築物的目的為何？有何用處？」往往這建築物的用途會成為決定形式的主要因素。神創造你之前，祂先決定你在世上所扮演的角色，然後塑造你，讓你可以成就祂要你做的工作。

聖經說：「我們是神所做的工作（workmanship），在基督耶穌

裏造成的，為的是要我們行善事。」[1] 英文字「poem」（詩歌）源自希臘文「workmanship」（工作）。你是神親手精心製作的藝術品，不是工廠機器大量裝配的產品，你是被量身訂造、獨一無二的創作。

神精心塑造你，使你能以個人獨特的事工來服事祂。祂小心翼翼地組合你的基因而創造你。「祢為我的身體造了一切精巧的內臟，在我母親的腹

> *神從不浪費任何東西。*

中將我編結起來。感謝祢造我那樣奇妙複雜！祢的工藝何等奇妙！」[2] 正如魏以特（Ethel Waters）說：「神是不會製造廢物的。」

神不單在你未出生時塑造你，祂更為你生命的每一天訂下計劃，以完成你被塑造的過程。大衛說：「**我生命中的每一天都記在祢的冊上。我連一天還未度過，但每一刻都已清楚記下。**」[3] 這就是說：沒有一件發生在你生命中的事是不重要的，神使用這些事去模造你，讓你可以事奉祂和服事他人。

神從不浪費任何東西。祂不會毫無緣故就賜給你才能、興趣、天分、恩賜、個性和人生經驗，因祂定意在當中得著榮耀。故此，認識並了解這些因素，可以幫助你發掘神在你生命中的旨意。

聖經說你是「奇妙的結合」，因你是用不同因素結合而成。為了幫助你記得這五個要素，我創了一個首字母組合詞「SHAPE」（**特色**）。本章及下一章，我們要研討這五個要素，我也要解釋如何發現你的**特色**「SHAPE」。

神如何為你的事工塑造你

每當神給你一個任務，祂總會為你需要去完成的任務來裝備你。這個為你量身訂做的才能組合成為你的特色（SHAPE）。

Spiritual Gifts　屬靈恩賜

Heart　心

Abilities　能力

Personality　個性

Experience　經驗

特色：發掘你的屬靈恩賜

神給每個信徒屬靈恩賜好用在事工上。[4] 這些是神特別賞賜的能力，只給信徒，為的是事奉祂。聖經說：「**那沒有神的靈的人，不能夠領受神的靈所給的恩賜。**」[5]

你既不能賺取、也不配得屬靈的恩賜——恩賜是神賜給你的恩典。「**祂（神）在基督耶穌裏賜給我們的恩典，是多麼地豐盛。**」[6] 你也不可能選擇你喜歡擁有的恩賜，這是神的決定。保羅解釋說：「**這一切都是這同一位聖靈所做的，祂按照自己的意思個別地分給各人。**」[7]

因為神喜愛多樣化，祂要我們各有特色，因此沒有任何一個恩賜是每個人都有的[8]，也沒有一個人有**所有**的恩賜。你若有一切的恩賜，你就不需要任何人了，這會牴觸神的心意——就是要我們彼此相愛和相依。

你的恩賜不是用來使自己得益，而是為**別人**的好處，正如別人蒙受恩賜，運用來使你得益。聖經說：「**屬靈恩賜給予各人，為的是要使整個教會得著益處。**」[9] 神的計劃是要我們互相依賴，共同使用恩賜，使眾人得益。倘若其他人不運用他們的恩賜，你會感到被人欺騙；同樣地，如果你不運用你的恩賜，他人亦會感到被欺騙，因此，主吩咐我們要去發掘和發揮屬靈恩賜。你有否善用時間去發掘你的屬靈恩賜？沒有拆封的禮物（恩賜）是毫無價值的。

　　每當我們忘記這些有關恩賜的真理時，教會內便出現問題。兩種常見的問題是：「恩賜嫉妒」和「恩賜投射」。前者是指我們將恩賜與人比較，對神給我們的恩賜感到不滿，對

沒有拆封的禮物（恩賜）是毫無價值的。

神使用別人感到反感和嫉妒。後者是指我們假設其他人亦擁有我們的恩賜，做我們所蒙召去做的，與我們感到一樣的熱情。聖經記載說：「服事和職分有許多種，但是同為一位主。」[10]

　　有些時候我們太重視屬靈恩賜，以致忽略了神用來塑造你的其他因素。其實恩賜只不過是尋求神要你做的工的關鍵之一，神還會用其他四種方法去顯明祂的心意。

特色：聆聽你的心

　　聖經用「心」這個字形容你的意願、希望、興趣、抱負、夢想和你的所愛。你的心是你生命動力的源頭——就是指你喜愛做什麼和你最關心的是什麼。就是今天，我們也仍然使用這個字來說：「我全心愛你。」

　　聖經說：「水怎樣映照人面，人的心思也怎樣反映其人。」[11]你的心思顯露你的真我——真實的你，不是別人想像的你或身不由己的你。你的心思決定你為什麼這樣**說話**、你為什麼這樣**感覺**，以及你為什麼這樣**做事**。[12]

　　我們每個人的身體均有獨特的心跳，正如我們各有獨特的指紋、眼膜和聲音，我們的心跳也與別人稍有不同。令人詫異的是，在世上億萬人中，竟無一人的心跳與你一樣的！同樣地，神給我們每人一個獨特的「情緒脈動」，當遇上我們感到有興趣的題材、活動或環境，我們會不自覺地對這些事物特別關心，這就是尋求我們

事奉範疇的線索。

「心」的另一個意思是**熱忱**。你對有些事會感到特別熱愛，但對另一些事則會無動於衷；有些經歷會吸引你的注意，令你興致勃勃；但另外一些經歷則令你意興闌珊，悶悶不樂。這些體驗也會反映你內心的本性。

在你成長期間，你可能發覺你對某些事物特別有興趣，而家中其他的人對此則漠不關心，這些興趣取向是從何而來？其實它們是從神而來。神給你與生俱來的興趣是有祂的目的，你的「情緒脈搏」便是第二個指標，讓你瞭解你服事的特色。不要忽視你的興趣，好好考慮這些如何能被用來榮耀神；你喜愛做這些事是有原因的。

聖經一再地說要「**全心全意事奉神**」[13]。神要我們熱心事奉祂而不是出於職責；很少有人對自己不感興趣的事能卓越有成或充滿熱忱的。神要你用你天生的興趣去服事祂和其他人。細心聆聽內心的暗示，可以指出神為你預備的事工。

你怎麼知道你乃是從心底服事神？第一個指標就是你對此事奉的**熱情**。當你做你**喜愛**的事時，你不需要別人去激勵你、挑戰你或監督你。你的動力便是你對這工作的全然享受，你不需要獎賞、喝采或報酬，因為你喜愛這樣的服事。相反地，假若你對所做的沒有熱切的心，你會很容易感到氣餒。

第二個事奉神的指標是**果效**。每當你按神對你的設計去做你**喜愛做的事**時，你會越做越好。熱情驅使人追求完美。你若不喜歡一件任務，你便不可能出類拔萃。

不論任何行業，最有成就的人，總是那些出於熱情而非為職責或利益才做的人。我們常聽人說：「為了賺錢，我只好做一份我厭惡的工作，好讓我有一天可以辭職，去做我喜愛的事。」大錯特

錯！不要浪費生命在一份不能傳達你
心意的工作上。請記著：生命中最偉
大的事不是維繫在物質上，有意義的
事比金錢更為重要。一位全球首富曾
說：「過簡單的生活而敬畏神，勝過
富足地生活卻諸多頭痛。」[14]

當你做你喜愛的事
時，你不需要別人去
激勵你。

你不要安於「舒適的人生」，因為「舒適的人生」並不夠好，
最終它不能使人滿足。你可以擁有很多物質來過活，卻沒有一樣你
可以為之而活。與其追求「舒適的生活」，不如以能表達你的心的
方式來服事神為目標。找出你喜歡做什麼——神給你什麼興趣，然
後為神的榮耀去做。

第 30 天
我的人生目的省思

思想要點：我被塑造是為了服事神。

背記經文：「神藉著不同的人，以不同的方式去做工；但卻
　　　　　是同一位神，要藉著他們眾人，去達成他的目
　　　　　的。」（哥林多前書十二章6節，Ph）

思考問題：我如何才能熱心服事他人，並享受此事奉？

網上信息：www.purposedriven.com/day30（英文）

了解你的特色

> 祢塑造了我的內在與外在，
> 在我的母腹中祢便形成我。
>
> （詩篇一三九篇13節，Msg）

purposedriven.com/
day31

世上只有一個你。

神設計我們每一個人，讓這個世上再也找不到第二個你。你的構造獨特，與別人截然不同，這意即世上沒有任何人可以扮演神計劃要你扮演的角色。你若不對基督的身體做出獨特的貢獻，就沒有人能做出這份貢獻。聖經說：「**恩賜各有不同⋯⋯事奉的方法各有不同⋯⋯工作的才能各有不同。**」¹ 上一章，我們討論了前兩項：你的屬靈恩賜與你的心（興趣），現在就讓我們看看你用來服事神的其他**特色**（SHAPE）。

特色（SHAPE）：運用你的才能

你的才能是你天生的能力。有些人有語言天分，自出娘胎便會說話！有些人天賦運動的才能，亦有些人精通數學、音樂或機械。

當年神要建造約櫃和其他敬拜用品時，祂提供一群有天賦的藝術家及工匠，他們「**有智慧，有聰明，有知識……能想出巧工……能做各樣的工**」[2]。今天神仍賜與千萬人這些才能，讓他們可以事奉祂。

我們所有的才能都是從神而來

就是用來犯罪的本領也是神給予的，它們只不過是被誤用或濫用。聖經說：「**神賜與我們各有不同的恩賜。**」[3] 既然你們的天賦才能是從神而來，它們與屬靈恩賜一樣重要，也一樣屬靈，惟一的分別只在於才能是與生俱來的。

人們不事奉最普遍的藉口之一是：「我沒有任何才能可以獻給神。」這真是荒唐。你有很多未開發、未認識和未使用的才能，它不過隱藏在你裏面罷了！許多研究報告顯示，一般人約有五百至七百種技術和才能，遠超過你所了解的。

比方說，你的腦袋可以貯存一百萬億件訊息；與你的消化系統運作一樣，你的心思可以在一秒鐘內做出一萬五千個決定。鼻子可以分辨一萬種不同的氣味；觸覺可以感應到二萬五千分之一吋厚的物品，你的舌頭可以嚐出稀釋到兩百萬分之一的奎寧。你是神奇妙的創造物，擁有不可思議的才能。教會的職責之一就是辨識出你的才能來用以服事神。

每種才能都可以用來榮耀神

保羅說：「**無論做什麼，都要為榮耀神而行。**」[4] 聖經中充滿

著人用不同恩賜榮耀神的例子：藝術、建築、行政、烘焙、製糖果、辯論、造船、設計、防腐、針織、畫匠、農事、捕魚、園藝、領導、管理、音樂、製造武器、種植、發明、航海、銷售、當兵、裁縫、教導、木工、哲學研究、機械、文學創作和作詩等等。聖經說：「**工作的才能各有不同，賜才能的是同一位上帝。**」[5] 神的家中必有一處地方，可以讓你施展專長，做出貢獻。就全憑你去找出這地方了。

神賜給一些人善於賺錢的才能。摩西對以色列人說：「**你要記念耶和華──你的神，因為得貨財的力量是祂給你的。**」[6] 這些人精於建立事業、經營生意、賺取利潤。如果你有這些才能，你應該使用這樣的才能來榮耀神。怎麼做呢？首先你要明白這才能是從神而來，將此才能歸功於神。第二，使用你的事業去幫助有需要的人，向未信者分享你的信仰。第三，將至少十分之一歸回給神，以此敬拜神[7]。最後，把你的目標設定在作為一個**國度建造者**，而不只是**財富建造者**。我會在第卅四章加以解釋。

神要我做我有能力做的事

你是世上惟一可以使用你才能的人。無人可以代替你的角色，因為他們沒有神給你獨一無二的特色。聖經說，神裝備你「**所需要的，去行祂的旨意**」。[8] 要發掘神對你生命中的旨意，你便要認真檢查自己做得好與做不好的事。

若神沒有給你唱歌的才能，祂就絕不會要你做一個歌劇演唱家。神不會要你獻身於你沒有天分的工作。另一方面，你擁有的才能正是神要你去做的有力指標。這乃是明白神對你的旨意的線索。若你在設計、繪畫、或組織方面做得出色，你便大約可以認為神在你的生命計劃中要你採用這些技能。神不會浪費才能，祂會使我們的呼召和才能互相配合。

神賜給你才能並不僅讓你藉以維生，更是為了你的事工。彼得說：「**既然神賜每個人獨特的才能，我們要照所得的恩賜彼此服事，將神的賜福傳予眾人。**」[9]

在馬鞍峰教會，目前有接近七千人使用他們的才能提供各種服務：例如把別人捐獻的舊車修理好，供有需要的人使用；為教會找尋價廉物美的東西、園地設

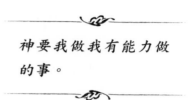

神要我做我有能力做的事。

計、整理資料、藝術設計、節目設計、建築設計、提供身體檢查、準備膳食、作曲、教授音樂、申請補助、擔任教練、幫助講章資料研究、翻譯講章等等工作。我們對每位新會友都這樣說：「你擅長做的事，就應該為你的教會來做。」

特色（SHAPE）：善用你的個性

我們實在不真正瞭解我們每一個人有多麼地獨特。人類染色體（DNA）可以有無數的排列方式，大約是 $10^{2,400,000,000}$，（10的24億次方），這數目反映你能找到一個與你相同的人的機率。若要將此數目寫下來，每個零之間相差一英寸，你便需要三十七萬英里長的紙條才夠！

從另一個角度看，有些科學家猜測，宇宙間所有的微粒子大約少於10後面加76個零，遠少於DNA的可能性。你的獨特性是有科學根據。當神造你之後，祂便打破模子，再也不可能有任何一個人與你一模一樣。

很明顯地，神喜愛多樣化，只要你環顧四周便會明白！祂創造我們時，賜給我們獨特的個性，有些人**內向**，有些人則**外向**；有些喜歡**例行不變**，有些則喜歡**變化多端**；有些是**思想型**、有些則是

感覺型；有些人適合單獨工作，而另一些人則適合團隊工作。聖經說：「神藉著不同的人、不同的方式去做成一切，亦是這位神藉著眾人成就祂的目的。」[10]

聖經中有很多例子，證明神使用各種不同個性的人。彼得**熱情樂觀**，保羅**暴躁易怒**，耶利米**多愁善感**。當你看見十二門徒的個性各有不同時，就會明白他們之間為什麼偶有衝突了。

從事工角度來看，性情沒有對或錯；我們需要各種不同個性的人參與事奉，讓教會有平衡的發展和更多姿多采。我們若都是平淡的香草冰淇淋，這世界將會是一個很無聊的地方。可幸的是，人們有多過於三十一種口味，各式各樣的個性。（譯註：作者以美國一家有三十一種口味的冰淇淋連鎖店為例。）

你的個性會影響你**如何、在哪裏**使用你的屬靈恩賜與才能。舉例來說，兩人都擁有同樣的佈道恩賜，但假如一個是內向，另一個是外向，他們表現恩賜的方式便大不相同。

木匠知道順木紋比逆木紋容易施工；同樣地，如果你被迫做與你性格相背的事工，你會感到壓力與不安，需要額外的精神和力氣，效果卻不理想。這就是為什麼模仿別人的事工絕對行不通的原因，因為你沒有**他們的**個性。此外，神造你作你自己！你可以**學習**別人的榜樣，但你要把所學的消化，與你的**特色**配合。現今有很多書本和工具幫助你了解自己的個性，從而決定如何被神使用。

如同彩繪玻璃折射陽光一樣，我們不同的個性將神的亮光反映出許多不同的顏色與花樣，使神的大家庭在深度與多樣性上蒙受祝福，也使我們的個性蒙受祝福。當我們順著神造我們的樣式去做時，**感覺真好**。當你以神賦予的個性事奉祂時，你會經歷到成就感、滿足感並有果效。

當我們順著神造我們的樣式去做時，感覺真好。

特色（SHAPE）：善用你的經歷

你的生活經驗塑造你，大部分經驗在我們控制範圍之外，但神容許這些事情發生，為的是要塑造你。[11]　在決定用什麼特色去事奉神時，你應該至少察驗以下六項過往的經歷：

- **家庭**經歷：成長期間，你在家中學到什麼？
- **教育**經歷：在學校裏，你最喜愛哪一科目？
- **工作**經歷：什麼工作是你最有果效、最享受的工作？
- **屬靈**經歷：與神交往中，最有意義的時刻是什麼？
- **事奉**經歷：過去你如何事奉神？
- **痛苦**經歷：從困難、傷痛、煩惱及試煉中，你學到什麼？

這最後一項——**痛苦**的經歷是神最常用來預備你從事事工的經歷。**神從不浪費傷痛的經歷！**事實上，你最大的事工最可能出自於你最大的傷痛。有誰比那些自己擁有弱智子女的人，更適合去服事其他有弱智子女的父母呢？有誰比一個曾與酗酒的惡魔爭戰並得釋放的人，更適合去幫助人戒酒呢？有誰比一個曾經歷被丈夫遺棄的女人，更適合去安慰丈夫為了婚外情而離棄的妻子呢？

神刻意容許你經歷這些痛苦，為要裝備你去服事別人。聖經說：**「我們在一切患難中，神都安慰我們，使我們能用祂所賜的安慰，去安慰那些在各樣患難中的人。」**[12]

若你真正渴望被神使用，你必須明白一個真理：你生命中，那些令你怨恨或懊悔的經歷，那些你想隱藏或忘記的事，都是神要你用來幫助別人的經歷，那就**是**你的事工！

若要讓神使用你痛苦的經歷，你必須願意與人分享這些經歷。

你必須不再掩蓋，要誠實地承認你的錯誤、失敗和恐懼，這會成為你最有效的事工。當我們分享神的恩典如何在我們的軟弱上幫助我們時，別人往往得著激勵，這樣做遠勝於我們誇耀自己的能力。

保羅明白這真理，所以他坦誠地分享自己多次意志消沉的經驗，他承認說：「弟兄姊妹們，我們希望你們知道，我們從前在亞細亞省所遭遇的患難。那麼在我們身上的擔子是多麼大，多麼沈重，連生存的希望都沒有了。我們只覺得已經被判死刑。這樣的

> 若要讓神使用你痛苦的經歷，你必須願意與人分享這些經歷。

情形使我們知道不能倚靠自己，只能倚靠那使死人復活的上帝。祂曾經從死亡的危險中拯救了我們，將來仍要拯救。」[13]

如果保羅將這疑惑與沮喪的經歷保密，千萬的人便永遠不能得到益處，只有分享經歷才能幫助人。赫胥黎（Aldous Huxly）說：「經驗不是指發生在你身上的事，而是你如何處理發生在你身上的事情。」你如何善用你的經歷？不要浪費你的痛苦，使用它來幫助別人。

當明白神塑造我們去服事的五種方法後，我希望你會更為神的主權而感恩，更明白祂如何為了能成就祂對我們的旨意，來裝備我們去服事祂。善用你的特色是你在事工中能得著滿足與果效的祕訣。[14] 當你以最能表達你的**個性**與**經驗**的方式，使用你的**屬靈恩賜**與**才能**在你**感興趣**的事上時，你最有果效。越符合上述所言，你便做得越成功。

第 31 天
我的人生目的省思

思想要點：世上無人能夠成為我。

背記經文：「各人要照所得的恩賜彼此服事，作神百般恩賜
的好管家。」（彼得前書四章10節）

思考問題：我有什麼從神而來的才能和個人經歷可以服事教
會？

網上信息：www.purposedriven.com/day31（英文）

使用神給你的一切

我們既奇妙地被造，各有所長，
在基督裏成為一體，讓我們勇往向前，
做我們被造去做的事。

（羅馬書十二章5節，Msg）

purposedriven.com/
day32

你的生命是神賜給你的禮物；
如何使用你的生命是你獻給神的禮物。

——丹麥諺語

神配得你最好的。

神塑造你有一個目的，祂期待你將恩賜發揮得淋漓盡致。祂不願你垂涎所沒有的才能或為此擔憂，乃是要你專注於祂所給你去使用的才幹。

當你嘗試不依照神模造你的方式去事奉時，就好像硬將方木栓敲入圓孔中，不單令你感到沮喪，效果亦有限，更白費你的時間、天分和精力。使用你的生命最好的方式就是用神所賜的特色去事奉祂。要這樣做，你就必須發掘自己的特色，學習去接受並享受它，進而發揮所長。

250

發掘你的特色（SHAPE）

聖經說：「**不要作糊塗人，要明白主要你做什麼並去做出來。**」[1] 不要浪費光陰，現在就開始發掘神給你的才幹和要你做的事。

從評估你的恩賜及才幹來開始

好好花時間誠實地檢討自己做得好與做不好的事。保羅建議說：「**試試理智地去估計你的才能。**」[2] 列出清單，然後徵求別人的意見，告訴他們你在尋找事實，不是在沽名釣譽。屬靈 恩賜與天賦才能往往需要別人來加以認定。假若你認為自己有教導或唱歌的恩賜，卻沒有人同意，你想會是什麼結果？你若想知道是否有領導的恩賜，只要看看有沒有人跟從你就是了；若沒有，你就不是領袖人才。

試問自己：在我身上，哪些屬靈果子是**得到別人肯定的**？我在哪方面做得成功？屬靈恩賜測驗和才能評量表兩種方法都有些價值，但用處卻有限。首先，兩者都是公式化的測驗，沒有考慮個別獨特性；其次，聖經並沒有給屬靈恩賜下定義，因此所有定義都是主觀的，通常帶有宗派的偏見。另一個問題是，你愈成熟就愈表現出許多恩賜的特點，你可能因著成熟而能從事各樣的事奉、教導、或慷慨奉獻，而非出於屬靈恩賜。

發掘恩賜和才幹的最好方法是在不同的崗位上事奉，以此來**試驗**。我年輕時或許做過上百個恩賜和才能測驗，卻不知道自己有教導的恩賜，因為我從未做過！只有在開始接受講道的機會**之後**，我才看到結果，並接受別人的認定，明白「神給了我恩賜做這件事」！

　　很多書將恩賜發掘的程序本末倒置，他們說：「先發掘屬靈恩賜，然後你才知道自己的事奉崗位。」但事實往往相反。只要開始服事，在不同的事工上嘗試，你就會發現自己的恩賜。除非你實際投入事奉，你不會知道自己的長處。

　　由於你從來沒有嘗試去做，有許多隱藏的才能與恩賜是你不知道的。因此我鼓勵你去做一些從未做過的事。無論你年紀多大，我敦促你絕不要停止嘗試。我見過很多人，在七、八十歲時發現自己的潛能。我認識一位九十歲的女士在十公里賽跑中取得冠軍，她在七十八歲時才發現自己喜愛跑步！

　　還未志願投入服事之前，不要嘗試想要找出你的恩賜。只要開始服事，你藉著投身事工來發掘恩賜。嘗試教導、組織、領導或演奏樂器或參與青少年事工。不嘗試，你永遠不知道自己擅長什麼。若不成功，就當作是一個試驗，而非失敗。最終你會知道自己的專長是什麼。

不嘗試，你永遠不知道自己擅長什麼。

考慮你的興趣和個性

　　保羅建議說：「*細心探討你是誰、和你受託付的工作，然後投身去做。*」[3] 聆聽摯友的意見是有幫助的；你亦可問自己：我最享受做什麼事？做什麼事會令我充滿活力，甚至忘記時間？我喜歡規律還是有變化的工作？我喜歡團隊合作，還是單獨事奉？我是屬於內向型，還是外向型？我是思想型，還是感覺型？我喜歡爭競，還是合作？

察驗你的經歷並吸取教訓

　　回顧你一生，想想神如何塑造你。摩西對以色列人說：「記得

從你們經歷神中所學到關於主的一切事。」[4]　遺□

價值的，這就是寫靈修日記的益處。保羅擔心加拉太□

他們的痛苦經歷，他說：「你們以往一切的經驗是徒然的嗎□

望不至於如此！」[5]

在痛苦、失敗、困惑中，我們很少看得見神的美意。當耶穌為彼得洗腳時，祂說：「我所做的，你如今不知道，後來必明白。」[6]只有在事過境遷，我們才領悟到神容許這些不如意的事發生，本意是美好的。

從經驗中汲取教訓是需要時間的，我建議你用一個週末的時間去作**生命反思靜修**，停下來看看神在你生命中的作為，思想祂可以怎樣使用那些人生功課去幫助別人。有許多資料可以幫助你這樣做。[7]

接受並享受你的特色（SHAPE）

既然神最清楚什麼是最適合你的，所以當存感恩的心，接受祂的安排。聖經說：「**你這個人有何權利，竟敢盤問神？一個瓦器怎能對陶匠說：『你為什麼把我造成這個樣子？』陶匠畢竟有權把泥土造成他喜愛的器皿。**」[8]

神以祂的主權決定你的特色，為要成就**祂的**旨意；所以，你不應對此怨忿或抗拒。與其嘗試重塑自己模仿別人，要為神單獨給你的特色而歡慶。「**基督已從恩賜的寶庫中，按照祂的心意將各種特別的才能賜給我們各人。**」[9]

接受自己的特色包括認同自己的限制。世上沒有人萬事皆能，神亦不會要人凡事都做，我們都有自己特定的角色。保羅明白自己被召，不是要完成所有的事或要取悅所有的人，而是專心於神塑造他、要他做的事工。[10]　他說：「**我們的目標是要堅守在神的計劃界**

限之內」[11]。

「**界限**」是指神分派給我們每個人一定的事奉範圍。你的特色決定你的專長。當我們的事奉逾越神給我們的特色時，我們會經歷壓力。正如運動員被安排在不同的跑道，我們亦要「**堅忍地奔跑我們前面的路程**」[12]。故此，不要妒忌隔鄰跑道的參賽者，只要專注於完成**你的**賽程。

神要我們享受祂賜給我們的特色。聖經說：「**做你應該做的事，這樣，你可以因你做成美好工作而感到滿足，不用與人作比較。**」[13] 撒但會用盡方法奪去我們事奉的喜樂：牠會引誘你去與人**比較**，或改變事工去**順應**別人的期望，兩者都是令我們分心的致命陷阱。當你發覺失去事奉的喜樂時，這兩種試探可能就是原因所在。

> 神要我們享受祂賜給我們的特色。

聖經警戒我們切勿與人比較：「**盡力做好你的工作，這樣，你可以引以為榮，但不要與人比較。**」[14] 切勿與人在特色、事工或果效上作比較有兩個理由。第一，你永遠可以找到比你更能幹的人，你便會感到灰心；或你總是能找到比你沒有果效的人，你便會因此感到驕傲自滿。兩種態度都會令你離開事奉崗位，奪去你的喜樂。

保羅說與人比較是愚昧的。他說：「**因為我們不敢將自己和那自薦的人同列相比。他們用自己度量自己，用自己比較自己，乃是不智的。**」[15] 意思是：「**在這一切的比較、評分和爭競當中，他們錯失要點。**」[16]

你會發現：不了解你事工特色的人會批評你，試圖要你符合**他們**認為你該做的；不要理會他們。保羅常要面對一些誤會、中傷他事奉的批評，他的反應總是一樣：避免比較，不作誇大言語，只尋求神的讚賞。[17]

　　保羅被神大大使用的原因之一，是他拒絕被批評、與別人的事工比較、無謂的爭辯等事所分心。正如本仁約翰（John Bunyan）所說：「假如我的生命不結果子，誰讚賞我都不重要；假如我的生命多結果子，誰批評我也不重要。」

持續發展你的特色（SHAPE）

　　耶穌在論才幹的比喻中說明，神期待我們盡量發揮恩賜，因此我們要好好地培養自己的恩賜及才幹、保持心裏火熱、在品格與個性上成長，開闊我們的經歷，以致我們的事奉更有果效。保羅對腓立比的信徒說：「**在知識與悟性上日益增長。**」[18]　他又提醒提摩太要「**挑旺神所賜給你的恩賜**」[19]。

　　如果你不操練身體，你的肌肉便會無力而萎縮。同樣地，如果你不使用神賜給你的才幹和技能，你會失去它們。耶穌曾用才幹的比喻去強調這個真理。主人對那個不善用一千兩銀子的僕人說：「**取回他的才幹，將它給予那個已有十種才幹的僕人。**」[20]　如果你不善用神給你的東西，你便會失去它；若妥善使用，神會加倍給你。保羅對提摩太說：「**要善用神給你的才能……要殷勤去做。**」[21]

　　無論你有什麼恩賜，藉著實踐能擴大、發展。例如：沒有人擁有完全成熟的教學恩賜，但經過學習、檢討、實習後，一名好的教師會變得**更好**，假以時日，他甚至會成為**大師**。不要安於半發展的恩賜，要竭力進取學習。「**你當竭力為神擺上最好的，作無愧的工人**」[22]。把握每個訓練的機會，發展你的特色、磨練你的事奉技能。

　　有朝一日在天堂，我們將永遠事奉神；如今，我們在地上為永恆的事奉作準備，正如運動選手準備參加奧林匹克，我們繼續不斷

為那大日子而受訓。「他們這樣做，不過要得到能壞的冠冕，我們卻是要得不朽的冠冕。」[23]

我們正在為**永恆的**任務和獎賞作預備！

第 32 天
我的人生目的省思

思想要點：神配得我最好的。

背記經文：「你當竭力在神面前得蒙喜悅，作無愧的工人，
　　　　　按著正意分解真理的道。」
　　　　　（提摩太後書二章15節）

思考問題：我如何能將神所賜給我的，發揮得淋漓盡致？

網上信息：www.purposedriven.com/day32（英文）

真僕人的行為

誰要為大的，就得作僕人。

（馬可福音十章43節，Msg）

你們能夠從他們的行為認出他們。

（馬太福音七章16節上，現代中文譯本）

purposedriven.com/
day33

我們透過服事人去事奉神。

這個世界以權力、財富、名氣及地位去決定偉大與否。你若能索得別人來伺候你，便算成功。在我們這自我中心、惟我獨尊的文化裏，作僕人服事人，不是一個受歡迎的觀念。

然而，主耶穌卻是按事奉，而非身分、地位去衡量一個人偉大與否。神以你服事了多少人，而非多少人服事你，來決定你是否偉大。這與世界對偉大的想法如此背道而馳，以至於我們實在難以了解，更遑論去實行了。當初，門徒彼此爭論誰將為大，而兩千年後的今天，基督徒領袖仍然在教會、宗派及機構內圖謀地位和名望。

成千的書籍以領導為題，卻甚少論及如何作僕人。每個人都想

作領袖，卻無人願作僕人。我們都寧可作將軍而不作士卒，甚至基督徒也想作「僕人領袖」，而非普通僕人。但要活得像耶穌，便要成為僕人，這是祂對自己的稱呼。

固然認識自己的特色來事奉神十分重要，但有作僕人的心志卻更重要。請記得，神塑造你乃是為了要你**服事**，不是要讓你以自我為中心。沒有僕人的心志，你會被誘為一己之私而誤用你的特色，也可能以自己特色作為不肯滿足別人需要的藉口。

很多時候，神要求我們在**非**自己特色的事務上服事人，以此來試驗我們的心志。假如你看見一個人掉在坑裏，神期望你能伸出援手，而不是托詞說：「我沒有憐憫或服事的恩賜。」可能你在某職務上沒有恩賜，但若當時沒有適當人選，你可能被召去做。你**主要的**事工應是在你特色範圍內，但你**次要的**事奉是因應當時所需而做。

你的特色顯明你的事工，而你的僕人心志則展現你的成熟度。聚會結束後，收拾垃圾及摺疊坐椅是不需要有特殊天分或恩賜的，每一個人都可以作僕人，所需的只是品格。

> 你的特色顯明你的事工，而你的僕人心志則展現你的成熟度。

有人可能一生在教會裏事奉，卻從來不是個**僕人**。你必須有僕人的心志。怎樣才知道自己是否有這心志？耶穌說：「**你們能夠從他們的行為認出他們……。**」[1]

真僕人隨時準備好去服事人

僕人不會被其他事務纏身，以致限制自己事奉的機會。他們準備好隨時接受任命。正如士兵一樣，僕人必須時刻整裝待命：「**當兵的人不讓事務纏身，為要使那招兵的人歡喜。**」[2] 假若你只在自己

方便時才去事奉，便不是真僕人。真僕人按所需去工作，即使在自己不便時亦然。

你是否預備好隨時待命，被神使用？你是否可以讓祂擾亂你的原訂計劃，而毫不怨忿？作為僕人，你不能選擇何時或何地事奉。作僕人的意義是要放棄操控自己時間表的權利，讓神在有需要時去打亂你的計劃。

假如你每天開始都提醒自己是神的僕人，計劃被攪擾也就不會令你沮喪挫折，因為你的日程乃是任何神安排要帶進你生命裏的事。僕人視攪擾為在事奉中與神的約會，會為有機會實踐事奉而高興。

真僕人留意周圍的需要

僕人經常找尋方法去幫助別人。當他們看見哪裏有需要，便會把握機會去滿足需要。正如聖經命令我們：「**我們一有機會，就應該對眾人行善，對信徒更要這樣。**」[3]　當神安排有需要的人在你眼前，祂乃是給你機會，讓你在僕人的心志上成長。請留意：神說，你要先照顧你的教會家庭，而不是將教會需要放在你工作清單的最後一項。

我們常因敏銳度與機動性不夠而錯失很多事奉的時機。偉大的事奉機會永遠不會持續太久，往往很快便過去，有時就永遠不再回來。你可能只有一次機會服事某人，因此要把握時機。「**你現在有力量幫助鄰人，就不要叫他等到明天。**」[4]

約翰・衛斯理是神極其重用的僕人。他的事奉座右銘是：「藉所有的資源，盡一切的方法，在任何地方、任何時候，向任何人，盡你所能去行善。」這就是偉大。你可以從無人願做的小事開始，以做大事的心態去做，因為神正在觀察你。

真僕人盡己所有全力以赴

僕人不製造藉口，不拖延，或等待更好的時機。僕人從不說「有朝一日」或「待時機成熟時」。他們只去做該做的。聖經說：**「假若你等候最理想的情況，你便永遠不能完成工作。」**[5] 神期待你無論在何處，傾你所有、盡你所能地去做。未臻完善的事奉總勝過徒有心意。

很多人從不參與事奉，原因之一是恐怕自己**不夠好**。他們相信只有超級巨星才能事奉神這樣的謊言。有些教會將「卓越」當作偶像而培養出這種迷思來，以致才幹平平的人裹足不前，不敢參與事奉。

你或許聽過這句話：「如果不能做到最好，就不要去做。」耶穌可從來沒有這樣說過！事實上，我們所做的每一件事工開始時，通常只做得差強人意，這正反映我們學習的過程。在馬鞍峰教會裏，我們實踐那「夠好」的原則：毋須完美才能被神使用並賜福。我們寧可有幾千位平凡人參與事工，勝過一個只由幾位精英經營的完美教會。

真僕人以同樣的奉獻心志實行每個任務

無論做什麼，僕人「都從心裏做」[6]。任務的大小沒有關係，關鍵在於是否需要做這件事？

你永遠不會因為身分太重要而不能幫忙卑微的事。神永不會免除你做平庸工作的責任，因為這是建立你品格的重要課程。聖經說：**「如果你以為自己重要到不願幫助有需要的人，這是欺騙自己，你只是個無名小卒。」**[7] 正是在這些卑微的事奉上，我們才能成長像基督。

耶穌專做一些每個人都想避免的卑微工作：洗腳、幫助小孩、

預備早餐及服事痲瘋病人。沒有任何事會令祂感到有失身分，因為祂來就是要服事人。這不是祂不顧自己的偉大而做這雜務，乃是因為祂的偉大，以及祂期望我們學效祂的榜樣[8]。

小事常能彰顯偉大的心志。僕人的心志常在沒有人想做的小事上顯明出來。正如保羅在沉船後去拾柴生火，讓眾人取暖。[9] 跟其他人一樣，保羅也很疲累，但他卻按需要而服事眾人。當你有僕人的心志時，沒有任何事務會令你覺得有失身分。

> **偉大的機會往往隱藏在卑微的工作裏。**

偉大的機會往往隱藏在卑微的工作裏。生命中的小事決定大事。不要專找偉大的事為神而做，只要去做平凡的事，神便會為你安排適合的崗位。在嘗試做不平凡的事之前，先試以平凡的方式去服事[10]。

願意為神做「大」事的人總比樂意做小事的人多。爭取作領袖的人如過江之鯽，僕人的工場卻是乏人問津。有時你會服事在高位的，有時你服事卑微、有需要的人。無論哪一種情況，當你願意按需要去服事時，你就是在培養僕人的心志。

真僕人忠於他的事工

僕人會完成工作，履行職責，遵守承諾，完成他們所委身的事務。他們不會半途而廢，也不會因氣餒而放棄，他們是可靠值得信賴的。

忠心一直是罕有的特質。[11] 很多人不明白承諾的意義。他們隨便承諾，然後毫不猶豫、不懊悔、不遺憾地，用微不足道的理由違背諾言。每個禮拜，教會及其他機構都會因義工缺乏準備、或缺席、或甚至連以電話通知一聲不來都沒有，而要即時另做安排。

你是否可靠？你有需要實現的諾言、誓言或承諾嗎？神正在考

驗你是否忠心。若通過測試，你將與亞伯拉罕、摩西、撒母耳、大
衛、但以理、提摩太及保羅並列，被稱為神**忠心**
的僕人。更美好的是，神應允要在永恆的國度
裏賞賜你的忠心。想像有一天神對你說：「**做**
得好！你真是個又良善又忠心的僕人，你在小事
上能盡忠職守，我要把更大的責任交給你。來，
跟　　　**我一同慶祝吧！**」[12] 你會有何感受？

　　此外，忠心的僕人永不退休。他們在有生之年都忠心事奉。你
可以從事業上退下來，但在事奉神這方面，你應當永不言退。

真僕人保持低調

　　僕人不會自我宣傳或引人注意。與其表現自己或裝扮作成功
人士，他們「**繫上謙卑的圍裙，彼此服事**」[13]。倘若因事奉而受表
彰，他們謙虛接受，卻不因名氣而分心，影響他們的工作。

　　保羅揭露了一種**看似**屬靈，但實質是偽裝的事奉。他稱之為
「**人前事奉**」[14]。這種事奉是為得人褒獎，顯示自己屬靈，正是法
利賽人所犯的罪。他們將助人、捐獻甚至禱告變成表演。主耶穌憎
惡這種態度並警告說：「**行善的時候不可張揚，故意叫人看見。若**
是這樣，就不能得你們天父的賞賜了。」[15]

　　自我宣傳和作真僕人不能共存。真僕人不因為別人的認同或讚
賞而事奉，他們只為一位觀眾（神）而活。正如保羅說：「**如果我**
仍然想討人喜歡，我就不是基督的僕人了。」[16]

　　你不能在鎂光燈下找到許多真僕人。事實上，他們盡可能躲避
公眾的耳目；只要能暗中事奉，他們已感滿足。約瑟就是很好的例
子。他不刻意引人注目，只安靜地服事波提乏、獄卒、法老的膳長
和酒政，神便賜福這種態度。當法老王提升他到高位時，約瑟仍然
保持一顆僕人的心，甚至對曾經出賣他的兄弟，也是如此。

很可惜，今天很多領袖在開始事奉時是個僕人，後來卻成了名人；他們漸漸習慣了受人注目，不曉得常在眾人矚目下，自己的眼目已被蒙蔽。

你可能正默默地在某個角落事奉，覺得沒人知道，亦不被重視。聽著：神安排你在這個職位是有目的的！祂數算過你頭上每根頭髮，也知道你的住處，你最好還是緊守崗位，直至祂為你另作安排。假若祂要你往別處，必會告訴你，你的事奉對神的國度至為重要。「**當基督在世上再顯現時，你也會顯現——那個真正的你、榮耀的你。目前就安於你的沒沒無聞吧！**」[17]

美國有超過七百五十個「名人館」，及四百五十份以上的「名人錄」刊物，但你不會在這些地方找到很多真僕人。名聲對真僕人毫無意義，因為他們曉得名望與意義的分別。你身體外表一些明顯可見的部位，沒有它們你仍然可以存活，而在你體內那些看不見的部分，卻是你賴以生存、不可或缺的。基督的身體也是如此，往往最重要的事奉都不顯眼。[18]

在天堂裏，神將會公開賞賜那些沒沒無聞的僕人——那些我們在地上從未聽聞過的人，那些教導過情緒受困擾的小孩、清洗失禁的老人、護理愛滋病患者以及千萬位投身於毫不起眼的事奉的人。

既然如此，當你的事奉不為人注意，或被視為理所當然時，不要氣餒，繼續事奉神！「**你們務要堅固，不可動搖，常常竭力多做主工，因為知道你們的勞苦，在主裏面不是徒然的。**」[19] 就算是最微小的事奉，神都知道，並會獎賞。請記得耶穌的話：「**作為我的代表，即使是給一個小孩一杯涼水，也必得著獎賞。**」[20]

第 33 天
我的人生目的省思

思想要點：我透過服事人去事奉神。

背記經文：「你們若把一杯涼水給我門徒中最小的一個，就
必定得到賞賜。」（馬太福音十章42節，NLT）

思考問題：本文提到真僕人的六個特徵，哪一個對你最具挑
戰性？

網上信息：www.purposedriven.com/day33（英文）

34 僕人的思維

我的僕人迦勒的心思與其他人不同，

他一心跟從我。

（民數記十四章24節，NCV）

你們對自己的想法，

應該要像基督耶穌對自己的想法一樣。

（腓立比書二章5節，Msg）

purposedriven.com/
day34

事奉始於你的心思。

作為僕人，需要在心態上做轉變，態度亦要改變。神關心我們**為什麼做**，多於做什麼；態度比成就更重要。亞瑪謝王失去神的喜愛，因為「**他行主看為正的事，卻不是出於真心。**」[1] 真正的僕人在思想上要有五個正確的態度。

僕人多為別人設想，少為自己設想

僕人專注在別人身上，而非自己身上。真正的謙卑不是小看自己，而是**少想到自己**，他們是把自己忘了。保羅說：「**不顧自己，向人伸出援手。**」[2] 這就是「丟棄生命」的意思，亦即服事他人的

我。當我們不再注意自己的需要時，就會注意到我們周

耶穌「倒空自己，取了奴僕的形像」[3]。上一次你為別人的好處倒空自己是什麼時候？自我中心的人不能作僕人，除非我們忘卻自己，否則所做的便不值得被記念。

可惜，我們很多的服事都是為了個人利益；以事奉去取悅他人，獲取他人的讚賞，達到個人的目標。這是操縱，不是事奉。我們鎮日想的是自己如何崇高美好。有些人以事奉作為與神討價還價的工具：「神啊！如果祢為我做這件事，我就為祢做那件事。」真僕人不會為了自己的目的，試圖利用神。他們讓神按照祂的目的使用他們。

無私，與忠心一樣，是罕見的特質。在保羅所認識的許多人當中，提摩太是惟一的典範[4]。投入僕人的思維是困難的，因為這正好是對我們人生命基本問題的挑戰——我們天性自私。我們多半為己著想。這就是為什麼謙卑是每天的掙扎，是我們要不斷重複學習的功課。每天我都面對無數次作僕人的機會，我要在滿足自己的需要，或滿足別人的需要，兩者之間作出選擇。自我犧牲是僕人心志的核心。

當人們對待我們如同僕人時，我們如何回應可以檢驗出自己是否有僕人的心志。當人家把你的服事當作理所當然、支使你、把你當作下人看待時，你作何反應？聖經說：「如果有人不合理地利用你，就用此機會去實習你的僕人生命。」[5]

僕人思想應像管家，而不是像主人

僕人謹記是神擁有一切。聖經中，管家是為主人管理產業的僕人。約瑟在埃及被囚時就是這樣的僕人。波提乏將家中事務都交在他手中，監獄長將監獄交給他管理，最後連法老也將整個國家交

給他治理。僕人和管家是一體的 [6]，神要我們在這兩方面都值得信賴。聖經說：「**主人對管家所要求的就是忠心。**」[7] 你怎樣處理神託付你的資源？

作為真正的僕人，你必須先處理錢財在你生命中的地位。耶穌說：「**一個僕人不能事奉兩個主，……你不能又事奉神又事奉金錢。**」[8] 耶穌不是說「你**不應該**」，而是「你**不能**」，就是不可能。為錢而活與為事工而活是相斥的目標，你要選哪一個？假如

> 真僕人不會為了自己的目的，試圖利用神。他們讓神按照祂的目的使用他們。

你是神的僕人，你不能同時兼差為自己而活。我們**全部**的時間都屬於祂的；神要我們全心效忠，而非部分時間的忠心！

在我們生命中，財富最可能取代神的地位，崇尚物質比任何其他事物更能誤導我們步入歧途。很多人說：「當我達到財務目標，就要服事神。」這是一件他們會永遠後悔的愚蠢抉擇。當耶穌作你的主人時，錢財是我們的奴僕；但當錢財為我們的主時，我們就變成了它的奴隸。財富本身不是罪，但不為榮耀神而用就是罪了。神的僕人應常以事奉為重，不以金錢為念。

聖經清楚指出，神用金錢考驗僕人的忠心。這就是為什麼耶穌談論金錢比天國和地獄都多的原因。耶穌說：「**倘若你們在屬世的錢財上不忠心，誰還把那真實的財富託付你們呢？**」[9] 你管理金錢的態度影響神對你的賜福。

在第卅一章，我曾提過兩種人：「國度建造者」和「財富建造者」，兩種人都有發展事業、作生意與賺取利潤的天賦。財富建造者只會無止境地為自己積聚財富，但國度的建造者改變了遊戲規則，他們依然努力賺錢，但會將賺取得來的給出去。他們運用財富去資助神的教會和世界各地的宣教工作。

在馬鞍峰教會，我們有一個小組，成員都是公司的總裁（CEO）與事業所有人，他們試著盡力賺錢，盡力奉獻，好能夠盡力地擴張神的國度。我鼓勵你與你的牧師談談，在你們教會開始一個國度建造者的小組。請參閱附錄 **2**。

僕人專注自己的工作，而不看別人在做什麼

他們不與人比較、批評或競爭，因為他們埋首於神給他們的工作。神的僕人彼此競爭是不合理的，因為我們同屬一個團隊，目標是要榮耀神，不是為榮耀自己。保羅說：「**我們不應互相比較，好像有誰比誰好。我們的生命有比這更有趣的事要做。我們每個人都是原創真品。**」[10]

神的僕人之間不容有嫉妒，當大家都忙於事奉時，沒有時間挑剔批評。所有花在批評別人的時間，都該用在事工上。當馬大抱怨馬利亞不幫助她時，她已失去了僕人的心。真僕人不會抱怨不公平的對待，不會耽溺自憐當中，不會因為別人不服事而怨懟。他們只倚靠神繼續服事。

評斷主的其他僕人不是我們的工作。聖經說：「**你是誰，竟敢論斷人家的僕人？神會判斷祂的僕人是否稱職。**」[11] 在受到批評時，為自己辯護也不是我們的工作。讓你的主人去處理。學習摩西的榜樣，在面對反對時他表現出真正的謙卑；尼希米也是一樣，他對批評的回應很簡單：「**我正進行很重要的工作，不能到你們那裏去。**」[12]

假若你像耶穌那樣地服事，必然會受到批評。世人，甚至很多教會，都不明白神所看重的事。向耶穌所表達的一件最美的愛的行動曾被門徒批評：當馬利亞將她最珍貴的香膏澆在耶穌身上時，門徒卻批評她「浪費」，但耶穌稱之為「美事」，[13] 這才是最重要的。無論別人怎麼說，你對基督的事奉是不會白費的。

僕人的身分奠基於基督

僕人因為知道他們是憑恩典被愛、被接納的，便不需要證明自己的價值。他們甘願做一些對缺乏安全感的人來說是「有失身分」的低賤工作。其中一件意義深長的例子是，耶穌為門徒洗腳。洗腳這份工作等於擦鞋童的工作，但祂因清楚自己的身分，便不怕自毀形象，而作卑微的服事。聖經說：「**耶穌知道父已將萬有交在祂手裏，且知道自己是從神出來的……就離席站起來，脫了衣服，拿了一條手巾束腰。**」[14]

要作僕人，就要在基督裏認清自我的身分。有安全感的人才能夠事奉，缺乏安全感的人總是擔心別人對自己的看法。他們害怕暴露自己的弱點，因此將自己隱藏在層層驕傲和矯飾之下。你愈沒有安全感，愈要人服事，愈需要他人的認同。

盧雲說：「要服事他人，我們必須先向他們死，亦即放棄用別人的標準去衡量自己的意義和價值……這樣我們便可以無拘無束地去體諒人、憐恤人。」當你的身分和價值觀建立在你與基督的關係上時，便能擺脫其他人對你的期望，使你能提供最好的服事。

我們與耶穌的關係愈親密，就愈沒有必要去宣揚自己。

僕人不用在牆上掛滿匾額和獎狀去證實自己的工作能力，他們不用堅持某種頭銜，也不需以優越感為袍子包裹自己。地位象徵對他們沒有意義，也毋需以成就來衡量自己的價值。保羅說：「**你可以吹捧自己，但惟一算數的贊許是主的贊許。**」[15]

雅各是耶穌同母異父的弟弟，他大可炫耀自己與耶穌的關係，他與耶穌一起長大。但是雅各在寫給教會的書信中，自稱是「**作神**

和主耶穌基督的僕人」[16]。我們與耶穌的關係愈親密，就愈沒有必要去宣揚自己。

僕人將事工當作機會而不是義務

僕人樂於幫助別人、滿足別人的需要，且樂於事奉。「**他們高興快樂事奉神**」[17]。為什麼他們高興快樂事奉神呢？因為他們愛主並感恩，知道事奉就是使用一生最好的方式，也知道神必會有豐盛的獎賞。耶穌曾應許：「**天父會尊重、獎賞那服事我的人。**」[18] 保羅說：「**祂不會忘記你們為祂所做的工作和愛心，就是從你們繼續不斷地幫助其他的信徒所表現出來的。**」[19]

假如世上有十分之一的基督徒認真作主忠心的僕人，試想會多美善？你願意投入這個行列嗎？無論你是何年齡，只要你願意開始行動像僕人、思想像僕人，神便會使用你。史懷哲（Albert Schweitzer）說：「世上真正快樂的人，是那些學會服事的人。」

第 34 天
我的人生目的省思

思想要點：要作僕人，必須思想像僕人。

背記經文：「你們必須要有基督耶穌一樣的心態。」
　　　　　　（腓立比書二章5節，NIV）

思考問題：我比較關心被服事，或尋找途徑去服事人？

網上信息：www.purposedriven.com/day34（英文）

神的大能彰顯在你的軟弱上

> 我們……軟弱，但靠著神的大能，
> 我們要與祂同活來服事你們。
>
> （哥林多後書十三章4節，NIV）

> 我與你同在，這是你惟一所需要的。
> 我的能力在人的軟弱上顯得完全。
>
> （哥林多後書十二章9節上，LB）

purposedriven.com/
day35

神喜愛使用軟弱的人。

每人都有軟弱。事實上，你會在自己身上找到**一大堆**缺點和瑕疵，包括：體能、情緒、智能和屬靈上。也可能是一些不能控制的環境令你感到軟弱乏力，譬如財務困難或人際關係的困擾。但更重要的是，你怎樣處理軟弱。通常我們會否認我們的軟弱、為自己辯護、藉辭開脫、隱瞞弱點，或感到怨忿。這樣做會阻礙神照祂的心意來使用這些軟弱。

神對我們的軟弱有不同的觀點，祂說：「**我的意念與我的方法都高過你們的。**」[1] 因此祂的作為往往與我們的期望剛好相反，我們以為神只使用我們的長處，但神亦要用我們的軟弱去榮耀祂。

聖經說：「神偏要揀選……世人所認為軟弱的，來使堅強的人羞愧。」你的軟弱並非偶然，神刻意容許它的存在，為的是要透過你去彰顯祂的大能。

神從不對強壯和靠自己的人感到喜悅，事實上，祂往往被一些承認自己軟弱的人所吸引。耶穌形容那些承認自己有欠缺的人是「虛心的人」，虛心是登山寶訓的八福之首。[3]

聖經有無數事例說明神喜歡使用平凡、有缺點的人，去完成一些不平凡的事。如果神只用完美的人去做事，世上沒有一件事可以辦得成功，因為世上根本沒有完美的人。神使用不完全的人，對我們來說是極大的鼓舞。

> 如果神只用完美的人去做事，世上沒有一件事可以辦得成功。

軟弱，或保羅所說的「刺」[4]，並不是罪、惡習、或是可以改變的品格瑕疵，例如急躁或暴飲暴食。軟弱是你與生俱來或無法改變的事實，可能是一項**身體**的限制，譬如天生殘疾、慢性疾病、體弱或身體缺陷等；也可能是**情緒**上的限制，如心靈瘡疤、慘痛回憶、個性古怪，或是受遺傳影響的性格；或**才能**或**智能**上的缺陷。我們不全是頂尖聰明的人。

當你想到你生命中的限制時，你可能會想要下結論，認為「神不會使用我」，但神的作為從不受我們的不足所局限。祂喜歡將祂的大能放進平凡的容器裏。聖經說：「**我們好像藏有寶貝的瓦器，真正的大能是出於神，不是出於我們。**」[5] 就如普通的瓦器，我們脆弱、有瑕疵且易碎。但只要容讓神透過我們的軟弱做工，祂會使用我們。要能夠如此，我們必須跟隨保羅的榜樣。

承認你的軟弱

　　爽快地承認自己的缺點，不要每件事都佯裝知曉，要對自己坦誠。與其自欺欺人或找藉口，不如抽時間找出自己的弱點，或許你可以列出一張清單。

　　新約聖經中有兩段使徒的坦誠表白，告訴我們要有健康生命，就要明白以下兩件事。首先，彼得對耶穌說：「祢是基督，是永生神的兒子。」[6] 其次是保羅向拜偶像的群眾所作的告白：「像你們一樣，我們只不過是人。」[7] 你要被神使用，先要認識神和認識自己。很多基督徒，特別是教會領袖忘記了第二個真理，我們只不過是人！如果你要經歷危機才能認同這真理，神會毫不猶豫地容許危難發生，因為祂愛你。

安於接受自己的軟弱

　　保羅說：「我喜歡誇耀自己的軟弱，好讓基督的大能可以藉著我而做工。我既知道這是為基督的緣故，我就安於我的軟弱。」[8] 這句話看似不合情理，我們要免於軟弱的束縛，又怎可以安心去接受軟弱呢？「安心」其實是對神信心的表達，意思是：「神啊！我堅信祢愛我，知道祢會為我預備最好的。」

　　保羅提出幾個理由，讓我們安於接受與生俱來的缺憾。第一，它讓我們倚靠主。談及他那些神不肯除去的軟弱時，保羅說：「我相當滿意『這根刺』……因為我何時軟弱，何時就剛強——我擁有越少，就越多倚靠祂。」[9] 當我們感到軟弱時，正是神提醒我們要倚靠祂的時候。

　　軟弱防止我們自大，使我們保持謙卑。保羅說：「為了避免我趾高氣揚，我被賜與一種殘缺，好讓我經常知道自己的局限。」[10] 神往往將嚴重的弱點與主要的強處一起放在我們身上，以防我們自

高自大。我們的局限可以作為監督，使我們不至步伐過急，走在神的前面。

當基甸徵召三萬二千人去對抗米甸人，神將他的軍隊削減到三百人，以一敵四百五十的比例，面對十三萬五千大軍。他們簡直是以卵擊石，必敗無疑。但神顯大能讓以色列人知道，只有祂的力量才可以挽救他們。

軟弱可以促進信徒之間的團契相交。當我們自覺有能力時，我們覺得不需要任何人。個人的極限讓我們知道：我們實在彼此需要。當我們將一縷縷纖弱的生命編織在一起時，一條強壯的繩子便產生了。賀凡司（Vance Havner）有一句妙語：「基督徒就像雪花般脆弱，但當他們黏在一起時，連交通也要停擺。」

最重要的是，軟弱增長我們同情和服事的能力，讓我們更能夠憐憫人，更體貼他人的軟弱。神要你在世上有一個像基督的事工，意思是祂要透過你的傷痛讓人得到醫治。你最偉大的人生信息與最有效的事工，將來自你最深沉的傷痛。你最覺尷尬羞恥、最不願公開的事情，正是神用來醫治別人的最有效工具。

著名宣教士戴德生（Hudson Taylor）說：「神的偉人都是軟弱的人。」摩西的弱點是脾氣暴躁，他盛怒之下殺死埃及人，並用杖擊打他本來應該開口命令的岩石，又摔碎刻有十誡的石版；然而神卻將他改變為「世上最謙和的人」[11]。

基甸的軟弱是低落的自我形象與缺乏安全感，但神將他改變為「大能的勇士」[12]。亞伯拉罕的軟弱是懼怕，不止一次，為了自保，謊稱妻子為自己的妹妹，但神將他改變為「信心之父」[13]。彼得個性衝動、意志薄弱，但被改變為「磐石」[14]。犯了姦淫罪的大衛，卻成為

> 你最有效的事工，將來自你最深沉的傷痛。

「合神心意的人」¹⁵。還有約翰，傲慢的「雷子」之一，竟成為「愛的使徒」。

這個清單可以一直地列下去，但「若要訴說巴拉、參孫、耶弗他、大衛、撒母耳，和所有先知的信心故事……他們由軟弱變成剛強……恐怕要用太長的時間了」¹⁶。神專門將軟弱變為剛強，祂要將你最軟弱之處轉化為力量。

坦誠分享你的軟弱

事工始於弱點。你愈放下防衛心理，挪開面具，與人分享內心的掙扎，神就愈能使用你。

保羅的書信中有很多承認自己軟弱的分享：

- 他的失敗：「我願意行的善，我沒有去行；我不願意作的惡，我倒去作了。」¹⁷
- 他的感受：「我將我的感受都告訴你們。」¹⁸
- 他的挫敗：「那壓在我們身上的擔子是多麼大，多麼沉重，連生存的希望都沒有了。」¹⁹
- 他的恐懼：「我在你們那裏的時候，又軟弱又懼怕，而且戰戰兢兢。」²⁰

當然，顯出軟弱是冒險的。卸下防衛，向人敞開自己的生命可能令人感到驚慌。當你坦露你的失敗、感受、挫折和恐懼，你可能會被人排斥。但這冒險之舉會帶來的好處，值得一試。表達軟弱可以抒發情感、減輕壓力、化解恐懼，是讓你獲得自由解脫的開端。

我們已經看到神「施恩給謙卑的人」，但很多人對謙卑有所誤解。謙卑不是讓自己難堪或否

定自己的才能，而是誠實地承認自己的軟弱。你愈誠實，就愈多得神的恩典，其他人亦會以恩慈待你。軟弱會討人喜歡，因為我們很自然地被謙卑的人所吸引；虛假矯飾惹人反感，但真誠無偽卻得人好感，坦承弱點是建立親密關係的要道。

這就是為什麼神不只使用你的強處，也要使用你的軟弱的原因。如果所有的人看到的只是你的強處，他們會氣餒，心想：「我永遠無法像他做得這樣好。」但當他們看到你有缺點，而神依然使用你，他們便會受到鼓舞，反而會想：「或許神也能使用我！」剛強會引起競爭，但軟弱可以使人團結。

生命到了某一階段，你必須決定到底是要留給人**印象**或是**影響**。留下深刻印象可以在遠距離進行，影響別人就要近距離接觸，讓人看到你的瑕疵。但不用怕，因為領袖最重要的質素不是完美，而是信用可靠；群眾要信靠你才會跟隨你，建立信用就是要誠實，而不是假裝完美。

你的軟弱帶來榮耀

保羅說：「**我只誇口我是何等軟弱，以及神是何等偉大，竟能用這樣的軟弱來榮耀自己。**」[21] 與其假裝有自信和無可匹敵，倒不如將自己看成恩典的紀念品。當撒但指出你的軟弱，你可以認同牠的觀點，但要充滿對主耶穌和聖靈的讚美，因為耶穌「**明白我們的軟弱**」[22]，而「**我們的軟弱有聖靈幫助**」[23]。

有時候，神會將我們的能力變為軟弱，以致能使用我們更多。雅各善於玩弄手段，一生詭計多端，然後走避後果。一晚，他與神摔跤，說：「祢不給我祝福，我就不容祢去。」神說：「好吧！」卻抓住他的大腿窩，扭脫他的筋。這意義在哪裏呢？

神觸動了雅各的能力（大腿窩的肌肉是人體最強壯的部位），將之轉變為軟弱。從那天開始，雅各就瘸腿走路，不能再逃跑了；

無論他是否願意，都得倚靠神。如果神要賜福你，又大大地使用你，你要願意拐著腿去走人生的道路，因為神使用軟弱的人。

第 35 天
我的人生目的省思

思想要點：當我承認自己的軟弱時，神最能用我。

背記經文：「我的恩典夠你用的，因為我的能力是在人的軟弱上顯得完全。」（哥林多後書十二章9節上）

思考問題：我有否隱藏弱點，限制了神在我生命中彰顯大能？為了幫助人，我需要誠實地面對什麼事？

網上信息：www.purposedriven.com/day35（英文）

謙卑，少想到自己
誠實承認自己的軟弱

你被造
是為一個使命

義人所結的果子就是生命樹，
有智慧的必能得人。

（箴言十一章30節）

為使命而被造

正如祢交給我一個在世上的使命，

我也交給他們一個在世上的使命。

（約翰福音十七章18節，Msg）

purposedriven.com/
day36

最重要的是完成我的使命，

就是主耶穌交給我的工作。

（使徒行傳二十章24節，NCV）

你受造是為了完成使命。

神正在世上動工，祂要你加入祂的工作。這任務就是你的**使命**。神要你在教會有事奉，在世上有使命。事奉是服事**信徒**，[1] 使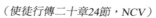命是服事**未信主的人**。完成你在世上的使命是神給你的人生第五個目的。

你的人生使命既是**共有的**也是**獨有的**。一部分是你與其他基督徒共同承擔的責任；另一部分是主交給你個人獨特的任務。這兩部分我們都將在下面幾章詳細討論。

「使命」（Mission）這個英文字源自拉丁文「差遣」一字。身為基督徒的意義包括被差遣到世上去作耶穌的代表。正如耶穌

說：「父怎樣差遣了我，我也照樣差遣你們。」[2]

耶穌很清楚自己在世上的人生使命。十二歲時，耶穌說「**我應當以我父的事為念**」[3]；廿一年後，祂在十字架上臨死之前說「**成了**」[4]，好像書的結語；這兩句話陳述出祂卓越的人生架構──一個目的導向的人生。耶穌完成了天父交給祂的使命。

耶穌在地上的使命如今成為**我們的**使命，因為我們是基督的身體。主耶穌肉身所成就的工作，由祂屬靈的身體──教會，繼續承擔。這使命是什麼呢？就是引領人認識神！聖經說：「**基督已將我們由敵人變為祂的朋友，祂給我們的任務，就是要我們使其他人也成為祂的朋友。**」[5]

神要拯救人類脫離撒但，讓人與祂和好，成就祂創造我們的五個目的：愛祂、成為祂家庭中的一份子、像祂、服事祂、向人傳揚祂。一旦我們歸屬於祂，祂要使用我們去接觸其他的人；祂先拯救我們，然後差遣我們往外面去。聖經說：「**我們被差去傳揚基督。**」[6]我們是神在世上的使者，傳揚祂的愛與目的。

你的使命的重要性

成就你的人生使命是為神的榮耀而活的基本要素。聖經提供了幾個理由，向我們解釋為什麼你的使命如此重要。

你的使命是耶穌在地上使命的延續

作為祂的跟隨者，我們必須繼續耶穌所開始的工作。耶穌不單呼召我們**歸向**祂，更要**去傳**祂。你的使命是如此地重要，以致耶穌有五次，以不同的方式在聖經的五卷書裏重述。[7]祂似乎在對我們說：「我確實要你們了解這一點！」深思耶穌這五個任務，便能學到我們在地上使命的詳情，即何時、何處、為何以及如何。

在「大使命」裏耶穌說：「你們要往世界各地去，使所有的人都作我的門徒；奉父、子、聖靈的名給他們施洗，並且教導他們遵守我所給你們的一切命令。」[8] 這個任命是給每一位耶穌的跟隨者，而不是只給牧師與宣教士。這是耶穌給你的「大使命」；耶穌的這些話不是一個「大提議」，它沒有選擇的餘地。你若是神家的一份子，遵守這委任是你的義務，忽視它就是不順服。

你可能不知道，神要你為你周圍未信主的人負責。聖經說：「你必須警告他們使他們能存活。如果你不出聲警告惡人停止惡行，他們會死在罪中；但我要因他的死追究你。」[9] 你會是某些人惟一認識的基督徒，你的使命就是與他們分享耶穌。

你的使命是一份美好的特權

這份責任雖重，但能被神所用卻也是無比的榮幸。保羅說：「神已將勸人接受祂的恩惠，並與祂和好的特權交給我們。」[10] 你的使命包括了兩個

> 大使命是給每一位耶穌的跟隨者。

特權：與神同工並代表祂。我們與神合夥，建立祂的國度。保羅稱我們為「同工」，並說「我們是與神一起工作的人」[11]。

耶穌保證了我們的救恩，讓我們成為祂家裏的人，並賜聖靈給我們，委派我們成為祂在世上的代表。這是何等榮幸的事！聖經說：「我們是基督的代表，神使用我們勸導人放下自己的成見，與神復和。現今我們代表基督說話：與神為友吧！」[12]

告訴別人如何得永生，是你能為他們做的最偉大的事

假若你的鄰居患上愛滋病或癌症，你有治病妙方，卻拒絕將此良方讓他知道，這會是個罪行。比這更可惡的是，你將赦免之道、人生目的、平安與永生之道保密。我們擁有世上最好的消息，與人

分享這消息是你對別人最大的恩惠。

信主多年的基督徒會有的問題是，他們忘了生命中沒有耶穌是多麼無望。我們必須牢記，不管人們**看起來**多麼滿足、成功，若沒有耶穌，他們是毫無指望，且邁向與神永遠的隔離。聖經說：「**只有耶穌可以拯救人。**」[13] 每個人都需要耶穌。

你的使命具有永恆的價值

這個使命對別人的永恆命運有莫大的影響，它比世上你所能達到的任何工作、成就、目標都更重要。你的使命的結果持續到永遠，你工作的結果卻無法持續到永恆。你所做的沒有任何事比幫助人與神建立永恆的關係更重要的了。

這就是為什麼我們的任務是如此緊急的原因。耶穌說：「**所有的人都必須趕快完成那差他們來者的工作，因為黑夜將到，所有的工作便要停頓了。**」[14] 你可以為使命工作的時日不多，不要拖延一天，立即採取行動吧！我們將永遠可以與我們所帶領信主的人慶賀永生，但帶領他們的工作，則只限於今生。

這不是說你要立刻放下現在的工作，成為全職傳道人。神要你在目前的崗位上與人分享好消息。無論你是學生、家庭主婦、幼兒班教師、售貨員、經理或做其他工作的人，你要經常留意、找尋神放在你身邊，可以讓你與之分享好消息的對象。

你的使命帶給你人生意義

威廉雅各（William James）曾說：「使用生命最佳的方法就是去成就比生命更持久的事物。」事實上，只有神的國度可以永遠長存，其他**一切事物**至終會消失，故此我們必須過一個目的導向的人生──委身於敬拜、團契相交、靈命成長、事奉，及完成大使命的人生。只有這些活動的結果**會**持續到永遠。

　　假若你沒有完成神給你在地上的使命，你便浪費了神所賜你的生命。保羅說：「除非我完成從主耶穌所領受的職務，就是向人傳述神奇妙的恩慈與大愛的好消息，否則我的生命便毫無價值。」[15]由於你所在之處，以及神創造你所賦予的特性，在這世上有些人只有你才可能接觸到。只要有一人因為你而進入天國，你的生命便對永恆作出貢獻。開始留意周圍的個人宣教工場，向神禱告說：「神啊！祢將何人安排在我生命中，使我可以與他分享福音呢？」

在神的時間表內，歷史的終結與我們完成大使命的時間有直接關係

　　今天很多人對基督再來和末世的事很感興趣，這些事情什麼時候會發生？耶穌的門徒在主升天前也曾問過同樣問題，耶穌透露了答案：「父憑著自己的權柄所定的時候、日期，不是你們可以知道的。但聖靈降臨在你們身上，你們就必得著能力，並要在耶路撒冷、猶太全地，和撒馬利亞，直到地極，作我的見證。」[16]

　　每當門徒談及預言時，耶穌立刻將談話轉到傳福音。祂要門徒將注意力放在世上的使命。祂講出要點：「我再來的詳情不用你們費心，你們要關心的是我給你們的使命，專心去完成它吧！」

　　推想主何日再來是沒用的，因為耶穌曾說：「但那日子，那時辰，沒有人知道，連天上的使者也不知道，子也不知道，惟有父知道。」[17]　既然耶穌已說明不知道何日會再來，我們又何必白費心思呢！但我們確知：除非神揀選要聽聞福音的人都聽到福音了，否則耶穌不會再來。耶穌說：「這天國的福音，必傳遍世界，讓各國人民都可以聽到，然後，末日才臨到。」[18]　你若想耶穌快點再來，就專心完成你的使命，不要再花時間去分析預言。

　　從我們的使命上轉移、分心，是很容易的，因為魔鬼寧可你做任何事，也不要你與人分享你的信仰。你做什麼好事，牠都不介

意，只要你不引領人上天堂！因此，當你認真去完成使命時，可想而知地，魔鬼定會用各種方法使你分心。這時候，務要謹記耶穌的話：「**接受我所差派的工作而不能專心去做的人，不配進入神的國。**」[19]

完成你的使命的代價

要完成你的使命，你必須放棄自己原有的計劃，接受神對你人生的安排。你不能只將神的使命「附加」在自己想做的事上，你要效法耶穌說：「**父啊！我要遵行祢的旨意，不要照我的意思。**」[20]為此你向祂放棄你的權利、期待、夢想、計劃、抱負。你不再自私地祈禱說：「神啊！求祢賜福我手所做的工。」你會說：「神啊！求祢幫助我做祢所賜福的事。」你交給神一張已簽署的白紙，請祂寫上內容。聖經說：「**將你自己——你的每一部分——全然交給神……作神手中的工具，讓祂用來達致美善的目的。**」[21]

分心是很容易的，因為魔鬼寧可你做任何事，也不要你與人分享你的信仰。

假若你不惜付上任何代價委身完成你的使命，你會和有些人一樣，經歷到神非凡的賜福。幾乎沒有一件事是神不為委身服事神國的人來成就的。正如耶穌答應過：「**你們若為神而活，以祂的國為首要，祂會賜你每日所需。**」[22]

為耶穌多得一人

我的父親做傳道人五十多年，大半在鄉間的小教會服事。他雖然是個平凡的牧師，卻是個有使命的人。他最喜歡做的事，就是帶

領義工隊到世界各地為小教會建造教堂。他一生在全世界各地共建造了一百五十多所教堂。

1999年，先父死於癌症。離世前一個星期，這個病使他一天二十四小時都在半昏迷狀態中。他作夢的時候，常大聲說出他所夢見的。我坐在他床邊，從聆聽夢話得知很多關於父親的總總，他不斷地講述一個個教堂建築的事。

在他臨終前的一個晚上，我和妻子及姪女都在他床邊。他突然變得很活躍，甚至想下床來。但因他的身體很虛弱，我的妻子堅持他躺回床上，他卻仍不停地試圖下床。內人終於忍不住問他：「你想做什麼？」他回答：「要為耶穌多救一人！要為耶穌多救一人！要為耶穌多救一人！」他不停地重複著這句話。

接下來的一個小時，他重複著差不多有一百次：「要為耶穌多救一人！」我坐在他的床邊，早已淚流滿面，低頭為父親的信心感謝神。就在這時，父親將虛弱的手放在我頭上，用差遣的口吻對我說：「為耶穌多救一人，為耶穌多救一人！」

我決定以父親的囑咐為我餘生的宗旨，也邀請你考慮將此當作你人生的焦點，因為再**沒有一件事**比這使命對永恆更有貢獻。你若要被神所用，就要關注神最關心的事；祂最關心的就是祂所造的人得拯救。祂要祂迷失的兒女被尋回。對於神，沒有任何事比這更重要；十字架證明了這事。我願你警醒守望去「為耶穌多救一人」，好使你有一天站在神面前時能說：「任務完成！」

第 36 天
我的人生目的省思

思想要點：我為使命而被造。

背記經文：「你們要去，使萬民作我的門徒，奉父、子、聖
靈的名給他們施洗。凡我所吩咐你們的，都教訓
他們遵守，我就常與你們同在，直到世界的末
了。」（馬太福音廿八章19-20節）

思考問題：我懼怕什麼使我不能完成神給我的使命？什麼事
阻礙我向人傳福音？

網上信息：www.purposedriven.com/day36（英文）

分享你的人生信息

信神的兒子的，就有這見證在他心裏。

（約翰一書五章10節上，聖經新譯本）

你們的生命要回響主的話……

你們對神的信心是外顯的。

我們甚至不用再說任何話——你們就是那信息的見證。

（帖撒羅尼迦前書一章8節，Msg）

purposedriven.com/
day37

神賜給你一個人生信息，要你與人分享。

當你成為信徒時，你也同時成為神的使者。神要透過你向世界說話。保羅說：「**我們在神面前得以使者的身分傳講真理。**」[1]

你可能覺得自己沒有什麼可以與人分享，但這正是魔鬼企圖令你閉口不言的伎倆。你有很豐富的人生經驗，神要用你的經歷領人歸屬祂的家。聖經說：「**信神的兒子的，就有這見證在他心裏。**」[2]你的生命信息可分為四部分：

- **你的見證：**你開始與主建立關係的經過。
- **人生功課：**神教導你最重要的功課。

- **屬神的熱情**：神置於你心中，讓你最關切的事情。
- **好消息**：得救的信息。

你的人生信息包括你的見證

你的見證是耶穌如何改變你的故事。彼得告訴我們：神選派我們去「**為祂做工，為祂向人述說，講述祂怎樣徹底地改變你**」[3]。這就是見證的重點——分享個人信主經歷，正如在法庭，證人的責任是講述事情發生經過，並不需要辯護、證實事情真相或作出裁判。

耶穌說「**你們要作我的見證**」[4]，而不是「作我的律師」，祂要你與人分享你的故事。分享你的見證是你在世上使命的重要部分之一，因為你的見證是獨特的，你若不與人分享，這見證便永遠喪失了。你或許不是聖經學者，但你是你生命的權威，別人很難與你爭辯你的個人經歷。事實上，個人見證比一篇講道更有果效，因為未信者視牧師為「專業推銷員」，而你卻是個「滿意的顧客」，所以你有更高的可信度！

分享的故事能搭起關係的橋樑，讓耶穌從你的心走進他人的心。

個人故事比原則更容易令人感同身受，人們也喜愛聽。故事能抓住人們的注意力，也令人記憶長久。假如你一開始就引述神學家的話，未信者可能會不感興趣，但他們對自己未曾有過的經歷卻有一種天生的好奇！分享的故事能搭起關係的橋樑，讓耶穌從你的心走進他人的心。

個人見證的另一個珍貴的地方，是它避免了一些智性上的防衛。很多不接受聖經權威的人，會有興趣聽個人謙卑的見證。所以，保羅在六個不同場合並未引用經文，反而用自己的見證去講解福音。[5]

聖經說：「要隨時作好準備，去回答那些問你們心中為何有盼望的人，但要以溫柔和尊重的心去回答。」[6]「隨時準備好」的最佳方法就是將見證寫下來，牢記重點。你可將見證分為四部分：

1. 遇見耶穌以前，我的人生如何。
2. 我如何了解我需要耶穌。
3. 我如何委身耶穌。
4. 耶穌在我生命上所做的改變。

當然，除了得救見證外，你仍有很多其他見證可以與人分享。**每次**神幫助你的經歷都是一個故事，將所有神帶領走過的困難、境遇、危機列成清單。然後敏銳地在不同的情況當中，將這些故事使用在你未信主的朋友身上。

你的人生信息包括你的人生功課

人生信息的第二部分是神透過不同經歷教導你的真理。這些是你所學到關於神、關係、困難、試探以及其他方面的功課與洞見。大衛禱告說：「求祢教導我生命之道，讓我走在正軌中。」[7] 可悲的是，我們雖遭遇許多事，卻不曾從中習得功課。聖經論到以色列人說：「神曾多次拯救他們，但他們仍不從中汲取教訓，直到最終為他們的罪所滅。」[8] 你可能就遇見過這樣的人。

從經驗中學習固然是有智慧，但從他人的經驗中學習則**更有智慧**。人生實在沒有足夠的時間容我們凡事嘗試，從失敗中學習。我們必須從彼此的人生功課中去學習。聖經說：「經

> 從經驗中學習固然是有智慧，但從他人的經驗中學習則更有智慧。

驗豐富的人所提出的警告，對願意領受的人來說，比⋯⋯純金製成的
飾物更有價值。」[9]

　　將你所學到的主要人生功課寫下來，使你能與人分享。我們應
該感激所羅門王將自己的經驗寫在箴言和傳道書中，裏面充滿許多
生活中實際的功課。想想若我們能從彼此的人生功課上來學習，可
以避免多少無謂的挫敗。

　　成熟的人養成從每日生活中學習的習慣。我敦促你將你的人生
功課列成清單。若不寫下來，你就還未真正思想過。以下的問題可
以幫助你喚起記憶來開始：[10]

- 從失敗中，神教導了我什麼功課？
- 從金錢缺乏上，神教導了我什麼功課？
- 從憂傷沮喪中，神教導了我什麼功課？
- 從等候當中，神教導了我什麼功課？
- 從病痛中，神教導了我什麼功課？
- 從失望當中，神教導了我什麼功課？
- 從家人、教會、人際關係、小組及別人對我的批評中，我學到什麼功課？

你的人生信息包括分享你屬神的熱情

　　我們的神是個熱情的神，祂熱烈地**愛**一些事物，也激烈地**恨惡**一些事物。當你和祂的關係愈親密時，祂會將祂所深切關注之事的熱情賜給你，使你成為祂在世上的代言人。這或許是一份對某問題、某個目的、某個原則、某個群體的熱情。不論是什麼，你會感到有衝動去為這些事發言並有所貢獻。

　　你會不自覺地經常談及自己最關心的事。耶穌說：「人的內心決定了他的說話。」[11] 另一個例子是大衛，他說：「我對神和祂的

工作大發熱心，如同火燒。」[12]　耶利米也曾說過：「祢的話就像火在我心中和骨內焚燒，以致我不能保持緘默。」[13]

　　神賜與某些人一份熱情去捍衛某個主張，往往是一個他們曾親身經歷的問題，比如受虐待、惡癮、不孕、憂鬱、疾病或其他種種困難。神給人一份熱情，去為一群無法為自己說話的人代言，比如：被墮胎的嬰兒、被迫害的人、貧窮的人、被囚禁的人、受不公平待遇的人、孤苦無助的人、被拒諸公義門外的人等等。聖經充滿這樣的命令，命令我們去維護無助者。

　　神使用熱情的人去擴展祂的國度。祂可能賜給你熱情去開拓教會、鞏固家庭、為聖經翻譯籌款、或訓練基督徒領袖。你可能有一份神聖的熱情向某一特定群體傳福音：商人、青少年、海外留學生、年輕母親，或是有共同嗜好或體育活動的人。你若求問神，祂會讓你對於向某國家或族裔作強而有力的見證有特別負擔。

　　神給每個人不同的熱情，好讓每件祂要做的事得以完成。你不能冀望每個人對你的事工同樣熱心，亦不要輕看別人大發熱心的事。反之，我們應該積極聆聽並珍惜別人的人生信息，因為沒有一個人能說盡一切的人生信息。聖經說：「若為良善的目的，熱情總是好的。」[14]

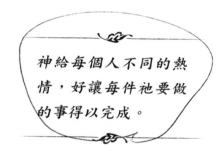

神給每個人不同的熱情，好讓每件祂要做的事得以完成。

你的人生信息包括好消息

　　什麼是好消息？「福音表明神如何使人與自己和好——它是本於信而歸於信的。」[15]「因神藉著基督，使世人與自己和好，不再計算他們的罪。祂已託付我們將這奇妙的信息傳給別人。」[16]　好消息就是，當我們信靠神的恩典，藉著耶穌所做的拯救我們，我們的罪被赦免，我們的人生有了目的，並且有將來在天上的家的應許。

如何分享好消息有許多好書可供參考，我可以提供一張書單或許對你有幫助（請看附錄 **2**）。但單靠這些訓練並不能促使你去為神作見證，除非你的裏面有前章所述的八個確信。但最重要的是，你必須學習像神愛失喪的人那樣去愛他們。

神從沒有創造一個祂不愛的人，每個人對祂而言都十分重要。當耶穌在十字架上雙臂張開時，乃是向我們顯明：「我愛你有**這麼多！**」聖經說：「**原來基督的愛激勵我們……一人既替眾人死……。**」[17] 因此，每次當你對傳福音失去熱心時，你應花些時間思想耶穌在十架上為你所做的一切！

我們必須關心未信主的人，因為神關愛他們。聖經說：「**愛裏沒有懼怕，完全的愛可驅走一切的恐懼。**」[18] 父母會不顧一切，奔進火場救出他們的孩子，因為他們對兒女的愛，遠超過一切的恐懼。假若你害怕向周圍的人分享好消息，求神以祂對他們的愛來充滿你的心。

聖經說：「**（神）不希望任何人失喪，倒希望所有人能將心思和生命改變過來。**」[19] 因此，只要身旁仍有一人未信主，我們就要繼續為他祈禱，以愛服事他，與他分享好消息。只要你的社區裏還有一個人沒有在神的大家庭裏，你的教會就必須繼續向外接觸。一間不願成長的教會正是在對世界說：「你下地獄吧！」

你願意為這些人做什麼，使他們可以進入天堂？邀請他們到教會？分享你的故事？送給他們這本書？請他們吃飯？或是每天為他們禱告，直至他們信主？你的宣教工場就在你的四周。聖經說：「**盡量爭取機會向人傳福音，與他們交往時要有智慧。**」[20]

是否有人因你的緣故得以進入天堂？是否有人在天堂裏向你道謝，說：「我要謝謝你，因為你關心我，向我分享救恩的好消息，以致我可以在這裏。」試想，在天堂與這些人相遇是何等喜樂的

事，因為你幫助他們能夠在那裏！人生最大的成就莫過於引領一個靈魂得著永恆的救恩，因為只有人可以存活到永恆。

在這本書裏，你明白了神給我們在世上的五個目的：成為神家裏的**成員**、效法基督的**榜樣**、彰顯祂的**榮耀**、作祂施恩的**僕人**，以及作祂好消息的**使者**。在這五個使命中，惟有第五項只能在世上完成，其他四項在某種程度上是會持續到永恆。故此，在世上傳播好消息是極為重要的。你只有短暫的時間可以分享你的人生信息，完成你的使命。

第 37 天
我的人生目的省思

思想要點：神要透過我向世界傳揚祂的信息。

背記經文：「要隨時作好準備，去回答那些問你們心中那盼望的人，但要以溫柔和尊重的心去回答。」
（彼得前書三章15節下，TEV）

思考問題：當回顧我個人的故事時，神要我將它向誰分享呢？

網上信息：www.purposedriven.com/day37（英文）

作個世界級的
基督徒

耶穌給他們一個使命：
「你們要到世界各地去，向每一個人傳揚福音。」

（馬可福音十六章15節，當代聖經）

purposedriven.com/
day38

差派我們往世界各地去，傳揚祢
拯救大能的福音和祢給全人類永恆的計劃。

（詩篇六十七篇2節，LB）

大使命就是你的使命。

你有一個選擇：你可以作個世界級的基督徒，或是個屬世界的基督徒。[1]

屬世基督徒仰望神基本上是為了得到個人的滿足；他們已經得救，卻仍以自我為中心。他們喜歡參加音樂會和內容豐富的研討會，但你不會在宣教會議的場合中遇見他們，因為他們沒有興趣。他們的禱告專注在自己的需要、祝福和幸福。這是一個以「我為第一」的信仰——神如何令**我的**生活更舒適？他們想要利用神去達成自己的目的，而不是**被**神所**用**去成就祂的目的。

世界級的基督徒正好相反，他們知道蒙拯救是為服事神和人，

被造是為完成一個使命，他們渴求被委派個人任務，並為自己能被神所用的這個特權感到興奮。世界級的基督徒是世上惟一完全充滿生命氣息的人。他們的喜樂、信心和熱情是有感染力的，因為他們知道自己正在改變世界。每早起來，他們期待神用新的方法使用他們。你想做哪一類的基督徒？

　　神邀請你投入歷史上最偉大、最廣泛、最多樣化、和最有意義的目標——建立祂的國度。歷史是**祂的故事**，神一直在為永恆建立祂的家；沒有任何事情比這更重要，也沒有任何事物比這更持久。我們從啟示錄得知神的普世宣教必**要**實現，有一天，「大使命」將成為「大完工」，到那日，天上將有一大群人「從各國家、各部落、各民族、各語言」[2] 來到耶穌基督面前向祂敬拜。作個世界級的基督徒讓你能**預嚐**些許天堂的滋味。

　　當耶穌告訴祂的門徒「到世界各地去，向每一個人傳揚福音」時，那一群貧乏的中東門徒大感困惑，這是否意味著他們要步行或騎驢走遍世界？這是他們僅有的交通工具，要飄洋過海、走遍全世界，確實有很多天然的障礙。

　　今天我們有飛機、輪船、火車、巴士和汽車；地球已經變成一個小小世界，每天都在縮小。你可以在**數小時內**便飛越海洋，若需要，隔天又可飛回家中。一般的基督徒有數之不盡的機會去參加短期國際宣教，旅行社可代你安排前往世界每一個角落，我們實在沒有藉口不去傳福音。

　　現在，網際網路使世界甚至變得更小，除了電話和傳真的便利之外，再加上任何一個上網的信徒幾乎都可以和各地人士互通訊息，全世界就在你的指尖下！

　　甚至很多窮鄉僻壤也能收電子郵件，即使足不出戶，也可以和地球另一邊的人作福音交談。如今要完成傳福音的大使命，遠比

> 如今要完成傳福音的大使命，遠比以前容易得多。

以前容易得多；路途遙遠、費用、或交通已不再是障礙，惟一的障礙是我們的**思想取向**。要成為世界級的基督徒，你必定要改變你的心思、觀點和態度。

如何在思想上作世界級基督徒

從「自我中心」的思想轉變為「以別人為中心」的思想

聖經說：「*朋友們，停止像小孩子般思想，要像成熟人般思想。*」[3] 這是成為世界級基督徒的第一步。小孩子只想到自己，成年人顧及別人。神命令說：「**不要只顧自己的利益，也要為別人的需要著想。**」[4]

當然，這種心思轉變並不容易，因為我們的本性是只顧自己，加上所有的傳媒廣告都鼓勵我們為自己著想。惟一能夠轉移這樣思想模式的方法只有時刻倚靠神。幸好神沒有撇下我們獨自掙扎，「**神賜給我們祂的靈，因此我們的思想和現今世人的思想不同。**」[5]

當你與非基督徒談話時，先祈求聖靈幫助你去顧念他們的屬靈需要。你可以學習養成一個習慣，就是為你所遇到的人作無聲的「呼吸禱告」，說：「父啊！幫助我明白是什麼事令這人還未認識祢。」

你的目的是去弄清楚這人的靈命進程，然後帶領他們進一步認識基督。你可以學習保羅的心態，他說：「**我沒有想到為自己好，只想到什麼對大家好，為要使他們得救。**」[6]

從「區域性」想法轉為「全球性」的想法

神是全世界的神，祂總是關心整個世界。「**神愛世人**」[7]。從

起初，祂便盼望每一個被造的民族成為祂家庭的一份子。聖經說：
「**神由一人造出住在地上的萬國，祂亦決定各國在何時和何地出現。
神成就這一切，為的是要我們尋求祂，尋索和找到祂。**」[8]

世上很多人已經有全球化的思想，最大的傳媒和企業集團都
是跨國性的。我們和其他國家在生活上的聯繫愈來愈緊密，我們有
共同的時裝、娛樂、音樂、運動，甚至速食品，大部分你所穿的和
所吃的，都是外國製造的。我們緊密相連的程度遠勝於我們所了解
的。

現今的生活是令人興奮的，今
日地上的基督徒比任何時期都多。保
羅是對的：「**這福音傳到你們那裏，
也將傳遍世界各地，它改變你們的生
命，也正在改變各地人的生命。**」[9]

成為全球化思想的第一步是開始
為特定的國家禱告。世界級的基督徒

> 世人可以拒絕我們的
> 愛或我們的信息，但
> 他們卻抵擋不住我們
> 的禱告。

經常為這世界禱告。找一座地球儀或一張地圖，然後提名為一些國
家禱告。聖經說：「**你們如果求我，我必將萬國賜給你們；地上的
所有人必屬你們。**」[10]

禱告是你向普世宣教最重要的工具，世人可以拒絕我們的愛或
我們的信息，但他們卻抵擋不住我們的禱告。如同洲際導航飛彈，
不管是在十呎或是十萬哩外，都可以對準人的心靈禱告。

你應該為什麼禱告？聖經告訴我們應該為這些事禱告：見證的
機會[11]、說話的勇氣[12]、人能相信[13]、信息能快速傳播[14]，以及
更多的宣教工人[15]。禱告使你與各地的人成為同工。你也應該為
宣教士和其他在這廣大禾場的福音同工禱告。保羅對他的禱告夥伴
說：「**你們為我們禱告的時候，就是與我們同工，幫助我們。**」[16]

另一種發展全球化思想的方法，是用「大使命的眼睛」去閱讀

並留意新聞。無論何處有變動或衝突，你可以確定神會利用這些事領人到祂跟前，因為人在壓力與變遷當中最容易接受神。由於世界正在不斷加速改變，很多人對於福音的態度是前所未有的開放。

轉變為全球化思想的最佳途徑就是盡快前往另一國家作短宣！親身體驗另一種文化是無可替代的經驗。別再研究、討論宣教了，就去做吧！我挑戰你立即委身投入。在使徒行傳一章8節，耶穌給我們一個參與的模式：「**你們要在耶路撒冷、猶太全地、撒瑪利亞，和世界各地向所有人講述我。**」[17] 信徒要出去到他們的社區（耶路撒冷）、他們的國家（猶太全境）、其他的文化（撒馬利亞），和其他的國家（世界各地）向人傳福音。請注意：我們的宣教行動是同步而非逐一進行的。雖然並非每人都有宣教的恩賜，但神呼召每個基督徒在某方面承擔使命，向以上四類群體宣教。你是使徒行傳一章8節的基督徒嗎？

訂下目標，去參與向這四個目標群體宣教的計劃。我敦促你作好儲蓄的準備，不管如何都**盡快**地參加一次海外短宣。幾乎每個宣教機構都能助你成行，這會擴大你的胸襟、開闊你的視野、增長你的信心、加深你的愛心，使你被一種從未體驗過的喜樂所充滿。或許這便是你生命的轉捩點。

從「*此時此地*」的想法轉為「*永恆*」的想法

要善用你在世上的時間，必須經常從永恆的角度去看事物。這樣能使你不至從重要的事物岔開去為小事浪費精力，並能分辨出緊急的與最重要的事務之間的不同。保羅說：「**原來我們不是顧念所見的，乃是顧念所不見的；因為所見的是暫時的，所不見的是永遠的。**」[18] 許多浪費我們精力的事務，一年後，已變得無關緊要，更遑論有任何永恆價值了。故此，不要讓短暫的事佔滿你的生命。耶

穌說：「接受我所差派的工作卻不全心全意去做的人，不配進神的國。」[19] 保羅提醒我們說：「盡量少理會世界堆在你面前的事物，你們所看見的世界將要過去了。」[20]

你讓哪些事阻礙了你的使命？什麼事妨礙你成為世界級的基督徒？無論是什麼，放下它們。「我們就當卸下一切重擔，擺脫所有拖延或纏累我們的事。」[21]

耶穌告訴我們「把財富積存在天」[22]。該怎麼做？在一段最被人誤解的言論中，耶穌說：「我又告訴你們，要藉著屬世的錢財為你自己結交朋友，到了沒有錢財的時候，你們可以被迎進永恆的居所裏去。」[23] 耶穌的意思不是叫你們用錢去「收買」朋友，而是指你應該用神所給你的金錢領人歸向基督，他們將會成為你永遠的朋友。當你上天堂時，將得到他們的歡迎和接待，這才是你最佳的投資。

你可能聽過這句話：「你無法帶走任何東西。」但聖經說你**可以**藉著投資在往那裏去的人身上，預先寄過去。「這樣，他們為自己積存真正的財寶在天上，這才是安穩的永恆投資！他們在地上也能活出結果子的基督徒生命。」[24]

> 「你無法帶走任何東西。」但聖經說你可以藉著投資在往那裏去的人身上，預先寄過去。

從想出各種藉口轉變為想出各種有創意的方法去完成使命

只要你願意，一定有方法，宣教機構也可以提供協助。以下是我們常用的一些藉口：

- 「我只會說英語。」在許多國家，這正是好處。許多地方，千百萬的人想學英語，極想要有練習的機會。

- 「我沒有什麼可以貢獻。」你有的，你的才能和經驗都能在某處發揮作用。
- 「我太老（或太年輕）了。」很多宣教機構都有適合不同年齡參加者的短宣計劃。

不管是撒拉聲稱她已太老不能被神所用，或是耶利米說自己太年輕，神都拒絕接受他們的藉口。「**主卻說：『不要推辭說「我太年輕」，因為我派你去哪裏，你都要去；我吩咐你說什麼，你都要說。不要怕他們，因為我必常與你在一起，從旁保護你。』**」[25]

你或許真的相信你需要從神而來的一個特別的「呼召」，正在等候一些超自然的感覺或經驗。但神已經一次又一次地宣告了祂的呼召，我們**都**被召去成就神為我們生命所訂的五個目的：敬拜、團契、成長像基督、服事、和宣教使命。神不只使用祂的**一些**百姓，祂要使用祂的**所有**百姓。我們都被召**承擔使命**，祂要整個教會把整全的福音傳給全世界。[26]

很多基督徒錯過了神在他們生命中的計劃，因為他們甚至從來沒有**求問神**是否需要他們到某處作宣教士。無論是出於恐懼或是無知，他們已自動關閉作跨文化宣教士的可能性。如果你覺得想說「不」，你就應當找出現存所有不同的方法和可能性（這會使你大大驚異），然後你要認真禱告並求問神在以後的日子要你做什麼。在這歷史上的關鍵性時刻，福音的門從來沒有像現今如此地敞開，長駐宣教士的需求是極迫切的。

如果你想要像耶穌，你必須有一顆擁抱全世界的心，你不能僅滿足於你的家人和朋友歸向基督。全球有超過六十億人口，耶穌要祂**所有**失喪的兒女被尋回。耶穌說：「**惟有那為我和福音的緣故捨棄生命的人，才會明白真正活著的意義。**」[27] 大使命是**你的**使命，而履行你的本分是活出有意義人生的祕訣。

第 38 天
我的人生目的省思

思想要點：大使命就是我的使命。

背記經文：「差派我們往世界各地去，傳揚祢拯救大能的福
　　　　　音和祢給全人類永恆的計劃。」
　　　　　（詩篇六十七篇2節，LB）

思考問題：我可以採取什麼步驟，為明年短宣作好預備？

網上信息：www.purposedriven.com/day38（英文）

平衡你的生命

不要活像那些不知生命意義的人，
卻要像那些知道的人那樣，
以盡責的態度來過活。

（以弗所書五章15節，Ph）

purposedriven.com/
day39

不要讓邪惡人的錯謬引誘你進入歧途，
使你的生命失去平衡。

（彼得後書三章17節，CEV）

生活平衡的人有福了，他們比任何人更持久。

夏季奧林匹克運動會中，有一個項目是五項全能運動。五項運動包括手槍射擊、擊劍、騎馬、賽跑及游泳，運動員的目標是要五項皆有卓越表現，而非只擅長於其中一、兩項。

你的生命也是有五個目的的五項全能賽，你必須保持均衡。在使徒行傳第二章，初期教會的信徒已實行這些目的，保羅亦曾在以弗所書第四章解釋這些目的，耶穌更在約翰福音十七章作了榜樣；但是它們都總歸在耶穌的「最大的誡命」及「大使命」裏。這兩個宣告也為此書作了總結──神給予你的五個人生目的：

1. 「**盡心愛主**」——你被造是為討神的喜悅，因此你的人生目的是透過**敬拜**，來愛神。

2. 「**愛人如己**」——你被塑造是為了要服事，因此你的人生目的是透過**事工**，來表達你對人的愛。

3. 「**使萬民作主的門徒**」——你為使命而被造，因此你的人生目的是透過**傳福音**，去分享神的信息。

4. 「**給他們施洗**」——你為神的家而被造，因此你的人生目的是透過與信徒**團契相交**，來認同祂的教會。

5. 「**教訓他們遵守**」——神創造你，為要你像基督，因此你的人生目的是透過**門徒訓練**，邁向成熟。

委身於「大誡命」及「大使命」使你成為偉大的基督徒。

讓這五個目的保持平衡並非易事。我們都偏重於自己較熱中的目的，而忽略其他的，教會亦是如此。不過你可以保持生命的平衡，就是藉著加入小組來互相督促，定期對自己的屬靈健康作體檢，藉著生活日誌記錄自己的靈命進程，以及將自己所學傳遞給別人。要實行目的導向的生活，這四件是很重要的事情。你若認真想要實行，就必須養成這些習慣。

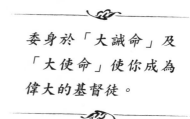

委身於「大誡命」及「大使命」使你成為偉大的基督徒。

與屬靈夥伴或小組組員切磋討論

要**深入了解及活用**這本書的原則就必須在小組與人切磋討論。聖經說：「鐵磨鐵會變得鋒利，人同樣能夠互相砥礪成長。」[1] 群體學習是很有效的。透過交談，我們的心思變得敏銳、我們的信念也會更深刻。

我**極力**敦促你找一群朋友，組成一個目的導向生活的閱讀小組，固定每週閱讀幾章，一起討論每章的精意與實行方法，問一問：「這又如何？」「現在又該怎樣？」「這對我自己、我的家庭和教會有什麼意義？」「有關這問題，我應當做什麼？」保羅說：「……所學到的……都要照著去行。」[2] 在附錄 **1**，我準備了問題討論供你的小組或主日學使用。

閱讀小組能提供許多個人閱讀所沒有的好處。對於你所學到的，你可以提出意見並聆聽別人的回應；也可以討論生活實例，彼此代禱、互相鼓勵。請記著，我們本來就是要一起成長的。聖經說：「**要彼此鼓勵，互相支持。**」[3] 在你和小組一起讀完本書之後，你也許還想研讀其他可以在小組或課程中使用的有關目的導向生活的書籍（請看附錄 **2**）。

我也鼓勵你們個人查經。本書所引用超過一千處的經文都加上了註腳。請看附錄 **3**，我在此說明了為什麼使用許多不同的聖經譯本和意譯，為了要使每一章的分量適合每天閱讀，我無法對於大部分引用經節其引人入勝的背景加以解釋。但其實聖經應該要按著段落、章節，甚至整卷書來研讀。我的另一本書《個人研經方法》，可以教你如何作歸納性的研讀。

給自己的靈命定期體檢

平衡你生活的五個目的最好的方法便是定期對自己作評估。神重視評估的習慣，聖經中至少有五次提及我們要這樣做[4]。聖經說：「**你們要察驗自己，看看自己是否信心堅固。不要隨波逐流，以為什麼事都是理所當然的。定時自我檢討……要察驗自己。若考驗不合格，就要改善。**」[5]

要保持身體健康，你要作定期身體檢查，由醫生量血壓、體溫、體重等。同樣，在屬靈健康上，你也要檢驗五種極重要的信號——敬拜、團契相交、品格成長、事奉和傳福音。耶利米勸我們：「讓我們省察自己的行為，重整生命歸向神。」[6]

在馬鞍峰教會我們建立了一個簡單的個人評估工具，幫助成千人保持在神的五個目的裏。你若想要這份目的導向生活靈命健康評估表，你可以寫信給我（請看附錄 2）。你可能會很驚訝：這個不起眼的工具竟能幫助你平衡你的生活，並使之健康成長。保羅敦促我們：「你們現在的實際行動，應與起初時那樣熱心的想法相稱。」[7]

在靈修日誌上記下你的靈命進程

促進你完成神對你生命的五個目的的最好方法便是寫靈修日誌，這不是一份記錄每天生活事物的日記，而是一份你不願忘記的生命功課記錄。聖經說：「堅守我們所學的真理是非常重要，不然我們便會大意失去。」[8] 我們總是記得我們寫下來的。

文字幫助我們釐清神在我們生命中的作為。陶道森（Dawson Trotman）曾說：「在你的筆尖下，思想意念會變得清晰。」聖經也記載幾個神吩咐人記錄靈修日誌的例子：「摩西遵照主的指示，把行程記錄下來。」[9] 幸好摩西順服神的命令，記下以色列人的靈命旅程。他當時若怠惰，我們便無法學到出埃及的人生功課。

雖然你的靈命日誌不可能像摩西五經那樣廣被閱讀，卻仍是極為重要的。新國際版聖經說：「摩西記下他們行程的各種階段。」你的人生是一趟旅程，旅程是值得記錄的。我盼望你會寫下在活出目的導向的人生中，你靈命旅程的每個階段。

不要單寫下愉快的經歷，要像大衛，記下你對神的疑惑、恐懼和掙扎。我們最偉大的功課通常源自痛苦的經驗，聖經告訴我們，

神把我們的眼淚記在冊子上[10]。每當難題發生時,請記得,神使用它們來完成你人生**所有的**五個目的:困難迫使你仰望神,使你與別人有更親密的相交,培養出像基督的品格,提供事奉的機會,也給你寶貴的見證。每一個困難都是目的導向的。

你有責任保存記錄,向後世的人見證神如何幫助你活出目的導向的人生。

在痛苦的經歷中,詩人在詩篇中寫道:「**這些事要記下來,傳給後代,好使將來出生的人民可以讚美耶和華。**」[11] 你有責任保存記錄,向後世的人見證神如何幫助你活出目的導向的人生。這個見證在你離開世界之後,還要繼續說話。

將你所學的傳給人

如果你想繼續成長,最好的辦法是將你所學到的傳揚出去。「**祝福別人的,必蒙祝福;幫助別人的,必得幫助。**」[12] 凡將所領悟到的與人分享,神必賞賜更多。

現在你已明白人生的目的,你的責任就是把這信息傳開去,神正呼召你作祂的使者。保羅說:「**現在你也要把這教訓傳給那忠信可靠的人,使他們照樣地去教導別人。**」[13] 本書裏我已經將別人教導我關於目的導向生活的種種傳給你,現在將其傳給別人是你的責任了。你可能認識許多不知道人生目的的人,將這些真理與你的子女、朋友、鄰居與同事分享。

你知道的愈多,神就更期望你能用這知識去幫助別人。雅各書說:「**人若知道善而不去行,就是犯罪了。**」[14] 知識加添我們的責任;將目的導向人生的信息傳開不單是責任,而是人生最榮幸的特權。試想,若人人都知道自己的人生目的,世界會變得怎樣地不

同。保羅說：「如果你把這些事指示弟兄姊妹，你就是基督耶穌的好僕人。」[15]

全為神的榮耀

我們把所學到的傳揚出去，是為了彰顯神的榮耀並拓展祂的國度。耶穌被釘十字架的前一夜，祂向天父報告說：「**我在地上已經榮耀祢，祢所託付我的事，我已成全了。**」[16] 當主作此禱告時，祂還未為我們的罪死，那麼祂已成全了什麼「事」呢？這裏所指的是祂為人贖罪受死之外的事，答案記載在以後的20節的禱文中[17]。

耶穌告訴天父過去三年祂所做的事：預備門徒為神的目的而活、幫助他們認識神並愛神（敬拜）、教導他們彼此相愛（團契相交）、給他們話語使他們成長成熟（門徒訓練）、作榜樣教他們如何服事（事奉）、差派他們出去傳福音（使命）。主耶穌已作了「目的導向人生」的榜樣，祂也教導人如何去活出來，這就是祂為神的榮耀所做的「事」。

今天神呼召我們每個人做同樣的事，祂不單要我們活出祂給我們的人生目的，並要我們幫助別人也做同樣的事。神要我們介紹別人認識基督，帶領他們進入團契相交，幫助他們成長成熟並發現他們事奉的崗位，然後差遣他們出去向人傳福音。

這就是目的導向的人生！不論你的年齡大小，你今後的生命可以是你人生最美好的日子。你可以從今天開始過一個目的導向的人生。

第 39 天
我的人生目的省思

思想要點：生活平衡的人有福了。

背記經文：「不要活像那些不知生命意義的人，卻要像那些
知道的人那樣，以盡責的態度來過活。」
（以弗所書五章15節，Ph）

思考問題：我要從四個習慣中的哪一個來開始，使我能維持
平衡神所給的五個人生目的？

網上信息：www.purposedriven.com/day39（英文）

目的導向的人生

人心有許多計劃；卻只有主的目的才能成就。

（箴言十九章21節，NIV）

大衛在他的世代服事了神的旨意。

（使徒行傳十三章36節，NASB）

purposedriven.com/
day40

爲人生目的而活才是惟一真正活著的方式，否則只是生存而已。

很多人為人生三個基本問題而掙扎。第一是**自我認同**：「我是誰？」第二是**重要性**：「我重要嗎？」第三是**影響力**：「我在生命中有何地位？」這些答案可以在神給你的五個目的中找到。

主耶穌被釘十架的前一天，在樓上以為門徒洗腳為榜樣，並對他們說：「**你們既知道這事，若是去行就有福了。**」[1] 你一旦知道神要你做什麼，當你真正去做時，祝福就臨到。四十天的目的導向之旅即將結束，現在你已明白神對你生命的目的，若去**行**便蒙福。

這或許意味著你要停止做一些其他的事情。人生有很多「美

好」的事你可以去做，但神的目的是五個你**一定要**做的事。很可惜，我們很容易分心，忘了什麼是最重要的。要防止這事發生，你必須寫下你人生的目的宣言，並定期回顧反省。

什麼是人生目的宣言？

目的宣言是神對你人生目的的摘要

用你自己的話，申明對神給你的五個人生目的的委身。目的宣言並非目標清單。目標是短暫的，目的卻是永遠的。聖經說：「祂的計劃永遠堅立，祂的旨意萬代常存。」[2]

目的宣言指引你人生的方向

在紙上寫下你的人生目的，會迫使你特別去思想你的人生路徑。聖經說：「知道你要往哪裏去，你就能腳踏實地。」[3] 人生目的宣言不僅說出你要用你的時間、生命、金錢去做什麼，也指出你不做什麼。箴言說：「聰明人目標放在智慧的行動上，愚昧人卻以追逐許多方向來開始。」[4]

目的宣言為你定義「成功」

這宣言說出你相信什麼是重要的，而不是世界說什麼是重要的。這宣言釐清你的價值觀。保羅說：「我要你們了解什麼是真正重要的。」[5]

目的宣言釐清你的角色

在人生不同的階段你會有不同的角色，但你的人生目的卻永

遠不變，它比你任何的角色更重要。

目的宣言表達你的特色（SHAPE）

它反映神用獨特方法塑造你，使你能服事祂。

用點時間寫下你人生目的宣言，不用一次就完成，也不要想第一次就達到完美。只要靈感一到，便立即寫下來。修改總比創作來得容易。當你準備你的人生目的宣言時，有五個問題你應當思考：

人生的五個最重要的問題

什麼是我生命的中心？

這是**敬拜**的問題。你要為誰而活？你的生命以什麼為中心來建造？你可以將你的生命以職業、家庭、嗜好、金錢、享樂或其他活動來建造。這些都是好的，但不是你生命的中心。當生命遭遇巨變時，這些事物都不夠強壯到足以支撐你。你需要一個永不動搖的中心支柱。

亞撒王命令猶大百姓：「……生命以神為中心。」[6] 事實上，任何在你生命中心的，就是你的「神」。當你將生命交託給基督，祂就進入你生命的中心，但只有透過敬拜，才能讓基督繼續保持祂在你心中的地位。保羅說：「我祈求基督……扎根建基地住在你們心裏。」[7]

> 當神在生命的中心，你會敬拜；當祂不在中心時，你會掛慮。

你怎知道神是你生命的中心？當神在中心時，你會敬拜；當祂

不在中心時，你會掛慮。掛慮是一個警訊，顯示神已被推到一邊。當你將神放回中心時，你會立時感到平安。聖經說：「*神的完全平安……將會臨到，使你平靜下來。當基督取代憂慮，成為你的人生核心，便會出現這種奇妙的感覺。*」[8]

什麼是我生命的品格？

這是**門徒訓練**的問題。你將會是個怎樣的人？神關心你**是**怎樣的人多過於你**做**什麼。請記住，你不能帶著你的職業上天堂，但你卻要帶著你的品格進入永恆。寫下你希望可以培養的品格特質。你或許可以考慮從「*聖靈的果子*」[9] 或登山寶訓的「*八福*」品德[10] 來開始。

彼得說：「*在你已領受的基礎上，不要放鬆一分一秒地去繼續建立，在你的基本信心上要加上美好的品行、屬靈的悟性、警覺的自律、溫柔的忍耐、敬虔的心、親切的友善和寬宏的愛。*」[11] 當你失腳跌倒時，不要灰心喪志而放棄，建立像基督的品格是一生的功課。保羅對提摩太說：「*你要緊緊保守你的品格並留心自己的教訓，在這些事上不要偏離，只要堅持下去。*」[12]

什麼是我生命的貢獻？

這是**服事**的問題。你在基督身體裏的事工是什麼？了解自己在屬靈恩賜、心性、才能、個性和經驗的組合（即你的特色SHAPE），什麼是你在神家裏最適合的角色？你要如何作出有影響力的改變？在這身體裏，是否有哪一個特別的群體是我的特色可以服事的？保羅指出當你完成你的事工時，會有兩個好處：「*你們所做的事，不但供應了信徒的需要，也使許多人越發感謝神。*」[13]

雖然你被塑造去服事，但即使是耶穌在地上時也沒有滿足每一個人的需要。你必須根據你的特色去選擇誰是你最能服事的對象。

你要問：「我最想要幫助誰？」耶穌說：「……我差派你們去結常存的果子。」[14] 我們每人所結的果子都不同。

什麼是我的人生信息？

這是你對未信者的**使命**問題。你的**使命宣言**是你的人生目的宣言的一部分，應包括你委身向人分享見證與神的好消息。你也應該要列出人生功課，以及神給你向世界分享的神聖熱情。當你在基督裏成長時，神可能會給你一個特別的目標群體，讓你向他們傳福音。要記得將這一點寫在你的宣言內。

假若你為人父母，你的使命之一就是教養兒女認識基督，讓他們明白神在他們生命中的目的，差派他們在世上做宣教工作。你的宣言可包括約書亞所說的話：「**我和我的一家必服事耶和華。**」[15]

當然，我們的生活要能支持並印證我們要傳遞的人生信息。未信者先要認為我們是可信的，他們才會接受聖經的可信性，所以聖經說：「**要確保你的生活方式，能為基督的福音帶來光榮。**」[16]

什麼是我生命中的群體？

這是**團契相交**的問題。你要如何表明你對其他信徒的委身以及與神家的連結？你要在何處與其他的信徒實行「彼此」的命令？你要加入哪個教會家庭作一個有功用的成員？你越成熟便越愛基督的身體，並願意為之犧牲。聖經說：「……**基督愛教會，為教會捨己。**」[17] 你應該將你對神的教會的愛納入你的宣言中。

> 未信者先要認為我們是可信的，他們才會接受聖經的可信性。

……的答案時，記下任何有關這些目的令你感動……許多經文。你可能要花幾個星期，甚至幾個……目的宣言。禱告，再加上思索、與摯友商討、……可能要不斷修改重寫才能產生最後的宣言。就算……你還是可能因著神給你的洞見或對自己特色的認識，而作出修訂，你若想要參考別人的宣言範本，請發電子郵件給我（請看附錄 2 ）。

除了寫下詳細的人生目的宣言，亦可以寫成較短的版本，或口號來總括你的五個人生目的，以方便記憶和激勵自己，並可成為每天的提醒。所羅門建議：「**若能夠牢記在心裏，隨時引用，那是再好沒有的。**」[18] 以下是一些例子：

- 我的人生目的是用心靈敬拜基督，用我的恩賜和特色去事奉祂，與神家裏的人有團契相交，成長像基督的品格，在世上完成祂的宣教使命，讓祂得著榮耀。
- 我的人生目的是成為基督家庭的成員，作基督品格的榜樣，主恩典的施與者，神話語的使者，和祂榮耀的彰顯者。
- 我的人生目的是要愛基督，在基督裏成長，與人分享基督，透過教會服事基督，引領家人和其他人同行此路。
- 我的人生目的是致力委身於「大誡命」和「大使命」。
- 我的目標是像基督，我的家就是教會，我的事工是_____，我的使命是_____，我的動機是為榮耀神。

你可能想知道「神在我的工作、婚姻上的旨意是什麼？我應在哪裏居住或上學？」老實說，這是生命中次要的問題，或許有多種可能，但**都是**出於神對你的旨意。無論你住在哪裏、在哪裏工作、與誰結婚，最重要的是完成神在你生命中的永恆計劃。那些決定

應該要能支持你的人生目的。聖經說：「**人心有許多計劃；卻只有主的目的才能成就。**」[19] 專注於神對你人生的目的，而不是你的計劃，因為惟有祂的目的會永遠長存。

我曾聽過一個建議說，你應根據你希望人們在你的喪禮上說什麼，來建立你的人生目的宣言。想像你那完美的頌詞，然後據此寫下你的宣言。坦白說，這實在是個壞主意。在你人生的終結，別人對你怎麼說將不重要，惟一重要的是，**神對你怎麼說**。聖經說：「**我們的目的是要取悅神，不是取悅人。**」[20]

有一天，神要檢閱你對這些生命問題的答案。你是否讓基督成為你生命的中心？你是否建立了祂的品格？你是否奉獻生命於服事別人？你是否述說祂的信息，完成祂的使命？你是否愛教會、參與在祂的家中？這些是惟一重要的事。正如保羅所說：「**我們的目的是滿足神對我們的計劃。**」[21]

神要使用你

大約三十年前，我注意到使徒行傳十三章36節的一句話，這句話永遠地改變了我的人生。這句話只有幾個字，卻像冒著煙的烙印，我的生命永遠地被烙上這幾個字：「**大衛在他的世代服事了神的旨意。**」（David served God's purpose in his generation.）[22] 我終於明白了神為何稱大衛為「**合我心意的人**」。[23] 大衛獻上他的一生，完成神給他在世上的使命。

再沒有任何碑文比這個宣言更偉大！試想**你的**墓碑上刻著：「**你在你的世代服事了神的旨意。**」我祈求當我離世時，別人會用這句話來形容我的生命。這亦是我對你的期待，也是我寫這本書的

原因。

這句話是卓越人生的最終定義。你以這短暫、有限的方式（在你的世代），完成永恆無限的偉業（神的目的）。這就是**目的導向的人生**。過去與將來的人都不能在這個世代中服事神的旨意，只有你能。像以斯帖一樣，神造你是為了「現今的機會」24。

神仍在尋找合用的人，聖經說：「**耶和華的眼目尋遍全地，為的是堅固那些全心遵從祂的人。**」25 你是神能用來滿足祂目的的人嗎？你願意在**你的**世代服事神的旨意嗎？

保羅活出一個目的導向的人生。他說：「**我直奔標竿，每一步都帶著目的。**」26 他活著的惟一原因是滿足神對他的目的。他說：「**因我活著就是基督，我死了就有益處。**」27 保羅不懼生死，無論怎樣，他要完成神的目的，他不可能輸！

> 你今天就能開始以目的為生。

有一天歷史會終結，但永恆卻會延續。克理威廉（William Carey）說：「未來的日子像神的應許一樣光明！」當實行你的目的顯得艱困時，不要灰心放棄。記著你得到的獎賞，將永遠長存。聖經說：「**我們這至暫至輕的苦楚，要為我們成就極重無比、永遠的榮耀。**」28

試想有一天，我們站在神的寶座前，以感恩和讚美將我們的生命獻與神，這會是什麼樣子。我們同聲說：「**我們的主，我們的神，祢是配得榮耀、尊貴、權柄的；因為祢創造了萬物，並且萬物是因祢的旨意被創造而有的。**」29 我們因著祂的計劃永遠讚美祂，並為祂的目的而活！

第 40 天
我的人生目的省思

思想要點：過有目的的人生才是真正生活的惟一之道。

背記經文：「大衛在他的世代服事了神的旨意。」

　　　　　（使徒行傳十三章36節上，NASB）

思考問題：什麼時候我願花時間寫下我對人生五個重要問題的答案？什麼時候我會將我的人生目的寫在紙上？

網上信息：www.purposedriven.com/day40（英文）

嫉妒的陷阱

心中安靜是肉體的生命；

嫉妒是骨中的朽爛。

（箴言十四章30節）

purposedriven.com/
day41

我又察看一切的勞碌和各樣靈巧的工作，

這是因為人彼此嫉妒。真是浪費！

（傳道書四章4節，MSG）

你若嫉妒別人的人生，就無法成就神對你人生的目的。

雖然神為了相同的五個永恆目的來創造我們每個人，但是**你完成這些目的的方式──** 時間、地點、計劃與風格卻**是完全獨特的**。神從不創造複製品，祂從不複製曾經創造過的，也從不複製一個人的人生計劃。神只做原創的偉大作品。正如我們在第三十及三十一天所討論過的，神刻意塑造你不同於任何人。只有你可以是你，只有你可以過這個神為你打造的人生，同時，你也無法過神為別人設計的人生。企圖不活出你自己，只會帶來挫折、疲憊與失敗。

　　作為人，我們自然對別人的人生感興趣。這是神創造我們的一部分。我們對於別人的長相、行為、說話與生活感到著迷。我們會注意到別人穿什麼、做什麼、有什麼。這些沒什麼不對，尤其若你對於神創造人的無限多樣，而非把人造得全都一模一樣而感到驚歎讚賞時，更是如此。

　　但是若我們埋怨神造別人比我們好，拒絕祂所造的我們自己，並且開始嫉妒別人所擁有的，問題就來了。嫉妒是個陷阱。今天的世界，科技讓我們可以看到別人怎麼生活，「嫉妒」或許是人錯過神對他們人生獨特計劃最普遍的原因。嫉妒是普世的罪，我在每個年齡層、經濟層、不同族群，以及我全球所到各處，都見識到嫉妒。

　　「為什麼**她**可以住在**那棟**房子裡？」「**他**憑什麼擁有那份工作？」「我為什麼不能**那麼**有吸引力、那麼有錢、那麼聰明、那麼有名氣？」嫉妒分散注意力，使你無法專注在神對你人生的作為，轉而專注在你所沒有的事物上。嫉妒使你的人生轉進岔路，而且它總是帶你進入一條死胡同。嫉妒使你付上巨大的情緒代價卻沒有任何回報。你錯過你的人生目的，同時也失去喜樂。

　　最糟糕的是，嫉妒是對神的侮蔑！每次當你希望你是某個別人，擁有他們所擁有的，或者做他們所做的時，你就是在說：「神啊，祢造成了大錯了！祢其實可以做得更好，祢可以把我造得像**那個人**，但祢卻沒有！祢怎麼把我搞錯了？如果我是神，我會把我自己造得更像那個人一點！」

　　嫉妒其實是基於無知與傲慢的一種屬靈叛逆。自以為有一份比我的創造者更好的人生計劃！真的嗎？聖經提醒我們這有多麼放肆：「*你這個人哪，你是誰，竟敢跟神頂嘴呢？被造的怎麼可以對造他的說：『你為什麼把我做成這個樣子呢？』*」[1]

嫉妒是一種具破壞性的態度，以至於神在十誡裡將之列為罪。十誡最後一誡說：「**不可貪戀…**」[2] 貪戀是嫉妒的同義詞。神絕對禁止我們嫉妒別人所擁有的，無論是外表、成就或他們是誰，因為祂知道嫉妒所帶來的損害有多大。

嫉妒的四重傷害

嫉妒否定你的獨特性

正如沒有兩片雪花是相同的，也沒有任何兩個人是一樣的，即使是同卵雙胞胎也不盡然相同！本書前面我提過，你有獨特的指紋、眼紋、聲紋、足印及心跳。從前沒有，將來也不會有人跟你一樣。聖經說：「**我們是神的偉大作品。**」[3] 但是當你嫉妒別人時，你便無法看到自己無比珍貴的獨特型態，嫉妒使你眼瞎。

有一天當你站在上帝面前，祂不會問你：「你怎麼不更像你父母、鄰居或某個名人一點？」祂比較可能說：「你為什麼不更像我原本要你活出來的樣式？」

嫉妒分散了你的注意力

你不能一方面全心全意地成為上帝要你成為的樣式，同時又嫉妒著別人。耶穌說：「**任何人容許他自己從我所為他計劃的人生分心，就不配進神的國。**」[4] 如果你總是注意別人在做些什麼，或期盼擁有別人所擁有的，就會看不見上帝在你人生中的作為。

嫉妒使你錯用你的時間與精力

所羅門王注意到嫉妒是大部分人過度勞苦的原因！他說：「**我看見為得到成功的各樣勞碌，都是出於對鄰舍的嫉妒。這也是虛空，**

也是捕風。」[5] 其結果是：「不斷地勞碌，從未滿足於他所擁有的財富。他到底為誰辛苦、為誰犧牲而從未享受任何樂趣？這也是虛空，悲慘的生活方式。」[6]

嫉妒是滿足的仇敵，嫉妒說：「我必須擁有**更多**：更多的錢、更多的物質、更大的權力、更多的威望、更多的樂趣 ，以及更受歡迎。」許多人鞠躬盡瘁死而後已，只為了要趕上或超越他們所嫉妒的對象。聖經說這樣的人是愚昧的：「**不要為求富而耗盡自己，要有節制的智慧。**」[7]

嫉妒導致你犯其他的罪

嫉妒是所謂的「七宗致死的罪」。這是許多罪的根源。聖經說：「**在何處有嫉妒紛爭、就在何處有擾亂、和各樣的壞事。**」[8] 請注意嫉妒引起「混亂」。任何時候嫉妒一抬頭就引發不和諧、爭競、衝突與混亂。任何時候當關係似乎「有障礙」時，你需要先查驗原因是否是出自嫉妒或可能是自私的野心。

雅各書三章16節也說嫉妒是萬惡的根源。嫉妒會導致人說謊嗎？是的。會使人偷竊嗎？是的。謀殺？當然。因為嫉妒導致謀殺的新聞每天都有，聖經裡充滿因嫉妒引發的凶案：該隱出於嫉妒殺兄弟亞伯，約瑟的兄弟出於嫉妒把約瑟賣為奴隸，掃羅王多次因為嫉妒大衛的人氣而企圖殺大衛。聖經清楚地指出宗教領袖因為極其嫉妒耶穌而將耶穌置於死地。[9]

嫉妒**影響**你**裡面**的一切，也影響著**環繞**你外在的一切所有，你要怎樣從生命裡清除嫉妒？聖經給了我們一條路徑。

> *嫉妒影響你裡面的一切，也影響著環繞你外在的一切所有。*

消除嫉妒的步驟

停止將你自己與別人比較

這是起步。「比較」是一切嫉妒的根源。不幸的是，從我們開始會走路，就開始比較。你記得你總是抱怨哥哥弟弟或姊姊妹妹的冰淇淋比你的多嗎？我們一路成長都在為這一切比較：外表、學業成績、運動表現、各種才幹。成人以後，我們比較衣服、車子、房子，賺多少錢等等數以千計的事物。但是神說這些比較是愚昧的。聖經上說：「**他們拿自己來量自己，拿自己來比自己，實在不大聰明。**」[10]

為什麼拿你自己與別人比是愚昧的呢？因為你是**無與倫比的！**所有的人都是。神造我們每個人都是「自成一格」。因為，「比較」必定導致兩個負面反應：驕傲或嫉妒。一方面，你總是會覺得有人做得不如你，於是自矜自傲；另一方面，你總是會覺得有人比你做得好，於是喪氣嫉妒。重要的不是誰比較好，而是你是否正在做神創造你去做的事？你是否把神給你的都盡力發揮了？

神不會為你所沒有的才幹或沒有的機會來審判你。祂乃是以你如何運用祂所給你的一切去活你的人生，來評估你的忠心與否。

請記住：神並沒有呼召你成為任何**世界第一！**祂呼召你根據所給予你的背景、經驗、機會與能力，**盡力而為**。因此，現在就下定決心，破除與別人比較的習慣。這要花點工夫，但是你可以訓練自己，任何時候受試探想要與人比較時，便重新聚焦到其他事情。告訴自己：「我不要繼續走這條老路。」然後開始想想其他的。

為神在別人身上所行的美好事物來歡慶

與其怨恨別人，不如與他們一起歡喜！聖經告訴我們，當神賜

福我們周遭的人時，要為他們高興。「**與喜樂的人要同樂；與哀哭的人要同哭。**」[11] 這節聖經的後半節比較容易遵從，當別人受傷害或經歷損失時安慰他們並不難，即使他們是你的對手。與人同歡慶他們的成功，特別是你並沒有在那個領域有所成就時，那就不容易了。

你如何面對同事升職？如果你單身，你如何面對朋友的婚禮或者參加朋友要當媽媽了的慶祝派對？當你聽聞某個你認識的人好事連連時，你第一個反應是什麼？上一次你為神在別人身上所行的美事而感謝，是什麼時候？

有時我們感到難以「與喜樂的人同樂」的原因之一，是我們怕神的美好與恩典，供應有限。因此如果別人拿到比較大塊的蛋糕，我可能拿不到大的了。但是神的恩典是無限量的，可以豐富地給每個人，之後還剩下無限量！以弗所書三章8節說到「**基督那無止盡、無界限、測不透、不可勝數、永不耗盡的豐富。**」[12]

令人汗顏的是，我們最嫉妒的對象往往是很親近的人：家人與家人、鄰居與鄰居、隊友與隊友、音樂家與音樂家、農夫與農夫、傳道人與傳道人之間，彼此相嫉妒。

如果你想要生活得更快樂幸福，一個秘訣是：學會享受別人的的成功與喜樂。如果你只在好事臨到自己時才快樂，那麼你人生的大半時候都不會快樂，因為沒人可以一輩子只經歷好事。但是如果你學習享受別人的成功，那就永遠有令你快樂的事。

為你是誰以及你所擁有的而感恩

你所擁有的一切來自神。聖經上說：「**你們以及你們所擁有的一切豈不都是神所賜的？那麼這一切的比較與爭競又有什麼意思呢？**」[13] 當你發現你開始嫉妒別人時，與其希望自己有他們的工作、才幹、男朋友、小孩，或任何事物，不如提醒你自己：「神已

經給了我別人所沒有的獨特禮物，此外，我並不知道他們的缺點難處是什麼。」

嫉妒是建立在這個普遍的迷思，以為只要擁有更多，就會令我更快樂。但是聖經以及千萬人的見證都告訴我們那不是真的。所羅門，有史以來是活在世上最富裕的這一位，對於「欲求」這樣說：「**貪愛金錢的永不會足夠。以為財富會帶來真實的快樂是無意義的！你擁有的越多，就越多人幫你花用。財富有什麼好呢－除了眼看著財富從你的指頭間流失！**」[14]

快樂是一種抉擇。你能決定你想要多快樂。如果無法因滿足於你所擁有的而快樂，即使擁有更多，你仍然不會快樂的。

> 如果無法因滿足於你所擁有的而快樂，即使擁有更多，你仍然不會快樂的。

嫉妒說：「為什麼是他們？他們為什麼擁有我沒有的？」感恩說：「為什麼是我？我怎能擁有這一切？」大衛在他的禱告中將這種感恩表現出來：「**我是誰？我的家算什麼？祢竟使我到這地步呢？**」[15] 多年後，他的兒子這樣寫道：「**與其總是索求，不如滿足於你所擁有的。**」[16]

讓我更清楚地說明白：擁有雄心勃勃的夢想、想要更好，追求信心的目標，**如果**這些是從神而來的，又能使人獲益，並且憑著信心為神的榮耀而追求，都是好事。你應該盡己所能發揮天賦，創造美好事物，幫助別人。但是，嫉妒會毒害每一件它所碰觸的東西，攔阻了神對於你的努力的賜福。你**為什麼**做你所做的？「動機」是神視為重要的。

當人生看似不公平時，信靠神

嫉妒進入我的心裡，其中一個警號就是當我開始覺得「這不公平！他們有，為什麼我沒有！」的時候。當我得不到別人得到的，一旦我們指責神不公平，我們就是在懷疑祂的美善。嫉妒是病徵，而懷疑神卻是疾病。

當你嫉妒別人，你便是在懷疑神不知道什麼對你最好。你懷疑祂的愛、祂的公義甚至祂的智慧。當我指責神不公平，我便是愚昧地暗示：「神，我可以做得比祢好，因為如果我是神，我會比祢更公平。」

下一次當你開始咆哮大喊著神對你不公平時，提醒自己以下的事實：

1. 我所擁有的每件事物都來自神，是我不配擁有的。若不是神的恩典，我甚至不會存在。每一口呼吸都是神所賞賜的禮物。
2. 我不知道神所知道的，我沒有看見神所看見的，因此我必須信靠祂。
3. 人生在世沒有公平，是因為罪，不是因為神。我們悖逆神，破壞了地球上的一切。這裡不是凡事完美的天堂，這裡沒有什麼是完美的。
4. 當審判日來臨時，神要根據祂的帳本審判是非對錯，施行公義。神差遣耶穌拯救我們免受定罪。
5. 耶穌代替我為我的罪死，這是不公平的，但祂卻這樣做了。

馬太福音二十章裡，耶穌說了一個故事，一個主人在一天裡不同的時間僱用工人在他的田裡工作。那天工作結束時，主人出人

意外地付給所有的工人一樣的工價。顯然，最後被雇進來的人無所謂，但那一開始就進來，已經做了一整天的工人抱怨主人不公平。他們說：「我們整天勞苦受熱，那後來的只做了一小時，你竟叫他們和我們一樣嗎？」[17]

我很喜歡主人的回答：「『朋友，我不虧負你，你與我講定的不是一錢銀子嗎？拿你的走吧！我給那後來的和給你的一樣多，這是我願意的。我的東西難道不可隨我的意思用嗎？因為我作好人，你就紅了眼嗎？』」[18] 我喜愛主人的坦白：「拿你的走吧！」[19] 換句話說，「不要再對我給別人的恩典抱怨，而應對你自己所擁有的感恩，繼續走你的人生路！」這個勸告幫助你免於掉進嫉妒的陷阱，不至於從神為你鋪陳的道上繞遠路。

第 41 天
我的人生目的省思

思想要點：若嫉妒別人，我就無法成就神對我的人生目的。

背記經文：「心中安靜是肉體的生命；嫉妒是骨中的朽爛。」（箴言十四章30節）

思考問題：在我的生命裡有哪些地方我最常與人比較，並嫉妒別人？

網上信息：www.purposedriven.com/day41（英文）

討好人的陷阱

「老關心別人怎麼看你是危險的，

你若信靠主就得保障。」

（箴言二十九張25節，TEV）

「我現在是要得人的歡心，還是要得神的歡心呢？

難道我想討人歡喜嗎？

如果我仍然要討人歡喜，就不是基督的僕人了。」

（加拉太書一章10節，新）

purposedriven.com/
day42

你到底為誰的認可而活？在神的設計中，我們本來就看重關係，我們每個人都有被愛與被珍惜的欲望。我們渴望被接納被認可，渴望**歸屬**，想要「融入」並且與他人聯結，這是我們許多時候做抉擇的動力。小自穿戴與髮型，大至住哪裡、在哪裡工作，「別人會怎麼想」大大地左右著我們的決定，其影響力遠超過我們所知覺的。

想要被人接納、珍惜或認可，這些都沒有錯。事實上，沒有別人的肯定，我們就無法充分發展出潛能來，我們的成長就會受阻。**藉著別人的幫助**，我們方能成為神創造我們的樣式。

如我前面的篇章所解釋的，神造我們為彼此需要的人。我們

需要有人相信我們、鼓勵我們、肯定我們的價值與進步。你若沒有在一個教會大家庭以及小組當中去得到這些，那麼你一定要去找一個。「鼓勵」是靈命健康與發展絕對必須的。

但如同所有神放在我們心裡健康美好的渴望，「想要被肯定」這件事，也可能被誤用、被錯待、被混淆。這種渴望將會成為支配我們人生的一種迷戀，使我們因為懼怕而殘害我們的靈魂。這種想要**討好人的疾病**，就好像那吞噬我們身體的細菌，會耗盡我們的時間精力與快樂幸福。美國藝人寇思比（Bill Cosby）曾說：「我不知道成功之鑰為何，但是我知道失敗之道就是想要討好每個人。」

討好人正是嫉妒的另一面。嫉妒說：「我必須**如你**一樣幸福！」討好人的說：「我必須**被你喜歡**才能幸福。」這兩種陷阱都攔阻你為了神的榮耀而活出人生的目的。

想要被肯定的黑暗面是害怕被否定。在與超過一百個國家的人談過話以後，我開始相信害怕被批評或被拒絕，是人從神為他們計劃的道上繞開最主要的原因。我相信那是撒但最喜歡用來分散你注意力的工具。你一旦知道神造你是要你做什麼，魔鬼就開始對你竊竊私語說：「但是別人會怎麼想？如果他們不喜歡你的改變，批評你所說的或所作的，或取笑你所相信的，怎麼辦？」

「害怕被拒絕」常成為一股巨大的力量，逼使我們從明知正確的事上撤退。這就是為什麼同儕壓力對於控制我們說什麼或做什麼會如此有效了。同儕壓力——無論是在學校、職場或鄰里社區——都源自於害怕被否定或被拒絕。當學校或企業或政府用「正確認知」（或說政治正確——political correctness，亦即一種鼓勵『識時務者為俊傑』的行為模式）來扼殺我們的天賦自由，讓我們不得遵照良知來說話生活，就是以此種懼怕來剝削我們。

當然，聖經也屢屢命令我們要體貼別人的感受。關於行為，神允許很大的自由度：「**我們知道這些事無關緊要，但我們卻不應該**

自顧自地去做，我們必須擔待別人的軟弱與顧忌。」[1] 無視我們的選擇帶給別人的影響，是缺乏愛的表現。保羅提醒我們：「**我們沒有一個人為自己活，也沒有一個人為自己死。**」[2]

但同時聖經也警告我們，不要因懼怕被別人否定，而不去做明知道神要我們做的事。箴言廿九章25節說：「**總是在乎別人怎麼看你是危險的。**」[3] 另外一個版本的翻譯說：「**懼怕人的陷入網羅。**」[4]

> 聖經也警告我們，不要因懼怕被別人否定，而不去做明知道神要我們做的事。

討人歡喜的陷阱，所用的釣餌是謊言。謊言說：「如果我能使每個人都喜歡我，我就幸福了！」但是這個謊言只會使我們不幸。我們無法一直活在「擔心別人怎麼看我們」的壓力下。聖經說：「**太多的甜言蜜語是有害的，想要贏得太多的讚美也是一樣。**」[5]

討好人的危險

請讓我分享五個「以贏得被人接納與肯定來決定你人生做什麼」的有害影響：

討好人導致你錯失神對你人生的旨意

記得，神創造你不是為了讓你成全別人對你的期望！你是為神的喜悅而創造的，神喜愛看到你作你自己。神的話清楚無誤：「**我們的目的是要討神的喜歡，不是要討好人，祂查驗我們的動機。**」[6] 請注意神檢視我們「內心的動機」。神一直都對「**你為什麼做**」比「**你做什麼**」更有興趣。你可以做各種好事，但是你的動機若是為了討人喜歡，贏得肯定，或避免別人不悅，你便錯失了行善的目的

了。保羅說:「**因為,真正值得稱讚的是主所稱讚的人,而不是自吹自擂的人。**」[7]此外,你若一直專注在別人要你怎樣,你便無法成為神要你成為的人。別人對你的期待會局限你、限制你的潛能,使你無法成就神放在你心中的夢想。

討好人使我的信心無法成長

害怕不被認可會使我無法憑信心前行。不冒險,信心便無法伸展前進。許多人甚至從未在基督裏踏上信心的第一步,只因為害怕朋友或家人不認可他們或看不起他們。聖經說:「**你們喜歡彼此恭維,卻不追求從獨一無二的上帝那裏來的稱讚;這樣,你們怎麼能信呢?**」[8]絕不要容許任何人攔阻了你與基督的關係。

討好人是一種情緒殘障,它使你的潛能癱瘓。箴言廿九章25節的意譯這樣說:「**懼怕人言的動彈不得。**」[9]當然。任何懼怕都會阻礙你的靈命成長,尤其是擔心別人怎麼想最令人癱瘓。當別人的意見嚴重纏繞你的人生時,神在你生命裡的角色就減弱。但是當你真的在乎神對你的肯定時,別人對你的觀感看法便無法攫住你的人生。

誰的意見對你最重要?無論那位是誰,他就變成你的神。當你看重任何人的意見多過神,你便給予了那個人原本應該屬於神的能力權柄,這會使你產生不安全感。相反的,當你將神的認可視為最重要時,便能從不安全感中得釋放,因為祂絕不會拒絕你。

討好人導致其他的罪

許多人因為同儕壓力而犯錯,聖經裏滿是這樣的例子:流便同意將他的弟弟賣為奴隸,因為其他的兄弟對他施加壓力。亞倫造了金牛作為偶像,因為百姓對他施加壓力。參孫打破與上帝的約定,因為他的女友對他施加壓力。彼得不認耶穌,因為懼怕別人會揭發

他。彼拉多即使知道耶穌沒有做任何該受懲罰的事，卻為了怕眾人不認可而將耶穌釘十字架。

你如果誠實，可以回想一下你曾經如何與這些人一樣，屈服在同儕壓力下。這一刻正是最好的時機，停下來，向神承認你的懦弱。以掃羅王的禱詞來禱告：「**是的，我犯罪了；我違背了神的命令和你的指示。我更看重百姓的歡心，竟容讓他們來指使我。**」[10]

讓我坦白地說：你的朋友如果阻礙了你對耶穌的委身、否定你的信仰，使你在價值標準上妥協，或讓你放棄神給你的夢想，那麼你需要換新朋友！聖經警告我們：「**不可隨眾行惡。**」[11] 還說：「**壞朋友若引誘你，你不可隨從。**」[12] 阻止你與神同行的朋友不是真朋友。「**不要受愚弄了。『壞友伴敗壞品德！』要醒悟，不要再犯罪了。**」[13]

討好人導致假冒偽善

英文的「**假冒偽善**」這個字 "hypocrite" 源於古希臘字，過去被用於描述舞台上的演員在一齣戲裡戴多頂面具，在不同幕裏，一人飾演多角。討好人的也是戴多頂面具，視觀眾的不同轉換角色。他們在家戴一頂面具，在教會戴一頂面具，在職場上又戴上完全不同的一頂面具。他們就是假冒偽善者。

如果你陷入討好人的陷阱，你會隱藏真我，因為害怕被拒絕。你會對自己所確信的妥協，好使自己在社交當中被接納，作一個識時務者。當耶穌對法利賽人談到這種假冒偽善者時，祂說：「**你們在人面前儼然正人君子，但是上帝洞察你們的內心；因為人所看重的，在上帝眼中卻是毫無價值的。**」[14]

討好人的使自己的人生信息鴉雀無聲

除非你從害怕被否定當中得釋放，否則神無法以祂想要使用你

的方式來使用你。你將無法熱情地分享神要藉著你來分享的大能信息，而且你的見證將軟弱無力，你會錯失神使用你的生命來改變另一個人永恆命運的特權。

幾世紀以來，撒但一直利用害怕被拒絕的心理來禁絕信徒的聲音。即使當耶穌在地上事奉時，儘管神蹟一個接著一個發生，耶穌的門徒約翰告訴我們：「**只是大家都不敢公開講論祂的事，因為他們怕猶太人的領袖。**」[15] 之後約翰又寫道：「**雖然如此，猶太人的領袖中也有許多信耶穌的，只因怕法利賽人，不敢公開承認，免得被趕出會堂。他們愛人的讚許勝過愛上帝的讚許。**」[16] 你如果總是感覺與別人分享你的信仰很勉強，你便是有著討好人的問題。為了人們永恆命運的緣故，你需要求神幫助你從這個陷阱裡得釋放。

如何從討好人的陷阱裡掙脫，得自由

到底什麼可以治療「被認可」的癮頭？如何使我們從討好人的監牢裡掙脫出來？既然這個監牢是個心智上的監牢，解決之道就在於改變我們的思維方式。套句聖經對於這種心智轉換的用語就是**悔改**。我們容讓神轉變我們的思想，來使自己從屈從附和的壓力當中釋放得自由：「**不要被這世界同化，要讓上帝改造你們，更新你們的心思意念**」。[17] 所以神以什麼來改造我們的心思意念呢？答案是「真理」！文化的謊言要我們屈從附和，但是永恆的真理改變我們。

耶穌的名言：「**真理叫你們得自由。**」[18] 下次你被試探去屈從同儕壓力時，請記得下列這六個真理。

請記得即使是上帝也無法討好每個人！

每一個運動比賽，兩方的球迷都祈求他們所支持的一方會贏；

每一場競選，各黨的支持者都祈求他們的候選人會選上。總有人會
失望；農夫禱告祈求雨水，同時小孩
子們卻祈求晴天；有些人祈求不要下
雪，有些人卻祈求趕緊下雪。這樣的
情況多不勝數。即使上帝也無法討好
每個人。只有傻瓜會想嘗試連上帝也
做不了的事。所以，同時讓所有的人
都開心是不可能的事。

神以什麼來改造我們
的心思意念呢？答案
是「真理」

　　即使你能使每個人都喜歡你，這也不是件好事，這只表示你沒
什麼深刻的信仰與信念，沒有你願意為之堅持的原則。

　　耶穌說：「人都說你們好的時候，你們就有禍了！」[19]

請記得我毋需所有人的認可也可以幸福

　　幸福是一種選擇，你能否幸福在於你選擇要否幸福。別人對你
的看法無法搶奪你的幸福，除非你允許他們搶奪。

　　這個破碎的星球充滿破碎的人，總有人老是對你的外貌品頭論
足，不喜歡你所做的，不認可你所相信的，對你所說的加以評論，
不尊重你這個人。這是人生的真相。但是他們不能控制你的情緒，
除非你容讓他們這樣做。

　　作為牧師，我跟成千上萬的人談過話，他們盡其所能將精力
時間投資在討好某個根本無法討好的人身上，這個人通常是父母或
其他家庭成員。當我問起他們的努力是否有成果？答案往往是否定
的。於是我開始與之分享這個開始時艱難，但是會帶來自由的真
理。如果你現在無法討好他，你將來也不會。問題不在你，問題在
於他們。他們是無法被取悅的，你無須被「不被認可」所摧毀。

　　在此有一個好消息，真理叫你得自由：你不需要他們的認可也
可以享受幸福快樂！因此你要放手！停止浪費你的情緒能量在某些

永遠不會有成果，對你的幸福與否也不相干的事上。他們悲慘，你無須跟著不幸。沒有理由你們要一起悲慘！

與其專注在無法取悅的人身上，不如專注在耶穌，祂無條件地接納你。耶穌對你越是重要，你就越能從期待別人的肯定中得釋放。這是耶穌對我們的應許，祂說：「**要是上帝的兒子使你們得自由，你們就真的是自由人了。**」[20]

親密地認識耶穌，能使你從許多事物當中得自由：從罪惡感的重擔，從怨恨的毒害中，從工作狂的壓力下，從物慾的成癮上，從懼怕死亡當中得釋放。但是這其中耶穌所應許最大的自由，便是從「害怕不被肯定」當中得釋放。這是心靈得平安之鑰。

你若想要在人當中找到幸福，或想要藉由人而快樂，你最終一定會失望。沒有任何人能夠滿足你所有的需要，使你一直活在快樂幸福當中。只有神能夠滿足你一切的需要。沒有人有能力給予你一切的保障、肯定、接納以及你所需要的愛，無論他們對你的承諾如何。如果你期待他們滿足那只有神才能滿足的需要，你對他們就太不公平了，這樣等於設計讓他們失敗，你也設計讓自己變得苦毒。

另一方面，神一再地應許永不離棄你，永不放棄你、拒絕你。聖經說：「**就是我的父母離棄我，主也會緊緊袒抱我**」[21] 這是你可以信靠的真理，可以將你的真我、你的保障，以及你的幸福建立在其上的磐石。

請記得現在看起來重要的事物都只是暫時的罷了

在永恆的光中，目前別人對你的看法一點也不重要。事實上，或許幾年以後也就不再重要了。你記得在高中時哪些人對你的看法是你視為重要的？今天這些人對你的看法還重要嗎？也許今天對你已經無足輕重了。當時對你重要的，現在一點關係也沒有了。所以，討好人是很短線的想法，其利益絕不長久。

今天我們周遭的一切告訴我們，財富、成功及名聲會為我們賺得別人的肯定，但真理是，這些的價值都無法存留到永遠。它們都是暫時的。神說：「這世界和一切屬世的慾望都正在消逝；但是，實行神旨意的人要永遠長存。」[22]

> 如果我所做的討神喜悅，就絕對是正確的事，我可以不用擔心別人的反應。

請記得我只需要取悅一個人！

如果我所做的討神喜悅，就絕對是正確的事，我可以不用擔心別人的反應。這就大大簡化了我們的人生了。這樣做也使我不至於犯下拜偶像的罪。

十誡的前二誡是（1）「除了我以外，你不可有別的神。」以及（2）「不可為自己雕刻偶像，也不可做什麼形像，彷彿上天、下地，和地底下、水中的百物。」[23] 偶像就是任何擺在神之上的東西。如果某人的認可對你而言比神還重要，那麼那人便成為你人生的偶像。耶穌指出在你生命中想要有兩個神是不可能的：「一個人不能事奉兩個主。」[24] 你必須做決定。如同保羅所說的：「我現在是要得人的心呢？還是要得神的心呢？我豈是討人的喜歡嗎？若仍舊討人的喜歡，我就不是基督的僕人了。」[25]

我只需要討神喜悅，這個真理是一支很重要的鑰匙，可以抗拒因害怕得不著別人肯定而被操縱。耶穌不被各種批評或害怕被拒絕所動搖的原因，在於祂只為上帝這一位觀眾而活。祂說：「我不想討好自己，只討差我來的那位的歡喜。」[26] 想要像祂，我們就必須這樣做。

請記得有一天我必須在神的面前陳明我的一生

將會有算總賬的一天。聖經說：「**這樣看來，我們各人都要把自己的事向神交代。**」[27] 你必須對每件你說過的或做過的事做交代。這是件嚴肅的事！你若牢記這個事實，就會改變你如何過每天的生活，以及你為誰而活。這會使你更有勇氣去拒絕做那些你有一天寧可不用對神解釋的事物。

當你被試探去淡化一些真理、妥協你所相信的，或否認你的信仰時，請記得耶穌並沒有不認你。祂公開地為你死在十架上。「**祂洗淨人的罪；祂和那些得到潔淨的人同有一位父親。所以，耶穌不以認他們作一家人為恥。**」[28] 耶穌不以你為恥。如果你為你的罪悔改並信靠祂的救恩，祂宣稱你是祂的家人。

但是這裡有個問題：因為你害怕不被認可，你是否以耶穌為恥？記得，有一天你必須為一切在他面前向祂交代，耶穌說：「**凡是把我和我的道當作可恥的，人子在他與父並聖天使的榮耀裡降臨的時候，也必把他當作可恥的。**」[29] 是否有一天耶穌以你為恥，因為你曾經以祂為恥？

請記得神塑造我成為我，不是任何其他人

這是最後一個你須緊緊掌握的真理。在這本書前面幾章，我曾提到當你有一天上天堂，神不會說：「你怎麼不多像點你的兄弟或父母？」神不會問：「你受歡迎嗎？每個人都喜歡你嗎？你是否達到他們對你的期待？」神會問：「你是否完成我創造你的目的？」

在這最後的兩章，我解釋了活出神為你的人生所設計的目的最大的兩個阻礙：想要像別人（嫉妒），以及想要被別人喜歡（討好人）。這些陷阱都很微妙，但是卻使千百萬人從他們被造的目的分散了注意力並繞了遠路。在與成千上萬人談過話後，我知道我們

都需要有持續不斷的支持。因此我決定委身，將我的餘生用來幫助你的人生旅程。當你讀完本書時，請讓我知道，我會幫助你走你的下一步。請電郵Rick@purposedriven.com或在我的個人網站www.PastorRick.com上註冊。我要為你禱告，我也會寄給你額外免費教材，告訴你下一步。我誠摯的禱告是，你會開始經歷一切神為你所預備的。「神為愛祂的人所預備的是眼睛未曾看見，耳朵未曾聽見，人心也未曾想到的。」[30]

第 42 天
我的人生目的省思

思想要點：幸福是我的選擇，我不需任何人的認可也可以幸
　　　　　福。

背記經文：「就是我的父母離棄我，主也會緊緊摟抱我。」
　　　　　（詩篇27：10，（NLT））

思考問題：誰的意見我最在乎？我為誰的認可而活？

網上信息：www.purposedriven.com/day42（英文）

附錄 1

問題討論

除了每章最後的人生目的省思，以下的問題可在小組或主日學中進行討論。

我究竟為何而活？

- 你認為本書的第一句：「**生命的重心不是在你。**」有何含意？
- 你覺得大部分人的生活是由什麼所推動？你的人生動力又是什麼？
- 到目前為止，什麼樣的圖像或比喻最能形容你的人生？一場比賽、馬戲團，或是其他？
- 若每一個人都明白人生在世其實是**為永恆作準備**的話，我們是否會有不同？
- 世人被什麼吸引，以致他們不為神的使命而活？
- 你依戀什麼事物，以致你不能為神的使命而活？

神已計劃，要你為討祂喜悅而活

- 「一生為討神的喜悅而活」與多數人理解的「敬拜」有何不同？
- 與神為友和其他友誼有何異同？
- 請分享某一回當神似乎遠離時，你所學到的功課。

- 你喜歡公開敬拜或是個人私下的敬拜？那一種較能令你親近神？
- 什麼時候向神表達怒氣是恰當的？
- 當你準備將生命完全降服於神的時候，你心裏有什麼恐懼？

神模造你，要你為神家而活

- 「彼此委身如向基督委身一樣」與一般人理解的「團契」有何分別？
- 是什麼阻礙你去愛並關懷其他的信徒？
- 有什麼可以幫助你更容易與人分享你的需要、傷痛、恐懼和希望？
- 一般人用什麼藉口不參加教會？你會怎樣回應他們？
- 我們的小組可以做什麼來保護並增進教會的合一？
- 是否有某個人是你需要與之恢復關係，而我們可以為你禱告的？

你被造是為了像基督

- 「成為像基督」與一般人了解的「門徒訓練」有何不同？
- 信主之後，你發覺自己有何改變？其他人是否注意到你的不同？
- 一年之後，你希望自己能怎樣更像基督？從今天起你可以做什麼來朝著這目標前行？
- 你靈命的成長在哪方面似乎進展不大，你必須耐心堅持下去？
- 神如何使用痛苦和困難來幫助你成長？
- 你在什麼時候最容易受到試探？哪幾個勝過試探的要訣最能幫助你？

你被塑造是為服事神

- 「**用你的特色服事人**」和一般人理解的「事工」有何分別？
- 什麼事是你**喜愛做**，而又可以讓你在神家中服事他人？
- 找出一次痛苦的經歷，是神可以透過你的分享幫助那些在同樣經歷中的人。
- 與人比較為什麼會阻礙我們全力發展自己的特質？
- 神如何在你軟弱的時候顯出祂的大能？
- 我們如何幫助小組的每一個成員找到服事的崗位？我們的小組可以怎樣服事神的家？

你被造是為一個使命

- 當人聽到「**傳福音**」這個名詞時，最典型的恐懼和成見是什麼？有哪些事物阻礙**你**與人分享福音？
- 提出一個你未信主的朋友的名字，讓你的小組成員為他代禱。
- 你認為神給你什麼人生信息可以與人分享？
- 我們的小組可以攜手做什麼去成就神的「大使命」？
- 與小組一起讀這本書之後，你的人生目的是否重新聚焦並調整方向？哪些是對你最有幫助的洞見？
- 神是否感動你與某人分享本書所談的改變生命的信息？
- 我們下一本要研讀的書是什麼？（請參看附錄2）

請寫電子信告訴我們，你們小組的故事：

stories@purposedrivenlife.com

附錄 2

輔助資源

目的導向人生的資源

1. *The Purpose-Driven Life Journal*。標竿人生靈修日誌。

2. *The Purpose-Driven Life Scripture Keeper Plus*。標竿人生四十天經文卡，含紅木卡片座。

3. *The Purpose-Driven Life Album*。標竿人生音樂專輯，由知名基督徒歌手錄製十二首新歌。

4. *The Purpose-Driven Life Video Curriculum*。標竿人生錄影帶課程，華理克牧師主講，含導讀材料。

5. 《直奔標竿──目標導向教會》。這本得獎暢銷書談到你的教會能如何幫助人活出神對我們的五個人生目的。基督使者協會出版，東南亞由道聲出版社總經銷，北美請洽使者書房（美國境內免費電話800-624-3504）。

6. *Foundations: 11 Core Truths to Build Your Life on*。馬鞍峰教會課程，是一份24週供小組或成人的研經材料。

7. *Doing Life Together*。30週的小組材料，關於如何應用神的目的在你的生活中。

8. *Planned for God's Pleasure*。全為討神喜悅，這本附有音樂CD的精美集子，擷取《標竿人生》中的信息，激勵每位讀者透過省思上帝所賦予我們的人生目的，來發現其意義與定位。

給全職服事者

請寄電子信至 toolbox@pastors.com，訂閱免費的華理克牧師的事工工具箱週刊。

若要各種目的導向研討會資料，請洽Purpose Driven, 1 Saddleback Parkway, Lake Forest, CA 92630.

電話：(800)633-8876（只能在美國境內使用）。

免費資料

請寄電子信至*devotional@pruposedrivenlife.com*，訂閱目的導向人生靈修週刊。

以下是各種免費贈送的小冊，歡迎來信索閱。請電郵寄至 *free@purposedrivenlife.com*。

Your First Steps for Spiritual Growth （小冊）

A personal daily Bible reading Plan （個人讀經計劃表）

A list of recommended books on each purpose
（每個目的的建議書單）

How to pray for missionaries （如何為宣教士禱告）

The *Purpose-Driven Life* Health Assessment
（目的導向生活健康評估表）

Information on Celebrate Recovery
（有關「歡慶復原」的資料）

Information on Kingdom Builders
（有關「國度建造者」的資料）

Information on 40 Days of Purpose
（提供教會強調靈命成長的資料）

附錄 3

為何使用許多聖經譯本？

本書包含上千處參考經文及引言。我刻意地採用不同的聖經翻譯版本，原因有二。首先，不論翻譯如何貼切，都有其局限，聖經原文使用了一萬一千二百八十個希伯來文、亞蘭文和希臘文的文字，而典型的英文譯本只用了六千個英文字。很明顯地，文字和意義上的細微差異會被忽略；故此，不同的譯本可以有助於我們對經文的了解。

此外，更重要的原因是，我們往往會錯失所熟悉的聖經章節給我們的影響，不是因為翻譯得不好，只不過是因為我們對這些經文太熟悉了。我們很容易以為自己已清楚明白該段經文的含意，匆匆略過而錯失經文的全面影響和震撼力。因此我特別採用意譯的方式，幫助你用嶄新、鮮明的角度去了解上帝的真理。通英文者，要感謝神，有這麼多不同的英文聖經譯本，能用來作為靈修材料。

另外，直到主後1560年，聖經才分章節，標以號碼；所以有時我僅列出要旨經文，並沒有全句引用。我如此做是效法基督的榜樣，主耶穌與門徒引用舊約經典時，只引用能顯示真理的部分經節。

AMP   *The Amplified Bible*
           Grand Rapids: Zondervan（1965）

CEV   *Contemporary English Version*
           New York: American Bible Society（1995）

GWT　*God's Word Translation*

　　　Grand Rapids: World Publishing, Inc.（1995）

KJV　*King James Version*

LB　*Living Bible*

　　　Wheaton, IL: Tyndale House Publishers（1979）

Msg　*The Message*

　　　Colorado Springs: Navpress（1993）

NAB　*New American Bible*

　　　Chicago: Catholic Press（1970）

NASB　*New American Standard Bible*

　　　Anaheim, CA: Foundation Press（1973）

NCV　*New Century Version*

　　　Dallas: Word Bibles（1991）

NIV　*New International Version*

　　　Colorado Springs: International Bible Society（1978, 1984）

NJB　*New Jerusalem Bible*

　　　Garden City, NY: Doubleday（1985）

NLT　*New Living Translation*

　　　Wheaton, IL: Tyndale House Publishers（1996）

NRSV　New Revised Standard Version

　　　Grand Rapids: Zondervan（1990）

Ph　*New Testament in Modern English by J.B. Phillips*

　　　New York: Macmillan（1958）

TEV　*Today's English Version*

　　　New York: American Bible Society（1992）

　　　(Also called *Good News Translation*)

中文翻譯則按本書引用的經文，採用了和合本（和）、現代中文譯本（現）、聖經新譯本（新）及當代聖經（當）的翻譯。若無合適的中文譯本，則按照英文譯本意譯成中文。

註　釋

一個有目的的人生旅程
1. 羅馬書12:2（NLT）
2. 提摩太後書2:7（NIV）

第1天：萬物皆由神開始
1. 約伯記12:10（TEV）
2. 羅馬書8:6（Msg）
3. 馬太福音16:25（Msg）
4. Hugh S. Moorhead, comp., *The Meaning of Life According to Our Century's Greatest Writers and Thinkers*（Chicago: Chicago Review Press, 1988）.
5. 哥林多前書2:7（Msg）
6. 以弗所書1:11（Msg）
7. David Friend, ed., The Meaning of Life（Boston: Little, Brown, 1991）, 194.

第2天：你的存在絕非偶然
1. 詩篇138:8上（NIV）
2. 詩篇139:15（Msg）
3. 詩篇139:16（當）
4. 使徒行傳17:26（NIV）
5. 以弗所書1:4上（Msg）
6. 雅各書1:18（NCV）
7. *Michael Denton, Nature's Destiny: How the Laws of Biology Reveal Purpose in the Universe*（New York: Free Press, 1998）, 389.
8. 以賽亞書45:18（GWT）
9. 約翰一書4:8（和）
10. 以賽亞書46:3-4（NCV）
11. Russell Kelfer. Used by permission.

第3天：什麼在主導你的人生？
1. 創世記4:12（當）
2. 詩篇32:1-2（當）
3. 約伯記5:2（TEV）
4. 約翰一書4:18（Msg）
5. 馬太福音6:24（和）
6. 以賽亞書49:4（和）
7. 約伯記7:6（LB）
8. 約伯記7:16（現）
9. 耶利米書29:11（當）
10. 以弗所書3:20（LB）
11. 箴言13:7（Msg）
12. 以賽亞書26:3（TEV）
13. 以弗所書5:17（和）
14. 腓立比書3:13（NLT）
15. 腓立比書3:15（Msg）
16. 羅馬書14:10下, 12（新）
17. 約翰福音14:6（和）

第4天：為永恆而創造
1. 傳道書3:11（NLT）

2. 哥林多後書5:1（TEV）

3. 腓立比書3:7（NLT）

4. 哥林多前書2:9（當）

5. 馬太福音25:34（NIV）

6. C. S. Lewis, The Last Battle（New York: Collier Books, 1970）, 184.

7. 詩篇33:11（TEV）

8. 傳道書7:2（CEV）

9. 希伯來書13:14（LB）

10. 哥林多後書5:6（LB）

第5天：從神的觀點看人生

1. 羅馬書12:2（TEV）

2. 歷代志下32:31（新）

3. 哥林多前書10:13（TEV）

4. 雅各書1:12（新）

5. 詩篇24:1（新）

6. 創世記1:28（TEV）

7. 哥林多前書4:7下（當）

8. 哥林多前書4:2（NCV）

9. 馬太福音25:14-29

10. 馬太福音25:21（和）

11. 路加福音16:11（NLT）

12. 路加福音12:48下（NIV）

第6天：人生是一項暫時性的任務

1. 約伯記8:9（NLT）

2. 詩篇39:4（當）

3. 詩篇119:19上（當）

4. 彼得前書1:17（GWT）

5. 腓立比書3:19-20（NLT）

6. 雅各書4:4（Msg）

7. 哥林多後書5:20（NLT）

8. 彼得前書2:11（Msg）

9. 哥林多前書7:31（當）

10. 哥林多後書4:18下（和）

11. 約翰福音16:33; 16:20; 15:18-19

12. 哥林多後書4:18（和）

13. 彼得前書2:11（GWT）

14. 希伯來書11:13, 16（和）

第7天：所有一切的緣由

1. 詩篇19:1（現）

2. 創世記3:8；出埃及記33:18-23; 40:33-38；列王紀上7:51; 8:10-13；約翰福音1:14；以弗所書2:21-22；哥林多後書4:6-7

3. 出埃及記24:17; 40:34；詩篇29:1；以賽亞書6:3-4; 60:1；路加福音2:9

4. 啟示錄21:23（和）

5. 希伯來書1:3（NIV）；哥林多後書4:6下（LB）

6. 約翰福音1:14（GWT）

7. 歷代志上16:24；詩篇29:1; 66:2; 96:7；哥林多後書3:18

8. 啟示錄4:11上（和）

9. 羅馬書3:23（和）

10. 以賽亞書43:7（TEV）

11. 約翰福音17:4（NLT）

12. 羅馬書6:13下（NLT）

13. 約翰一書3:14（CEV）

14. 羅馬書15:7（NLT）

15. 約翰福音13:34-35（當）

16. 哥林多後書3:18（NLT）

17. 腓立比書1:11（NLT）；約翰福音15:8（GWT）

18. 彼得前書4:10-11（NLT）；哥林多後書8:19下（NCV）

19. 哥林多後書4:15（NLT）

20. 約翰福音12:27-28（當）

21. 約翰福音12:25（Msg）

22. 彼得後書1:3（Msg）

23. 約翰福音1:12（和）

24. 約翰福音3:36上（Msg）

第8天：被造是為討神喜悅

1. 以弗所書1:5（現）

2. 創世記6:6；出埃及記20:5；申命記32:36；士師記2:19；列王紀上10:9；歷代志上16:27；詩篇2:4; 5:5; 18:19; 35:27; 37:23; 103:13; 104:31；以西結書5:13；約翰一書4:16

3. 詩篇147:11（CEV）

4. 約翰福音4:23（新）

5. 以賽亞書29:13（NIV）

6. 詩篇105:4（現）

7. 詩篇113:3（LB）

8. 詩篇119:147; 5:3; 63:6; 119:62

9. 詩篇34:1（現）

10. 哥林多前書10:31（和）

11. 歌羅西書3:23（和）

12. 羅馬書12:1（Msg）

第9天：什麼事令神歡喜？

1. 以弗所書5:10（Msg）

2. 創世記6:8（LB）

3. 創世記6:9下（NLT）

4. 何西阿書6:6（LB）

5. 馬太福音22:37-38（和）

6. 希伯來書11:7（Msg）

7. 創世記2:5-6

8. 詩篇147:11（TEV）

9. 希伯來書11:6（和）

10. 創世記6:22（新）；希伯來書11:7下（NCV）

11. 詩篇100:2（LB）

12. 詩篇119:33（LB）

13. 雅各書2:24（CEV）

14. 約翰福音14:15（和）

15. 創世記8:20（和）

16. 希伯來書13:15（和）

17. 詩篇116:17（和）

18. 詩篇69:30-31（和）

19. 詩篇68:3（現）

20. 創世記9:1, 3（和）

21. 詩篇37:23（NLT）

22. 詩篇33:15（Msg）

23. 以賽亞書45:9（CEV）

24. 提摩太前書6:17（TEV）

25. 詩篇103:14（GWT）

26. 哥林多後書5:9（TEV）

27. 詩篇14:2（LB）

第10天：敬拜的中心

1. 約翰一書4:9-10, 19（和）

2. 羅馬書12:1（現）

3. 詩篇145:9

4. 詩篇139:3

5. 馬太福音10:30

6. 提摩太前書6:17下

7. 耶利米書29:11

8. 詩篇86:5

9. 詩篇145:8

10. 羅馬書5:8（和）

11. 創世記3:5（和）

12. 路加福音5:5（和）

13. 詩篇37:7上（GWT）

14. 馬太福音6:24（現）

15. 馬太福音6:21（和）

16. 馬可福音14:36（和）

17. 約伯記22:21（NLT）

18. 羅馬書6:17（Msg）

19. 約書亞記5:13-15

20. 路加福音1:38（NLT）

21. 雅各書4:7上（NCV）

22. 羅馬書12:1（KJV）

23. 羅馬書12:1（CEV）

24. 哥林多後書5:9（和）

25. 腓立比書4:13（AMP）

26. 哥林多前書15:31（NIV）

27. 路加福音9:23（NCV）

第11天：成為神的摯友

1. 詩篇95:6; 136:3；約翰福音13:13；猶大書1:4；約翰一書3:1；以賽亞書33:22; 47:4；詩篇89:26

2. 出埃及記33:11, 17；歷代志下20:7；以賽亞書41:8；雅各書2:23；使徒行傳13:22；創世記6:8; 5:22（NLT）；約伯記29:4

3. 羅馬書5:11（NLT）

4. 哥林多後書5:18上（TEV）

5. 約翰一書1:3（和）

6. 哥林多前書1:9

7. 哥林多後書13:14

8. 約翰福音15:15（NIV）

9. 約翰福音3:29（和）

10. 出埃及記34:14（NLT）

11. 使徒行傳17:26-27（Msg）

12. 耶利米書9:24（TEV）

13. 參 "How to Have a Meaningful Quiet Time" in *Personal Bible Study Methods*, Rick Warren, 1981. Available from *www.pastors.com.*

14. 帖撒羅尼迦前書5:17（和）

15. 以弗所書4:6下（NCV）

16. Brother Lawrence, *The Practice of the Presence of God*（Grand Rapids: Revell/ Spire Books, 1967）, Eighth Letter.

17. 帖撒羅尼迦前書5:17（Msg）

18. 詩篇23:4; 143:5; 145:5；約書亞記1:8；詩篇1:2

19. 撒母耳記上3:21（和）

20. 約伯記23:12（和）

21. 詩篇119:97（和）

22. 詩篇77:12（NLT）

23. 創世記18:17；但以理書2:19；
　　哥林多前書2:7-10
24. 詩篇25:14（LB）

第12天：與神建立深厚的友誼

1. 馬太福音11:19（和）
2. 約伯記42:7下（Msg）
3. 出埃及記33:1-17
4. 出埃及記33:12-17（Msg）
5. 思想約伯（約伯記7:17-21）
　　，亞薩（詩篇93:13），耶利
　　米（耶利米書20:7），拿俄米
　　（路得記1:20）
6. 詩篇142:2-3上（NLT）
7. 約翰福音15:14（現）
8. 約翰福音15:9-11（現）
9. 撒母耳記上15:22（NCV）
10. 馬太福音3:17（NLT）
11. 哥林多後書11:2（Msg）
12. 詩篇69:9（NLT）
13. 詩篇27:4（LB）
14. 詩篇63:3（現）
15. 創世記32:26（和）
16. 腓立比書3:10（Amp）
17. 耶利米書29:13（Msg）
18. 提摩太前書6:21上（LB）

第13天：討神喜悅的敬拜

1. 希伯來書12:28（TEV）
2. 約翰福音4:23（NIV）
3. 撒母耳記上16:7下（和）
4. 希伯來書13:15；詩篇7:17；

以斯拉記3:11；詩篇149:3；
150:3；尼希米記8:6
5. Gary Thomas, Sacred Pathways
（Grand Rapids: Zondervan,
2000）.
6. 約翰福音4:23（Msg）
7. 馬太福音6:7（KJV）
8. 參11-week tape series on the
names of God, "How God
Meets Your Deepest Needs,"
by Saddleback Pastors（1999），
www.pastors.com.
9. 哥林多前書14:40（NIV）
10. 哥林多前書14:16-17（CEV）
11. 羅馬書12:1（NIV）
12. 詩篇50:14（TEV）；希伯
　　來書13:15（CEV）；詩篇
　　51:17; 54:6（NIV）；腓立比
　　書4:18（NIV）；詩篇141:2
　　（GWT）；希伯來書13:16；
　　馬可福音12:33（Msg）；羅馬
　　書12:1（NIV）
13. 撒母耳記下24:24（和）
14. Matt Redman, *"Heart of
Worship"* （Kingsway's
Thankyou Music, 1997）.

第14天：當神似乎遠離

1. Philip Yancey, Reaching for the
Invisible God（Grand Rapids:
Zondervan, 2000），242.
2. 撒母耳記上13:14；

使徒行傳13:22

3. 詩篇10:1（當）

4. 詩篇22:1（現）

5. 詩篇43:2（現）；參詩篇44:23（TEV）；88:14（Msg）；89:49（LB）

6. 申命記31:8（和）；詩篇37:28；約翰福音14:16-18；希伯來書13:5

7. 以賽亞書45:15

8. Floyd McClung, Finding Friendship with God（Ann Arbor, MI: Vine Books, 1992）, 186.

9. 約伯記23:8-10（NLT）

10. 詩篇51；以弗所書4:29-30；帖撒羅尼迦前書5:19；耶利米書2:32；哥林多前書8:12；雅各書4:4（NLT）

11. 約伯記1:21（和）

12. 約伯記7:11（TEV）

13. 約伯記29:4（NIV）

14. 詩篇116:10（NCV）

15. 約伯記10:12

16. 約伯記42:2；37:5, 23

17. 約伯記23:10；31:4

18. 約伯記34:13

19. 約伯記23:14

20. 約伯記19:25

21. 約伯記23:12（和）

22. 約伯記13:15（CEV）

23. 哥林多後書5:21（TEV）

第15天：我是為神的家而造

1. 以弗所書1:5（NLT）

2. 雅各書1:18（LB）

3. 彼得前書1:3下（LB）；參羅馬書8:15-16（TEV）

4. 馬可福音8:34；使徒行傳2:21；羅馬書10:13；彼得後書3:9

5. 加拉太書3:26（NLT）

6. 以弗所書3:14-15（LB）

7. 約翰一書3:1；羅馬書8:29；加拉太書4:6-7；羅馬書5:2；哥林多前書3:23；以弗所書3:12；彼得前書1:3-5；羅馬書8:17

8. 加拉太書4:7下（NLT）

9. 腓立比書4:19（和）

10. 以弗所書1:7；羅馬書2:4; 9:23; 11:33；以弗所書3:16; 2:4

11. 以弗所書1:18下（NLT）

12. 帖撒羅尼迦前書5:10; 4:17

13. 約翰一書3:2；哥林多後書3:18

14. 啟示錄21:4

15. 馬可福音9:41; 10:30；哥林多前書3:8；希伯來書10:35；馬太福音25:21, 23

16. 羅馬書8:17；歌羅西書3:4；帖撒羅尼迦後書2:14；提摩太後書2:12；彼得前書5:1

17. 彼得前書1:4（NLT）

18. 歌羅西書3:23-24上（和）

19. 馬太福音28:19（和）

20. 哥林多前書12:13（NLT）
21. 使徒行傳2:41; 8:12-13, 35-38
22. 希伯來書2:11（CEV）
23. 馬太福音12:49-50（NLT）

第16天：最重要的事

1. 加拉太書5:14（LB）
2. 彼得前書2:17下（CEV）
3. 加拉太書6:10（NCV）
4. 約翰福音13:35（和）
5. 哥林多前書14:1上（LB）
6. 哥林多前書13:3（Msg）
7. 馬太福音22:37-40（NLT）
8. 哥林多前書13:13（和）
9. 馬太福音25:34-46
10. 馬太福音25:40（和）
11. 加拉太書5:6（NIV）
12. 約翰一書3:18（TEV）
13. 以弗所書5:2（LB）
14. 約翰福音3:16上（和）
15. 加拉太書6:10（和）
16. 以弗所書5:16（NCV）
17. 箴言3:27-28（和）

第17天：有所歸屬

1. 創世記2:18（和）
2. 哥林多前書12:12；以弗所書2:21, 22; 3:6; 4:16；歌羅西書2:19；帖撒羅尼迦前書4:17
3. 羅馬書12:5（NIV）
4. 羅馬書12:4-5；哥林多前書6:15; 12:12-27

5. 羅馬書12:4-5（Msg）
6. 以弗所書4:16
7. 馬太福音16:18（NLT）
8. 以弗所書5:25（GWT）
9. 哥林多後書11:2；以弗所書5:27；啟示錄19:7
10. 彼得前書2:17下（Msg）
11. 哥林多前書5:1-13；加拉太書6:1-5
12. 以弗所書2:19下（LB）
13. 約翰福音13:35（和）
14. 加拉太書3:28（Msg）；參約翰福音17:21
15. 哥林多前書12:27（NCV）
16. 哥林多前書12:26（NCV）
17. 以弗所書4:16；羅馬書12:4-5；歌羅西書2:19；哥林多前書12:25
18. 約翰一書3:16（和）
19. 以弗所書4:16下（NLT）
20. 哥林多前書12:7（NLT）
21. 以弗所書2:10（Msg）
22. 哥林多前書10:12；耶利米書17:9；提摩太前書1:19
23. 希伯來書3:13（和）
24. 雅各書5:19（Msg）
25. 使徒行傳20:28-29；彼得前書5:1-4；希伯來書13:7, 17
26. 希伯來書13:17（現）
27. 使徒行傳2:42（現）
28. 哥林多後書8:5（TEV）

第18天：一起經歷生命

1. 馬太福音18:20（和）
2. 約翰一書1:7-8（和）
3. 雅各書5:16上（Msg）
4. 哥林多前書12:25（Msg）
5. 羅馬書1:12（NCV）
6. 羅馬書12:10（NRSV）
7. 羅馬書14:19（和）
8. 歌羅西書3:12（GWT）
9. 腓立比書3:10；希伯來書 10:33-34
10. 加拉太書6:2（NLT）
11. 約伯記6:14（NIV）
12. 哥林多後書2:7（CEV）
13. 歌羅西書3:13（LB）
14. 歌羅西書3:13（NLT）

第19天：耕耘群體生活

1. 以弗所書4:3（NCV）
2. 提摩太前書3:14-15（NCV）
3. 以弗所書4:15（和）
4. 箴言24:26（TEV）
5. 加拉太書6:1（NCV）
6. 以弗所書4:25（Msg）
7. 箴言28:23（NLT）
8. 傳道書8:6（TEV）
9. 提摩太前書5:1-2（GWT）
10. 哥林多前書5:3-12（Msg）
11. 彼得前書5:5下（NIV）
12. 彼得前書5:5下（和）
13. 羅馬書12:16（NLT）
14. 腓立比書2:3-4（NCV）

15. 羅馬書15:2（LB）
16. 提多書3:2（Msg）
17. 羅馬書12:10（新）
18. 箴言16:28（現）
19. 提多書3:10（NIV）
20. 希伯來書10:25（TEV）
21. 使徒行傳2:46（和）

第20天：重建破裂的團契生活

1. 哥林多後書5:18（GWT）
2. 腓立比書2:1-2（Msg）
3. 羅馬書15:5（Msg）
4. 約翰福音13:35
5. 哥林多前書6:5（TEV）
6. 哥林多前書1:10（Msg）
7. 馬太福音5:9（和）
8. 哥林多後書5:18（Msg）
9. 雅各書4:1-2（NIV）
10. 馬太福音5:23-24（和）
11. 彼得前書3:7；箴言28:9
12. 約伯記5:2（TEV）；18:4 （TEV）
13. 腓立比書2:4（TEV）
14. 詩篇73:21-22（TEV）
15. 箴言19:11（NIV）
16. 羅馬書15:2（LB）
17. 羅馬書15:3（新）
18. 馬太福音7:5（NLT）
19. 約翰一書1:8（現）
20. 箴言15:1（Msg）
21. 箴言16:21（TEV）
22. 以弗所書4:29（TEV）

23. 羅馬書12:18（現）
24. 羅馬書12:10；腓立比書2:3
25. 馬太福音5:9（Msg）
26. 彼得前書3:11（NLT）
27. 馬太福音5:9

第21天：維護你的教會

1. 約翰福音17:20-23
2. 以弗所書4:3（和）
3. 羅馬書14:19（和）
4. 羅馬書10:12; 12:4-5；哥林多前書1:10; 8:6; 12:13；以弗所書4:4; 5:5；腓立比書2:2
5. 羅馬書14:1；提摩太後書2:23（和）
6. 哥林多前書1:10（NLT）
7. 以弗所書4:2（NLT）
8. Dietrich Bonhoffer, *Life Together* （New York: HarperCollins, 1954）
9. 羅馬書14:13；雅各書4:11；以弗所書4:29；馬太福音5:9；雅各書5:9
10. 羅馬書14:4（CEV）
11. 羅馬書14:10（Ph）
12. 啟示錄12:10
13. 羅馬書14:19（Msg）
14. 箴言17:4; 16:28; 26:20; 25:9; 20:19
15. 箴言17:4（CEV）
16. 猶大書1:19（Msg）
17. 加拉太書5:15（Amp）
18. 箴言20:19（NRSV）
19. 箴言26:20（和）
20. 馬太福音18:15-17上（Msg）
21. 馬太福音18:17；哥林多前書5:5
22. 希伯來書13:17（Msg）
23. 希伯來書13:17（和）
24. 提摩太後書2:14, 23-26；腓立比書4:2；提多書2:15-3:2, 10-11
25. 帖撒羅尼迦前書5:12-13上（Msg）
26. 哥林多前書10:24（NLT）

第22天：被造是為了像基督

1. 創世記1:26（NCV）
2. 創世記6:9；詩篇139:13-16；雅各書3:9
3. 哥林多後書4:4（NLT）；歌羅西書1:15（NLT）；希伯來書1:3（NIV）
4. 以弗所書4:24（GWT）
5. 創世記3:5（KJV）
6. 以弗所書4:22（Msg）
7. 馬太福音5:1-12
8. 加拉太書5:22-23
9. 哥林多前書13
10. 彼得後書1:5-8
11. 約翰福音10:10
12. 哥林多後書3:18下（NLT）
13. 腓立比書2:13（NLT）
14. 列王紀上19:12（NIV）

15. 歌羅西書1:27（NLT）
16. 約書亞記3:13-17
17. 路加福音13:24；羅馬書14:19；以弗所書4:3（all NIV）；提摩太後書2:15（NCV）；希伯來書4:11; 12:14；彼得後書1:5；彼得後書3:14（all NIV）
18. 以弗所書4:22（Msg）
19. 以弗所書4:23（CEV）
20. 羅馬書12:2
21. 以弗所書4:24（和）
22. 以弗所書4:13（CEV）
23. 約翰一書3:2（NLT）
24. 哥林多前書10:31;16:14；歌羅西書3:17, 23
25. 羅馬書12:2（Msg）

第23天：如何成長

1. 馬太福音9:9（NLT）
2. 彼得後書3:11（NLT）
3. 腓立比書2:12-13（NIV）
4. 箴言4:23（TEV）
5. 羅馬書12:2下（NLT）
6. 以弗所書4:23（NLT）
7. 腓立比書2:5（CEV）
8. 哥林多前書14:20（NIV）
9. 羅馬書8:5（NCV）
10. 哥林多前書13:11（NIV）
11. 羅馬書15:2-3上（CEV）
12. 哥林多前書2:12上（CEV）

第24天：真理使我們蛻變

1. 約翰福音17:17（NIV）
2. 提摩太後書3:17（Msg）
3. 希伯來書4:12；使徒行傳7:38；彼得前書1:23
4. 約翰福音6:63（和）
5. 雅各書1:18（NCV）
6. 約伯記23:12（和）
7. 彼得前書2:2；馬太福音4:4；哥林多前書3:2；詩篇119:103
8. 彼得前書2:2（NIV）
9. 約翰福音8:31（NASB, 1978 edition）
10. 箴言30:5（NIV）
11. 提摩太後書3:16（CEV）
12. 使徒行傳24:14（NIV）
13. 路加福音8:18（和）
14. 雅各書1:21下（Amp）
15. 申命記17:19上（NCV）
16. Rick Warren, *Twelve Personal Bible Study Methods*. This book has been translated into six languages. Available from *www.pastors.com*
17. 雅各書1:25（新）
18. 詩篇119:11; 119:105; 119:49-50；耶利米書15:16；箴言22:18；彼得前書3:15
19. 歌羅西書3:16上（LB）
20. 哥林多後書3:18（NIV）
21. 使徒行傳13:22（和）
22. 詩篇119:97（NCV）

國家圖書館出版品預行編目（CIP）資料

標竿人生／華理克（Rick Warren）著；楊高俐理
　譯. -- 初版. -- 臺北市 ： 道聲, 2018.10
　　　面；　公分
　進昇版
　譯自：The purpose driven life
　ISBN　978-986-400-226-9（精裝）

　1.基督徒　2.靈修

244.9　　　　　　　　　　　　　107017369

標竿人生《進昇版》

作　　者：華理克

譯　　者：楊高俐理

發 行 人：吳英賓

總 編 輯：邵正宏

出 版 者：道聲出版社

地　　址：106台北市杭州南路二段十五號

電　　話：（02）2393-8583

傳　　真：（02）2321-5537

讀者服務：book@mail.taosheng.com.tw

網　　址：www.taosheng.com.tw

劃撥帳號：50175128

戶　　名：財團法人基督教台灣信義會附設道聲出版社

香港道聲出版社

地　　址：香港九龍窩打老道50號A

電　　話：23887061

經　　銷：貿騰發賣股份有限公司

地　　址：新北市中和區中正路880號14樓

電　　話：（02）8227-5988

網　　址：www.namode.com

2018年10月初版一刷　2019年2月再刷

定價：420元

ISBN 978-986-400-226-9（軟精裝）

THE PURPOSE-DRIVEN LIFE

年度	23	22	21	20	19						
刷次	12	11	10	9	8	7	6	5	4	3	2